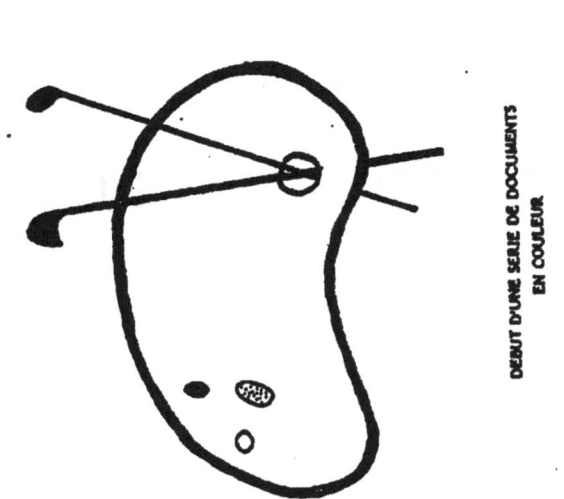

DÉBUT D'UNE SÉRIE DE DOCUMENTS EN COULEUR

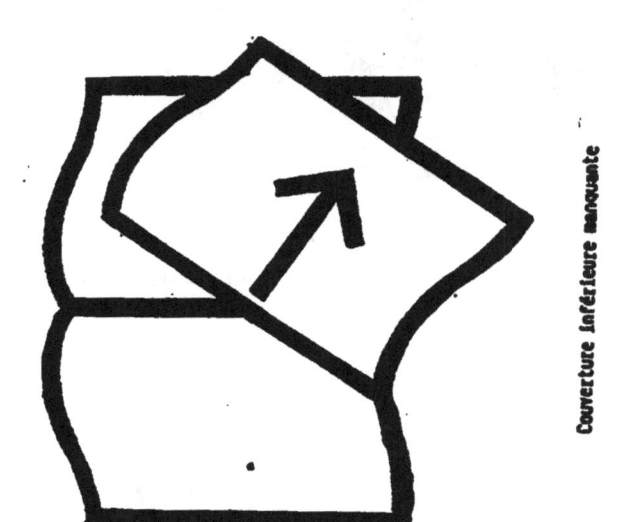

Couverture inférieure manquante

L'AUVERGNE

(PUY-DE-DOME)

GUIDE COMPLET ILLUSTRÉ

PAR

AMBROISE TARDIEU

Ouvrage orné de près de 200 gravures (Portraits, Vues, Vues de châteaux, antiquités, curiosités diverses, etc.)

DÉPOT PRINCIPAL

CHEZ L'AUTEUR : A Herment (Puy-de-Dôme)

ON TROUVE AUSSI L'OUVRAGE
chez les notables libraires du Puy-de-Dôme.

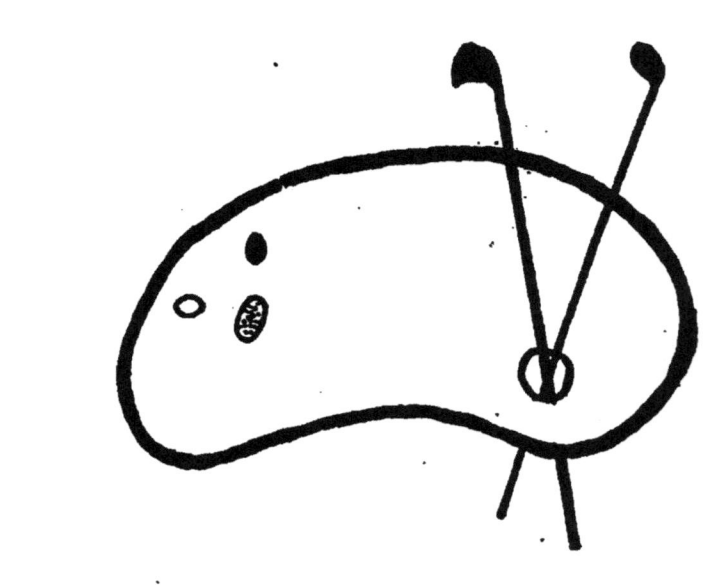

FIN D'UNE SERIE DE DOCUMENTS
EN COULEUR

K²
542

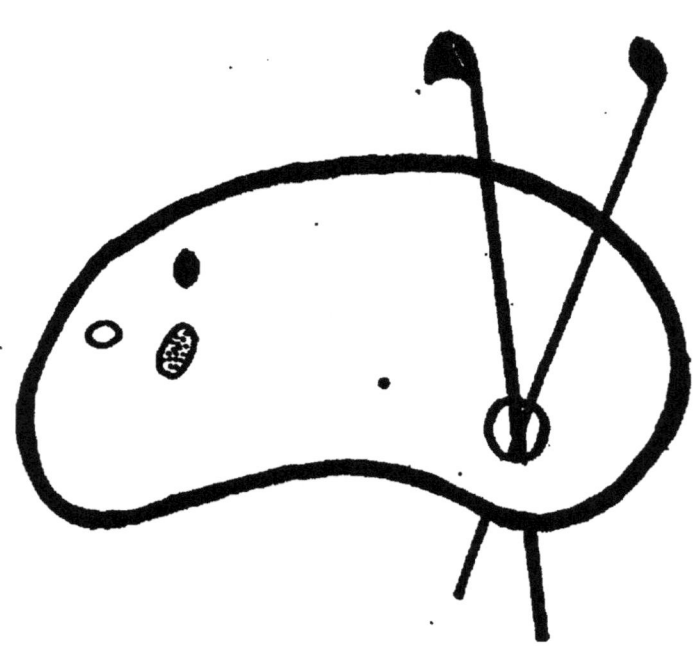

ORIGINAL EN COULEUR
NF Z 43-120-8

L'AUVERGNE

(PUY-DE-DOME)

GUIDE COMPLET ILLUSTRÉ

PAR

AMBROISE TARDIEU

Historiographe de l'Auvergne, Membre de l'Institut archéologique de Rome,
de l'Académie royale d'histoire de Madrid,
des Académies de Toulouse, Rouen, Marseille, Clermont-Ferrand, etc.,
Officier et Chevalier de divers ordres.

Orné de près de 200 gravures. (Portraits, plans,
vues de châteaux, antiquités, curiosités diverses, etc.)

DÉPOT PRINCIPAL.

CHEZ L'AUTEUR, A Herment (Puy-de-Dôme)
ON TROUVE AUSSI L'OUVRAGE
chez les notables libraires du Puy-de-Dôme.

AVIS

Cet ouvrage est divisé en 4 grandes parties : I. *Histoire de l'Auvergne.* — II. *Les stations thermales du Puy-de-Dôme.* — III. *Les Promenades générales dans le département.* — IV. Un *Dictionnaire historique et archéologique* des localités citées. — Les gravures sont de MM. Guillaume frères. 228, boulevard d'Enfer, à Paris.

Le Puy, typographie Marchessou fils

Avant-propos. — Le temps n'est plus — comme au siècle dernier — où le véhicule, appelé le *carrosse*, mettait huit jours pleins de Paris à Clermont. C'est en 1855 que le premier chemin de fer terminé jusqu'à Clermont-Ferrand a permis de visiter la Capitale (Paris) comme par enchantement. Que diraient nos bons ancêtres s'ils ressuscitaient? La vapeur, d'une part, l'électricité de l'autre ont changé la manière de vivre de nos temps modernes. Aussi veut-on vivre à la vapeur... On n'aime plus à attendre; et l'on a, peut-être, bien raison. Voici un Guide sur l'Auvergne, c'est-à-dire la Basse-Auvergne, ou le département du Puy-de-Dôme. Il renferme une foule de détails inédits et présente, sous une forme pratique, commode, rapide, tout ce qu'il est utile de savoir aux touristes et aux baigneurs. Je tiens à ajouter que ce Guide est fait sur un plan nouveau et donne des illustrations (vues de châteaux, curiosités, etc.) qui n'avaient pas été gravées jusqu'à ce jour. Ce petit préliminaire exposé, bons souhaits aux lecteurs et, en route!...

L'arrivée en Auvergne. — Si l'on entre en Auvergne par la ligne de Paris ou par celles de Nîmes et de Thiers, lorsqu'on arrive dans la Limagne, cette immense plaine (ancien lac d'eau douce desséché), vantée comme une merveille, paraît comme une terre enchanteresse. On aperçoit, aussitôt, la chaîne de volcans éteints, dominée par le majestueux puy de Dôme. Le touriste est saisi d'admiration. Les yeux ne cessent de considérer un si grand spectacle. L'impression produite sur l'étranger par la Limagne est quelque chose de difficile à décrire. Venez et voyez!

Si, au contraire, vous vous rendez dans notre contrée par la ligne de Tulle, dès que vous êtes aux stations voisines d'Ussel et sur les limites du Puy-de-Dôme, c'est un paysage intéressant dans ce qu'il a d'inaccoutumé. La campagne est couverte de chênes, de bouleaux et quelquefois même de bruyères; par ci par là, des seigles, des plaines un peu nues; mais, comme fond de tableau, considérez la belle chaîne des Monts-Dores dominée par le pic de Sancy, le géant de la France centrale. Ces montagnes sont d'un bleu sombre qui tranchent avec le paysage des premiers plans. Pour l'artiste, le cœur se sent ravi à la vue de ce tableau. On ne regrette ni les splendides montagnes des environs de Naples, ni celles d'Espagne, et tous s'écrient : Quel beau pays! L'Auvergne est une contrée remplie de ruines qui captivent, de sites ravissants, de curiosités diverses. Quand on y est venu on s'y attache; on y revient. Quand on a bien voyagé, on manifeste facilement combien la comparaison avec telle région lui est favorable. Châteaubriand, l'illustre littérateur, a dit avec raison que l'Auvergne est le plus beau pays du monde...

Conseils aux touristes, baigneurs. — La saison thermale de l'Auvergne dure du 15 mai au 15 septembre; mais l'époque préférée avec raison est du 1ᵉʳ juillet au 15 août. A ce moment, la végétation des montagnes d'Auvergne est superbe. Nos cascades, nos bois, nos rochers eux-mêmes sont couverts de verdure ou de fleurs. Si vous avez du temps, un peu d'argent et si vous avez eu la précaution d'acheter un *bon guide*, venez chez nous; venez visiter notre contrée. Je dis un bon guide, c'est-à-dire un livre qui connaisse le pays dans ses détails, autrement dit « comme sa poche » et qui, à celui-ci, offre de l'art, à cet autre de l'archéologie, à celui-là de l'histoire, c'est-à-dire du *vieux-neuf;* et enfin, à la majorité, les distractions, les plaisirs du jour.

☞ Vous trouverez, dans le dernier chapitre de ce volume, en *Dictionnaire*, l'histoire des localités que vous parcourerez, afin d'*éviter les recherches;* car il faut que ce livre ne soit pas un dédale; mais un écrit où tout sera classé avec méthode. Je puis dire, sans présomption que j'ai passé une partie de ma vie à fouiller les annales, les chartes, les curiosités, les antiquités de l'Auvergne et je revendique la priorité de bien des faits qui, je l'espère, intéresseront les lecteurs. On aime à connaître le passé d'une vieille ruine féodale; on cherche à pénétrer dans les faits et gestes de nos pères quand on est en face d'une œuvre de leurs mains.

Situation de la Basse-Auvergne. — Le département du Puy-de-Dôme est placé presqu'au centre de la France. Sa surface est de 800,679 hectares. Formé de toute la partie nord de la province d'Auvergne, dont il occupe encore les trois cinquièmes, il tire son nom d'une haute montagne.

Aspect du pays. — La surface du Puy-de-Dôme se compose d'une vaste plaine d'environ 60 lieues carrées, appelée *la Limagne* (cette terre de délices, surnommée le *Jardin de la France*), et de deux longues chaines de montagnes qui la flanquent à l'est et à l'ouest.

Les montagnes du Puy-de-Dôme se divisent en deux chaines : les

DANSE DE LA MONTAGNARDE

Monts-Dore et les *Monts-Dôme*. La plupart de ces montagnes ont été produites par des éruptions volcaniques. La principale rivière du département est l'*Allier*; viennent ensuite la *Dore*, la *Sioule*, la *Dordogne*, l'*Allagnon*, la *Veyre*, le *Louzon*, l'*Artier*, la *Morge*, le *Buron*, les trois *Couzes*. On remarque le lac *Pavin* (ancien cratère), le lac *Servières* (ancien cratère), le lac de *la Godivelle*, (ancien cratère), les lacs *Chambon*, de *Guéry*, de *Chauvet*, de *Montcineire*, de *Cham-*

bedaze, d'*Estivadon*, de *Bourboulouse*, d'*Aydat*, le *Gour de Tazenat*, le lac de *Péchadoire*.

Population. — La partie de l'Auvergne qui forme le département du Puy-de-Dôme avait 320,539 habitants en 1757 ; 596,463, en 1875. Le département compte, actuellement, 5 arrondissements, 50 cantons, 466 communes.

Costumes, langage, danses, etc. — Les modes d'aujourd'hui se sont introduites partout. On trouve quelques anciens costumes dans les montagnes ; ils deviennent une curiosité. Le langage, dans cette région, est encore le patois, qui tient du latin, du celtique et qui a des tournures italiennes, espagnoles. L'Auvergne a ses poètes patois. Le plus spirituel est Roy. de Gelles (V. *Dictionnaire, Gelles*). Par exemple, faisons remarquer aux Parisiens, qui connaissent plus « les boulevards » que notre territoire, que les usages de l'Auvergne sont, maintenant, ceux de toute notre belle France. Les Auvergnats, quoiqu'en disent certains mauvais plaisants, sont mis, parlent et agissent comme la généralité des français. Le bien-être a pénétré partout. Les danses, elles-mêmes, la bourrée, la montagnarde, les vielles, les musettes, s'en vont.

Commerce. Industrie. — Peu de pays au monde sont aussi fertiles que *La Limagne* où l'on récolte du chanvre, des céréales de toutes espèces, des betteraves, des fruits succulents (abricots, pêches, cerises). La vigne pousse presque à tous les coteaux. Dans la montagne : le seigle, l'avoine, le sarrazin, des prairies superbes, des forêts. Le sol est morcelé. Nous comptons plus de 300,000 propriétaires dans le Puy-de-Dôme. Les paysans sont riches et travailleurs. L'industrie et le commerce offrent la sucrerie de Bourdon, les pâtes alimentaires, les fromages, les fruits confits (renommés), la coutellerie de Thiers, quelques papeteries, les toiles, les dentelles, les chiffons, les carrières de pierre de Volvic, les incrustations, les tuiles, poteries, la mégisserie, les usines de houille, de plomb-argentifère, etc.

HISTOIRE DE LA BASSE-AUVERGNE

Temps préhistoriques. — Valentin Smith prétend que des peuplades originaires de l'Asie, descendues des plateaux du Caucase, vinrent, après une longue émigration, se fixer dans la Gaule. On présume qu'une tribu de ces peuplades qui prit le nom collectif d'Anirha (les vaillants), s'arrêta sur notre territoire qu'elle surnomma *ar-ver* (haute contrée), faisant usage de deux mots celtiques. Une découverte intéressante fut faite, lors de l'ouverture de la route de Clermont au Pont-des-Eaux, en passant par Randanne. Les ouvriers trouvèrent un renne entier, fossilisé et enseveli au milieu d'une couche de lave, dans laquelle nous avons pu examiner sa trace. Un Anglais acheta 20 fr. cette curiosité qui nous prouve que les volcans de la chaîne des Monts-Dôme étaient encore en activité à l'âge du renne où notre territoire était habité, selon toute apparence. Sur plusieurs points du département, on a trouvé des haches en pierre taillée mais non polie. Quant aux haches en pierre polie, on en a découvert beaucoup. Le Musée de Clermont en conserve une série.

Epoque gauloise. — Après avoir appartenu bien des siècles aux Gaulois, l'Auvergne vit naître l'illustre *Vercingetorix*. Il organisa la défense nationale et lutta, seul, contre César dans Gergovia (49 ans avant J.-C.). Ensuite, il alla s'enfermer à *Alesia* qui se rendit. César le fit conduire à Rome et étrangler, acte indigne de sa gloire.

Epoque gallo-romaine. — Conquise par César, l'Arvernie se couvrit de monuments romains, de villas et de voies. Le peuple roi fit, alors, de notre province, un pays des plus civilisé et, jamais, peut-être, elle ne fut plus florissante. Des villes disparues, existaient dans des pays aujourd'hui déserts. Des établissements de bains s'élevèrent presque partout.

Eres visigothe, franque et barbare. — A la fin du v⁵ siècle, l'Auvergne passa de la domination romaine aux Visigoths (475). Clovis, à son tour, à la tête des Franks, conquit cette province (507), qui, au vıı⁵ siècle, tomba dans l'anarchie. En 574, les Saxons entrèrent en Arvernie; en 576, l'armée de Mommole, patrice de Bourgogne, la traversa. En 732, les Sarrazins y massacrèrent les populations chrétiennes; leur nom est resté attaché à de vieux murs, soit à Clermont, soit à Chamalières. Le roi Pépin vint en Auvergne (761), s'empara de Clermont et conquit l'Auvergne (768), qu'il laissa à Charlemagne. Louis le Débonnaire, (839), Louis le Bègue (878), vinrent à Clermont. En 845 ou 853 et en 864 les Normands ravagèrent l'Auvergne. Le comte d'Auvergne marcha contre eux; mais il fut tué. En 910 ou 916, en 922, ils y revinrent et détruisirent Clermont. Le duc d'Aquitaine (Guillaume II) et Raymond-Pons, comte de Toulouse, s'étant portés au-devant d'eux sur les limites de l'Auvergne et du Limousin leur tuèrent 12,000 hommes. Louis d'Outremer vint en Auvergne avec une armée contre les seigneurs révoltés (951). Le roi Lothaire y passa, séjournant au Broc, à Parentignat, à Brassac, avec la reine Emma, sa femme.

Ere féodale. — Nous ouvrons l'ère féodale avec le roi de France Hugues Capet que les Auvergnats refusèrent quelque temps de reconnaître (987). Le département du Puy-de-Dôme se couvrit alors de donjons. Le roi Robert, traversa notre département (1031) en allant invoquer Notre-Dame du Puy. L'événement le plus notable de ce siècle, est le concile de Clermont (1095), auquel assistèrent le pape Urbain II et trois cent dix personnages mitrés. Là, fut excommunié le roi de France Philippe Ier ; Pierre l'Ermite y prêcha la première croisade ; le Pape parla à son tour ; tous les assistants, au nombre de plus de cent mille, s'écrièrent : *Deu lo voelt ! Dieu le veut !* Un grand nombre s'enrôlèrent pour cette expédition. Six papes viennent ensuite dans notre département : Pascal II, en 1105 ; Gélase, en 1118 ; Calixte, en 1120 ; Innocent II, en 1130 ; Célestin II, en 1143 ; Alexandre III, en 1162, 1165. Le roi Louis-le-Gros y arriva avec une armée (1126) pour porter secours à l'évêque de Clermont contre le comte d'Auvergne Guillaume VI ; il y rentra pour le même objet, en 1131. Guillaume, duc d'Aquitaine, beau-frère du comte d'Auvergne, arrivé au secours de ce dernier, avait placé son camp sur les hauteurs du côté du Puy-de-Dôme ; effrayé de la nombreuse armée du roi, il vint se soumettre. Éléonore de Guyenne épousa Henri Plantagenet qui, en 1151, devint roi d'Angleterre ; elle lui apporta en dot l'Aquitaine dont l'Auvergne faisait partie. En 1173, Henri II, roi d'Angleterre, arriva à la fin de janvier, à Montferrand (Puy-de-Dôme), avec son fils Henri au Court-Mantel, qu'il venait d'associer à la couronne d'Angleterre. Là, ayant eu une conférence avec Humbert, comte de Maurienne, il arrêta le mariage de son jeune fils Jean avec Adélaïde, fille dudit comte, et reçut Alphonse, roi d'Aragon, et Raymond de Saint-Gilles, comte de Toulouse. A ce sujet, il y eut des fêtes pompeuses. En 1164, le célèbre archevêque de Cantorbéry, Thomas Becket, se réfugia à Clermont. Vers 1160, fut fait le partage du comté d'Auvergne entre le comte Guillaume VIII qui en était devenu maître de vive force ayant refusé de le rendre à son neveu Guillaume VII, fils du comte Robert III ; ce dernier ayant été en Palestine où il mourut, avait confié ce comté à son frère (Guillaume VIII), qui refusa de le restituer. Cette usurpation donna lieu à l'intervention du roi d'Angleterre, du pape Alexandre III et du roi de France Louis-le-Jeune. Guillaume VIII eut en partage presque tout l'ancien comté d'Auvergne ; Guillaume VII retint le titre de *comte de Clermont* et un certain nombre de terres dont Vodable fut la capitale ; il donna, à l'ensemble de ses possessions, le nom de *Dauphiné d'Auvergne* et prit alors le nom de *Dauphin* en mémoire de Guigues III, dauphin de Viennois, son aïeul maternel. Guillaume VIII et Guillaume VII s'unirent ensuite au vicomte de Polignac pour piller les domaines des églises; ce qui obligea le Pape à les excommunier, et ce qui amena le roi Louis-le-Jeune en Auvergne (1163). Ils se brouillèrent et attirèrent, sur leurs terres, Henri II, roi d'Angleterre (1167). Le roi Louis le Jeune revint aussi (1169) pour arrêter leurs brigandages. Richard Cœur de Lion (fils de Henri II), posséda ensuite, l'Auvergne, mais il céda cette province à Philippe Auguste (1189). En 1184, des routiers appelés *Trochereaux*, traversèrent notre département; en 1186, 6,000 Brabançons, arrivent jusqu'aux portes de Clermont. Le vicomte de Limoges les tailla en pièces. En 1196, Guillaume, dauphin d'Auvergne, et Guy II, s'étant ligués contre Philippe Auguste attirèrent son armée en Auvergne et perdirent diverses terres. Ils firent ensuite la guerre à Robert, évêque de Clermont (frère de Guy II), qui leva des bandes de Basques et de Cotereaux, lesquelles ravagèrent leurs fiefs. Le Pape, de son côté, excommunia Guy II (1206) et Philippe Auguste envoya Guy de Dampierre, seigneur de Bourbon contre le Dauphin et Guy II (1209). Ceux-ci perdirent Clermont et 120 places environ qui furent confisqués par le roi (1213), ce qui fit la *terre d'Auvergne (Terra Alverniæ)*, unie à la couronne. Mais le roi rendit (1229) quelques terres isolées qui formèrent le nouveau comté d'Auvergne dont Vic-le-Comte devint la capitale. Par son testament (1225), le roi Louis VIII disposa de la terre d'Auvergne en faveur d'Alphonse, son fils. Le roi Louis VIII, revenant d'une expédition contre les hérétiques du Languedoc, traversa notre département (octobre 1226) et mourut au château de Montpensier le huit novembre suivant. Saint Louis passa sur notre territoire (août 1254) à son retour de la Terre-Sainte; il y revint le 28 mai 1262, jour de la Pentecôte, pour les noces de Philippe-le-Hardi, son fils aîné, avec Isabelle d'Aragon, fille de Jacques, roi d'Aragon. Dans un esprit d'extrême justice, Alphonse, comte de Poitiers, envoya, dans sa terre d'Auvergne, des délégués chargés d'opérer toutes les restitutions nécessitées par ses agents. Pendant le XIIIe siècle, un grand nombre de poètes de notre département se distinguèrent parmi les troubadours de leur temps, encouragés par Robert Ier, dauphin d'Auvergne qui était lui-même poète. C'est aussi, pendant ce siècle, que furent accordées, aux villes de notre département et par leurs seigneurs, un grand nombre de chartes municipales. En 1283, Simon de Beaulieu, archevêque de Bourges, vint en tournée pastorale dans le diocèse de Clermont. Ce prélat était accompagné d'un nombreux personnel que devaient nourrir les églises et monastères visités, ce qui était fort onéreux. En 1285, le roi Philippe-le-Bel qui venait d'être proclamé roi à Perpignan, traversa notre département; il était accompagné du duc de Bourgogne. En

1303 et 1316 le roi envoya des *inquisiteurs* avec des pouvoirs étendus, chargés de réprimer les exactions qu'avaient commises les officiers royaux. L'année suivante (1304), le même roi séjourna neuf jours à Clermont en revenant du Languedoc ; et le 11 janvier de ladite année, le grand nombre de tournois qui se donnaient sur notre territoire fit que le bailli d'Auvergne reçut du roi une ordonnance défendant à l'avenir les tournois. Au mois de mars 1389, le roi manda au comte de Sancerre de se trouver en armes et bagages avec toute sa troupe à Clermont. La même année, les Templiers d'Auvergne, après avoir été incarcérés au nombre de soixante-neuf au château de Montferrand, furent interrogés dans le palais épiscopal de Clermont. Tout le monde connait la triste affaire des Templiers et l'injustice qui pesa sur eux, en supprimant leur Ordre. Le 8 juillet 1316, le pape Jean XXII était à Clermont, où il donna une bulle portant création du diocèse de Saint-Flour. En 1318, le roi ordonna aux grands seigneurs du royaume de se trouver à Clermont. En 1320, le pape Jean XXII adressa un bref à l'évêque de Clermont, lui prescrivant de sévir contre les Pastoureaux. En 1333, le roi Philippe de Valois passa dans notre département en se rendant en pèlerinage à Avignon. La seconde moitié du xiv° siècle est marquée par la malheureuse guerre avec les Anglais ; ces derniers pénétrèrent en Auvergne dès 1357, après la bataille de Poitiers, dévastèrent cette province, s'emparèrent de plusieurs villes et châteaux. Les États provinciaux s'assemblèrent plusieurs fois à leur sujet. Tantôt par des combats partiels, tantôt à force d'argent, on parvint à les chasser ; mais ils rentraient sans cesse sur notre territoire et occupaient de redoutables forteresses perchées sur des rocs inaccessibles dans les montagnes. En 1362, le maréchal Arnoul d'Andréham était à Clermont chargé de négocier un arrangement avec les compagnies anglaises. Le duc Louis II de Bourbon, en 1375 ; le duc de Berry, en 1381 ; le maréchal Louis de Sancerre, en 1382 ; Robert de Béthune, vicomte de Meaux en 1390 ; le maréchal Jean le Meingre dit Boucicaut, en 1392, vinrent pour les expulser et demeurèrent chaque fois victorieux. En 1370, 1374, le roi Charles V vint à Clermont ; il y présida, cette dernière année, les États provinciaux d'Auvergne. En 1371, l'illustre Bertrand du Guesclin séjourna dans notre département en allant en Rouergue et prit le fort d'Usson sur les Anglais. En 1381, les paysans d'Auvergne se révoltèrent contre les nobles et le Clergé. En 1394, le roi Charles VI vint faire un pèlerinage à Notre-Dame du Puy et traversa notre département. En 1395, le duc de Berry lança une ordonnance contre les « robbeurs, pilleurs et rompeurs de trèves » qui infestaient l'Auvergne. En 1420, Charles, régent de France (plus tard Charles VII, roi), traversa notre département. En 1425, une cour souveraine et sans appel dite des *Grands Jours* vint rendre ses arrêts à Clermont. En 1431, Rodrigue de Villandrado, capitaine de routiers dits *Écorcheurs*, à la solde de Charles VII et d'origine espagnole, ravagea la Limagne. Il était accompagné par une excellente cavalerie à laquelle rien ne pouvait résister. En décembre 1436, le roi Charles VII vint à Clermont; il y revint en 1437. Notre département fut, quelques années après, le théâtre de la guerre civile : d'abord, en 1440, à l'occasion de la ligue dite la Praguerie. Charles VII vint alors dans notre département et convoqua les Etats provinciaux à Clermont ; ils lui accordèrent une aide. La paix, qui terminait cette campagne, fut signée à Cusset (1440). Le second motif de la guerre civile fut la politique du roi Louis XI, qui tendait d'abaisser les grands. Les ducs de Bourbon, de Bretagne, de Berry, de Nemours, le seigneur d'Albret, etc. organisèrent la ligue du *Bien public*. Louis XI accourut avec une armée de 21,000 hommes ; mit le siège devant la ville de Riom où s'était concentré le parti ligueur. Le traité dit de Mozat, signé dans un faubourg de cette ville (1465), termina cette campagne. En mars 1475, le roi Louis XI traversa notre département en allant faire sa neuvaine au Puy. Le 15 août 1482, Jean de Doyat, gouverneur d'Auvergne, ordonna que tous les consuls, procureurs et gouverneurs des villes d'Auvergne s'habilleraient de drap mi partie blanc et rouge à la livrée du roi. Le héraut Berry attribue, en effet, au roi Louis XI, le blanc et le rouge ; ce sont ces deux couleurs que ce roi donna aux chevaliers de l'Ordre qu'il institua en 1469, en l'honneur de Saint-Michel. L'étendard du roi était blanc et rouge. En 1485, des gens d'armes appelés Suisses commettaient de nombreux pillages dans la Limagne et « chevauchaient de nuit comme larrons ». Les Clermontois empruntèrent des chevaux à plusieurs couvent et chassèrent les Suisses. Antoine du Prat, premier président du parlement de Paris, et Louis Picot, conseiller au même parlement, furent délégués pour faire rédiger ces coutumes. Les Etats provinciaux d'Auvergne furent assemblés et les coutumes furent rédigées, à Clermont, dans le couvent des Jacobins (1510). Au mois de juillet 1533, le roi François Ier, qui venait de Lyon, passa à Thiers, à Courpière, à Pont-du-Château : à Clermont ; on lui donna des fêtes superbes ; il repartit en passant par Issoire. Il se rendait à Marseille au-devant du pape Clément VII, pour la négociation du mariage de son fils Henri II avec Catherine de Médicis, nièce du Souverain Pontife. C'est vers 1540 que les premières semences de division furent jetées dans notre département par les doctrines religieuses nouvelles. Les réformés, que l'on appelait *religionnaires, huguenots*, mirent à leur tête des chefs expérimentés, commirent de grands ravages et furent souvent repoussés par les catholiques; mais souvent aussi les battirent. Les villes, les châteaux, pris, pillés, incendiés et détruits dans cette guerre fratricide se comptent par centaines; la Saint-Barthélemy ne commit dans nos contrées aucuns massacres, grâce à la sagesse du gouverneur d'Auvergne, Gaspard de Montmorin-Saint-Hérem (1572). Charles IX vint visiter une partie de notre département (mars et avril 1566). Le duc d'Alençon (depuis Henri III, roi de France) vint faire le siège d'Issoire en 1577. En 1581, le philosophe Michel de Montaigne, qui venait d'Italie, s'arrêta à Thiers, à Clermont, à Pont-Gibaud, au Montel-de-Gelat. En 1582, les *Grands-Jours* furent tenus à Clermont sous la présidence d'Achille du Harlay, président du parlement de Paris. La seconde période des guerres civiles du XVI° siècle comprend *la Ligue*. Celle-ci se trouva appuyée, dès l'origine (1576) par un parti puissant. Elle eut, dès 1588, pour chef, Louis de La Rochefoucauld, comte de Randan, et son frère François, évêque de Clermont. La *Sainte-Alliance* fut jurée à Billom (1589); le Clergé de nos contrées était ligueur; un grand nombre de seigneurs se déclarèrent aussi pour la Ligue. Les pillages, les incendies, les prises de villes et de châteaux recommencèrent. Royalistes et Ligueurs luttèrent à main armée. L'évènement le plus célèbre est la bataille de Cros-Rolland, gagnée par les Royalistes sur les Ligueurs (1590) et la prise d'Issoire. En 1602, nous enregistrons la conspiration de Charles de Valois, comte d'Auvergne et de Biron, contre Henri IV: Biron eut la tête tranchée; Charles de Valois obtint sa grâce; mais recommença ses menées, ce qui donna lieu à son arrestation à Clermont (1604) et sa condamnation à mort (1605); sa peine fut commuée par un emprisonnement à la Bastille, d'où il sortit en 1617.

L'illustre cardinal *de Richelieu* a traversé notre département en 1629. Il s'arrêta à Issoire, à Clermont et au château d'Effiat, chez le maréchal d'Effiat. En 1631, grande peste. En 1633, les châteaux féodeaux d'Auvergne, qui appartenaient au roi et qui s'y trouvaient, furent démolis sur les conseils de Richelieu. L'intendant d'Auvergne, Le Voyer d'Argenson et Antoine de Murat, lieutenant de la sénéchaussée de Riom, présidèrent à ces démolitions. En 1665-1666, les Grands Jours furent tenus à Clermont sous la présidence de Nicolas Potier de Novion, président à mortier du parlement de Paris. Il y eut 12,000 plaintes portées devant ce tribunal souverain. En 1685, révocation de l'édit de Nantes, qui obligea les Protestants à quitter notre département, où ils avaient formé une industrie et un commerce florissants. En 1709 hiver rigoureux. En 1710, autre mauvais hiver. Ce siècle se signala par les belles routes que firent ouvrir les intendants d'Auvergne dans notre département, de 1732 à 1757. En 1731,

MM. Bowle et Orzandal viennent en Auvergne et font savoir que les montagnes de la chaîne du Mont-Dôme sont d'anciens volcans. En 1753, la Franc-maçonnerie, qui était arrivée d'Angleterre en France en 1725, fut introduite dans le département du Puy-de-Dôme En 1754, *Mandrin*, célèbre chef de contrebandiers, vint réquisitionner les villes d'Ambert et de Thiers et jeter l'épouvante dans le département. En 1785, M⁰⁰ Adélaïde et M⁰⁰ Victoire sa sœur visitent Clermont. En 1787, l'*Assemblée provinciale* fut tenue à Clermont-Ferrand. En 1789, furent faites dans chaque sénéchaussée, les nominations des députés aux Etats généraux.

Ere moderne. — En 1790, notre territoire forma le département du Puy-de-Dôme. En 1793, parut la loi qui ordonnait d'enlever les cloches des églises. Les clochers de notre département qui, la plupart, possédaient alors de belles sonneries, devinrent déserts. Signalons, en passant, la loi du 17 juillet de cette année qui ordonnait de brûler les titres dits féodaux et qui, exécutée, la plupart du temps, par des personnes ignorantes, a causé des pertes irréparables. En 1794, les cloches des églises des districts furent envoyées à Paris et transformées en gros sous et en pièces de canon. Deux arrêtés de Couthon, (1793 et 1794), ordonnèrent la démolition des clochers du département du Puy-de-Dôme. Observés la plupart du temps rigoureusement, ils eurent pour triste conséquence de faire disparaître ces belles constructions, que plusieurs paroisses n'ont pas eu le moyen de relever. En 1805, M. de Châteaubriand, vint visiter notre département. En avril 1814, après l'entrée à Paris des alliés, l'invasion étrangère pénétra dans notre département. Une armée autrichienne, venant de Lyon et commandée par le comte de Hardeck, lieutenant-général, stationna dans le Puy-de-Dôme; cette armée quitta le département le 27 avril, après 11 jours de séjour. Au mois de juillet suivant (1814), la duchesse d'Angoulême vint visiter Clermont. En 1816, le duc d'Angoulême vint à son tour à Clermont. La duchesse de Berry y passa en 1821. En 1823, 500 prisonniers espagnols, qui faisaient partie de la garnison de St-Sébastien, arrivèrent à Clermont. En 1826, la duchesse d'Angoulême passe de nouveau à Clermont. Le duc d'Orléans (plus tard le roi Louis-Philippe), son épouse et M⁰⁰ Adélaïde, sœur du duc, M. le duc de Chartres, le prince de Joinville, les jeunes princesses Louise et Marie-Clémentine d'Orléans; partis de leur château de Randan, vinrent visiter Clermont la même année (1826); le célèbre général de la Fayette y fut reçu avec joie, en 1829. Le duc d'Orléans vint aussi à Clermont en 1830; il y revint en 1832. En 1839, un arrêté du préfet du Puy-de-Dôme, institue une commission départementale pour la recherche et la conservation des monuments historiques. En 1841, troubles à Clermont et à Chauriat, au Crest et à la Roche-

Blanche. En 1842, 1843 et 1844, tremblements de terre. En 1855, inauguration du chemin de fer à Clermont-Ferrand ; et ouverture de la voie ferrée entre Clermont et Issoire. En 1862, l'empereur Napoléon III et l'impératrice Eugénie viennent à Clermont-Ferrand. L'Empereur alla visiter la montagne de Gergovia. En 1870, organisation d'un grand camp qui fut créé près de Pont-du-Château, lors de la guerre avec la Prusse. En 1873, construction d'un observatoire météorologique au sommet du Puy-de-Dôme ; les fouilles font découvrir un temple païen dédié, selon toute apparence, au dieu Mercure et qui occupe l'attention du monde savant. En 1876, réunion d'un congrès à Clermont-Ferrand tenu par la Société française pour l'avancement des sciences.

Les stations thermales d'Auvergne. — La Basse Auvergne (Puy-de-Dôme) est la contrée de France la plus riche en eaux thermales ou minérales. Le docteur Petit, de Royat, dans sa belle carte des eaux minérales du Puy-de-Dôme (médaille de bronze, 1878) en a signalé 270. C'est, certainement, de tous les pays du monde, l'Auvergne qui a le plus d'avenir au point de vue thermal. Les Romains l'avaient bien compris puisque l'on trouve, à chaque pas, sur notre territoire, les débris de leurs établissements thermaux. Ce sera l'honneur de plusieurs hommes de génie du xixe siècle d'avoir ressuscité véritablement les travaux du peuple roi, en semant l'Auvergne d'établissements où tant de malades de tous les pays du globe viennent demander la santé et, par suite, la gaieté, sans lesquelles la vie devient monotone même pour les grands fortunés.

En 1885, le chiffre total des baigneurs et touristes ayant fréquenté nos principales stations du bassin de l'Auvergne et de l'Allier (Vichy excepté) a été de 21,627. Dans ce chiffre, la

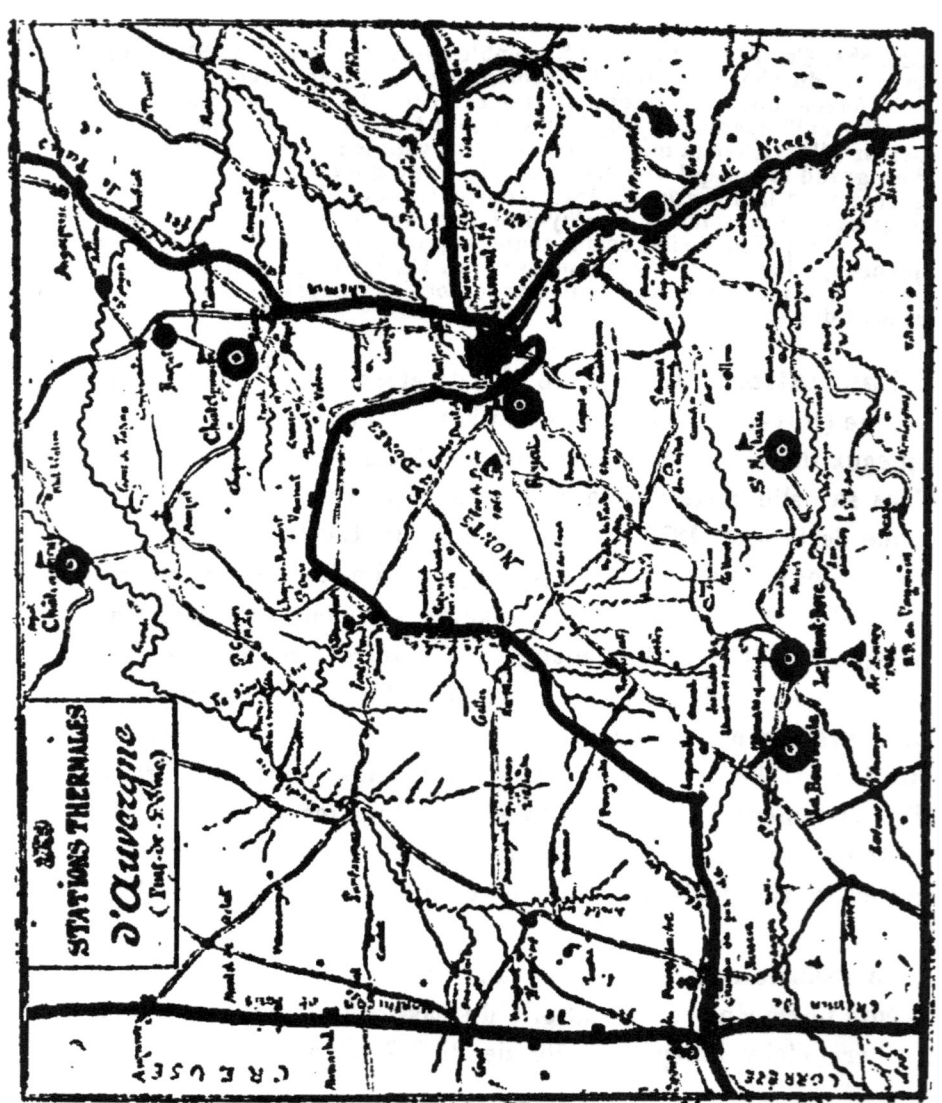

Bourboule est comprise pour 6,108, le Mont-Dore pour 6,004, Royat pour 3,940.

Voici, par *ordre alphabétique*, un chapitre très complet sur nos stations thermales d'Auvergne. Puissent ces pages apporter, aux touristes et surtout aux malades, un rayon d'espérance.

CHATEAUNEUF

☞ *Abréviation* (D.) veut dire voir le *Dictionnaire historique*.

Itinéraire. — Deux voies : 1° chemin de fer jusqu'à Riom ; et, de Riom à Châteauneuf, belle route départementale. Deux services par jour, voitures publiques de Riom à Châteauneuf (28 kil.) le matin, à neuf heures, chez Bouchet-Brun et le soir à six heures (prix 2 et 3 fr.) ; on trouve aussi des voitures particulières ; 2° par la route de Saint-Gervais. On peut venir jusqu'à la station de Saint-Eloy (chemin de fer de Montluçon) et, de là, route à Saint-Gervais et à Châteauneuf. Il y a un omnibus pour Châteauneuf à Saint-Eloy.

☞ Poste aux lettres aux *Grands bains*, (à Châteauneuf) et bureau télégraphique dans la saison.

Situation géographique. — Châteauneuf est au N.-O. du département du Puy-de-Dôme. Altitude : 382 mètres.

Aspect du pays. — La station est placée dans une vallée profonde que traverse une jolie rivière — la Sioule — encaissée dans des rochers pittoresques et formant des détours qui ajoutent au charme de la contrée. Un de ces détours forme, une véritable presqu'île, à proximité des Grands bains (la presqu'île de Saint-Cyr). De cette presqu'île, on a un point de vue extraordinaire. On croirait voir, à droite et à gauche, deux rivières coulant en sens contraire quoique sur le même plan (Docteur Salneuve, *Essai sur les eaux minérales de Châteauneuf*, 1850). Dans la vallée, se trouvent espacés divers hameaux. D'abord, en descendant la Sioule, sur la rive droite, le village de *Chambon*, puis, sur la gauche, le hameau des *Bordats* avec ses établissements du Petit-Rocher et de la Rotonde. Plus loin, à 900 mètres environ, le hameau de *Meritis* avec l'établissement des *Grands bains* et la presqu'île de Saint-Cyr.

Hôtels. — *Aux Grands-Bains* : Près de l'établissement thermal : Hôtel de Saint-Cyr (Meynadier) (6 fr. 50 par jour ; maison de premier ordre, très recommandée; bonne table); Hôtel Bresle ; à 150 mètres ; Hôtel Chattard (6 fr. 50). *Auberges*, Garachon, Henot, etc. — Aux *Bordats* : Hôtel de la Rotonde, *Grand Hôtel du Petit Rocher* tenu par M. Bertrand (très recommandé), bonne cuisine. Salon, restaurant, café, vaste jardin anglais. Bonne société. Il passe pour très animé pendant la saison thermale (bals de société) (6 fr. 50 par jour). Hôtel Boyer-Masson. *Auberges* : Decaire, Boyer, Faure, Barrat-Viple.

Médecins consultants. — Les docteurs : Boudet, médecin inspecteur de la station, Bataille, médecin à Saint-Gervais.

Histoire. — Chateauneuf, en latin *Castrum novum* (en 1255, 1313) habité par les Gaulois ; connu des Romains. Les antiquités romaines découvertes aux Grands Bains le prouvent (médailles romaines en grand nombre) et, surtout, la piscine Julie (Bains de César). Plus tard, (X* siècle) on y construisit, sur la presqu'île de Saint-Cyr, un château féodal, à côté d'une église romane. Ce château fut rebâti, plus loin, au commencement du XIII* siècle sur le monticule où il en reste encore des débris, dernier château restauré avec intelligence par son propriétaire actuel (M. Eugène Tallon, ancien député). C'est alors qu'on lui donna le nom nouveau de *Château neuf* qu'il a gardé depuis.

La position de ce dernier manoir est splendide. La vue en est ravissante. On doit citer, dans ce château : 1° Dans les anciennes constructions : L'ancienne herse ou passage du donjou ; la tour du nord (entièrement conservée) qui domine la vallée et renferme une petite salle en rotonde avec passage de communication secrète pour les assiégés ; la prison du baillage ne remontant qu'au XVIII° siècle ; une citerne intérieure où l'on a vu, à tort, des oubliettes (aujourd'hui convertie en cave) ; le corps de garde et diverses murailles munies

CHATEAU DE CHATEAUNEUF (A M. EUGÈNE TALLON)

de meurtrières et barbacanes. 2° dans la partie restaurée par le propriétaire actuel (M. Tallon) : Cheminées antiques d'un beau travail, en bois sculpté (dans le salon et la salle à manger) ; les tapisseries ornant diverses salles ; le salon Henri II avec meubles du temps (bahut aux armes de Berry et vieux portraits historiques) ; le balcon de la tour d'où la vue sur la vallée est des plus remarquables. —

Ce château, rebâti au xiiie siècle, devint le siège d'une prévôté royale du baillage d'Auvergne, en 1287. Quant aux seigneurs de cette terre les voici : D'abord une famille de Châteauneuf (1233-1283). Guillaume de Maumont (*de Malo-Monte*) céda au roi le château de Châteauneuf en échange (1299) ; mais cet échange resta sans effet, car en 1307, le même possèdait ce fief. Pierre de Maumont (que je crois son frère) et fils de Gerald, gentilhomme du Limousin, était seigneur de Châteauneuf, Tournoël (1313-1318). Il épousa Louise Dauphine d'Auvergne et leur fille Mathe, fut mariée, vers 1320, à Géraud de la Roche ; elle lui porta Châteauneuf. Vers ce temps, une partie du fief de Châteauneuf fut possédé par Guillaume Poitevin, dont le fils Ytier, pannetier de la reine Jeanne, le posséda en 1343. Hugues de la Roche, fils de Géraud et seigneur de Châteauneuf, fut marié en 1313, à Dauphine Roger de Beaufort dont Pierre, seigneur de Châteauneuf (1370) marié à Louise Dauphine, dont Hugues, seigneur de Châteauneuf (1401), qui laissa, de Raimonde de Turenne, Antoine, seigneur de Châteauneuf, marié (1452) à Anne de Tourzel d'Allègre, dont François, seigneur de Châteauneuf, Saint-Gervais (1518) marié (1494) à Catherine de Blanchefort, fille de Jean, gouverneur de Bordeaux, dont François, seigneur de Châteauneuf, mort vers 1553, marié (1522), à Jeanne de Montmorin, dont Françoise, dame de Châteauneuf, mariée à François de Rochefort, gouverneur d'Usson, dont Jacques, seigneur de Châteauneuf, père de Pierre, seigneur de Châteauneuf, marié à Rose de Lignières, dont Françoise-Julie, dame de Châteauneuf morte en 1647, mariée, en 1607, à Charles d'Angennes, seigneur de Maintenon. Gilbert-Gaspard de Montmorin, seigneur de Châteauneuf, en 1616, mort en 1660, laissa François-Gaspard, grand louvetier de France, seigneur de Châteauneuf, mort en 1709, dont Charles-Louis, seigneur de Châteauneuf, gouverneur de Fontainebleau, mort en 1732 ; celui-ci eut J.-B.-François, seigneur de Châteauneuf, gouverneur de Fontainebleau, lieutenant général. Châteauneuf vint ensuite, au comte de Gironde seigneur de Buron, qui revendit à M. Thaumas de Pange, trésorier de l'extraordinaire des guerres dont les héritiers en étaient seigneurs en 1789. Le château vint ensuite à la famille Chevarier.

Pour en revenir à l'église primitive de Saint-Cyr elle avait un curé, un vicaire et quatre prêtres communalistes. Placée sur un rocher complètement dénudé, dont le château voisin avait été abandonné puis démoli, elle fut elle-même, à son tour désertée ; le clergé avait pris logis dans un presbytère que lui avait offert (1620 environ) sous leur forteresse, la famille des Montmorin. C'est pour cela que la paroisse porta, dès lors, le nom de *Saint-Valentin sous Châteauneuf*. Mais les consuls et habitants de quelques villages s'opposèrent à ce nouveau régime. Le curé du temps, Jean Bernard, adréssa requête à l'évêché de Clermont (1690) pour obtenir le transfert dans l'église de Saint-Valentin, sous Châteauneuf; ce qui eut plein succès. La vieille église de Saint-Cirgues fut conservée jusqu'à 1793, où sa voûte fut effondrée, ses autels, statues, ornements brûlés sur place. Voyez la vieille statue de la Vierge, sauvée par une femme de la paroisse. Elle est conservée dans la cure actuelle.. Cette statue est extrêmement curieuse. L'enfant Jésus caresse un oiseau que sa mère tient de la main droite. Couronne de l'enfant Jésus semblable à un béret. Couronne de la Vierge comme la couronne antique de nos rois. Le devant de la statue recouverte d'une feuille de plomb qui a reçu les formes des vêtements. (comme la Vierge d'Orcival). Chaussure de la Vierge pointue et ornée d'une rangée de boutons dorés. Le support de la statue porte l'inscription, *Mater dei*, en caractère du XIIIe siècle. L'ancienne église de Saint-Cirgues n'offre plus que des ruines. On a enterré dans le cimetière attenant jusque vers 1820. Châteauneuf a, de nos jours, deux paroisses 1° *Saint-Cirgues sous Châteauneuf* avec l'église de Saint-Valentin sous le château, formant la vieille paroisse (rive droite) ; 2° l'église paroissiale de *Lachaux* (rive gauche). Ajoutons que vers l'ancienne église on a découvert l'entrée de deux souterrains qui devaient communiquer avec le château primitif et, peut-être, à une excavation, appelée *Trou des Gaulois* où la tradition dit que des soldats de César furent massacrés par des Gaulois.

Quant à l'histoire de la station thermale, nous avons dit que les Romains avaient utilisé ses eaux. Mais ce n'est que vers l'an 1800 qu'elles ont été exploitées de nouveau. Dès 1810, le célèbre docteur Michel Bertrand publia un travail sur leur composition minérale. Citons, depuis, les publications des docteurs Nivet (1845), Salneuve, inspecteur de la station (1851), de M. Lefort, pharmacien (1855), de M. le professeur Truchot (1878) ; enfin, des docteurs Bataille (1884), Boudet, inspecteur de la station (1884).

Établissements thermaux. — Châteauneuf a trois établissements : 1° celui des *Grands-Bains*; 2° celui du *Petit-Rocher*; 3° celui de la *Rotonde*.

ÉTABLISSEMENT DES GRANDS-BAINS. — On appelle ainsi l'ensemble des piscines installées aux Méritis. Les Romains y avaient élevé un vaste établissement. On en a retrouvé des vestiges et des médailles des colonies d'Aix et de Marseille. Les *Grands-Bains* comprennent : 1º les *bains chauds*, composés de deux belles piscines (+ 38º) 230,000 lit. en 24 heures ; 2º les *bains tempérés*, formés de deux autres piscines, 110,000 lit. en 24 heures (+ 35º); 3º le *bain Julie*, appelé, jadis, *bains de*

ÉTABLISSEMENT DES GRANDS BAINS

César ; (+ 33º;) le *bain Auguste* (+ 29º). Toutes ces piscines sont à eau courante et alimentées par les sources minérales qui viennent sourdre au fond même des piscines. Les Grands-Bains possèdent, en outre, des baignoires et des douches dans chacun des établissements. Ils sont situés au milieu d'un immense parc, sur les bords de la Sioule : jeux divers, voitures à volonté, ânes et chevaux de selle, barques pour promenades sur la rivière, engins de pêche, café, salon de réception. Poste et télégraphe à l'entrée du parc. Site superbe : des bois, des rochers, de l'eau ; tout réuni à plaisir. Les propriétaires de l'établissement, MM. Viple, réunis en société, n'ont rien négligé pour en faire un séjour des plus agréable.

Établissement du Petit-Rocher. — Au hameau des Bordats. Dans une situation exceptionnellement avantageuse, (placée au milieu de la vallée, c'est-à-dire au centre de la station thermale). 1° *Bains du Petit-Rocher* (+ 30°), deux piscines 100,000 lit. en 24 heures ; 2° *bains Marie-Louise* (+ 34°), type du bain thermal (docteur Bataille). Cet établissement possède, outre ses deux bains, deux sources buvettes : la *source Chevarier* et la *buvette du Petit-Rocher*. Notons que cette dernière source est très réputée parmi celles de Châteauneuf ; c'est la plus gazeuse de la station (eau de table parfaite). Elle se rapproche des eaux célèbres de Spa. M. le docteur Bataille, médecin de Saint-Gervais, a publié sur les eaux de cet établissement et leurs vertus, une brochure in-12 de 28 pages, fort intéressante. M. Richard est propriétaire du même établissement thermal.

Établissement de la Rotonde. — Sur la rive droite du ruisseau. Grande piscine. 85 à 90 litres à la minute.

Les sources. — Employées en boisson. En commençant par le nord de la vallée : 1° *Fontaine du grand bain chaud* (à l'établissement des Grands-Bains) ; 2° *source Roche-d'Or et Desaix* à 1 kil. des Grands-Bains, sur la route du hameau

d'Ayat (gazeuse, ferrugineuse, sodique, arsenicale et lithinéé).
Eau de table par excellence. (Voir les ANNONCES); 3º *Source de
la Pyramide*, à 100 mètres des Grands-Bains. 4º *Source du Pe-
tit-Moulin*, en face de la plage du village des Gots. 5º *Source
du Parillon*; près de la précédente. 6º *Source Salneure*; à
quelques mètres de la route des Grands-Bains aux Bordats.
7º *Source Chevarier*. 8º *Grande source du Petit-Rocher*.
9º *Source Chambon-Lagarenne*, sur le bord de la Sioule.
10º *Source Chambon-Morny*, sur le bord de la Sioule (150 litres
à la minute). (V. LES ANNONCES.)

Nature des eaux minérales. — Les eaux minérales de
Châteauneuf appartiennent toutes à la classe des bicarbonatées,
sodiques mixtes. Elles sont gazeuses, alcalines, ferrugineuses et
lithinées. Ne pouvant donner, ici, l'analyse détaillée de chacune des sources, voici la quantité moyenne des substances principales qui entrent dans leur composition : gaz carbonique 1 à
2 litres par 1,000 grammes d'eau; bicarbonate de soude 2 à
3 gr. par litre; sels de fer, 4 à 6 centigram. *id.*; chlorure de
sodium, 30 à 50 centigr. *id.* Lithine 30 à 35 milligr. *id.* L'ensemble de ces principes, intimement combinés, donne à ces eaux
une composition telle que le professeur Gubler a pu la comparer à celle du sang lui-même; aussi les a-t-on rangées dans la
catégorie des eaux minérales *reconstituantes*. « Elles possèdent, du reste, un caractère curieux et fort rare : c'est d'être à
la fois *thermales* et *très-notablement ferrugineuses* alors que,
d'ordinaire, les eaux véritablement ferrugineuses sont froides »

(docteur Boudet, médecin inspecteur, *Études sur Châteauneuf*).

Vertus curatives des eaux. — D'une façon générale, les eaux de Châteauneuf sont très fortifiantes ; aussi conviennent-elles toutes les fois qu'il s'agit de réparer les forces, de restaurer la constitution affaiblie. Leur action bienfaisante se fait toujours sentir sans transition brusque, sans réaction violente, sans fièvre thermale. Voici quelques-unes des affections dans lesquelles l'expérience leur accorde une efficacité remarquable : 1° Par leurs alcalins et leur énorme dose de lithine, elles sont souveraines dans : *a.* le *rhumatisme* sous toutes ses formes ; *b.* la *goutte atonique* c'est-à-dire la goutte qui a cessé de présenter des accès franchement inflamatoires mais s'accompagne plutôt de faiblesse générale et de troubles du côté des organes de la digestion ; *c.* dans les *dermatoses* (eczema, phityriasis, etc., etc.) qui accompagnent ou alternent avec les manifestations rhumatismales ou goutteuses ; 2° Par leur bicarbonate de soude et leur grande quantité d'acide carbonique libre, elles donnent des résultats frappants dans les *dyspepsies*, les gastralgies et généralement dans tous les troubles de la digestion. 3° Par leur sels de fer, elles combattent efficacement *l'anémie, la chlorose* et aussi la *dysmenorrhée, l'aménorrhée* qui en sont la conséquence. Elles sont une ressource précieuse dans les *névropathies* si diverses et presque toujours liées à l'anémie ou à l'état chlorotique. — Les bains de piscines sont réputés pour la cure des *métrites* compliquées la plupart du temps d'un affaiblissement général de l'économie. Notons que la station située au milieu d'une vallée profonde et, par suite, à l'abri des brusques variations de température, a paru propre à arrêter l'éclosion des accidents de la phthisie chez les malades menacés de tuberculose pulmonaire (Dr Boudet, médecin-inspecteur).

Traitement. — Ayez bien soin de choisir un médecin pour votre traitement à Châteauneuf. En général, vingt-et-un jours de traitement suffisent ; mais cela dépend des sujets. On peut venir à Châteauneuf du 1er juin au 1er octobre. Certains malades, affligés de rhumatisme, préféreront, avec raison, juillet et août. M. le docteur Boudet, inspecteur de la station, a publié, en 1884, sur les eaux de Châteauneuf, une étude complète. De son côté, M. le docteur Bataille a étudié l'établissement du Petit-Rocher, 1884, in-8.

Promenades. CURIOSITÉS. I. Il faut, visiter le MUSÉE DU CHATEAU DE CHATEAUNEUF, (on permet de visiter, gracieusement), où sont réunis les curiosités de la région. Une collection d'échantillons de minéraux ; armes et instruments de l'âge préhistorique (recueillis dans la région) ; un couteau de sacrifice en jade de la plus grande finesse (31 cent. de long), un marteau troué, en serpentine, etc. ; une collection de vases romains, de poteries en relief en terre samienne ; des vases étrusques, ornés de signes hiéroglyphiques, des lampes (*lucernae*) romaines à sujets ; bronzes, bijoux (époques gauloise, gallo-romaine), les restes d'un cavalier gaulois avec les pièces de bronze du harnachement du cheval, ses armes, la monnaie abondante qu'il portait ; une partie de tous ces objets a été trouvée dans les sépulture ou les bains à Châteauneuf même. Dans l'ordre gothique et Renaissance : des bas-reliefs en marbre représentant Blanche de Castille en prière et divers sujets religieux ; des bas-reliefs en bois doré (Renaissance), offrant des sujets mythologiques provenant d'une ancienne salle du château ; des tapisseries, dont une remarquable représentant Louis XIV dansant dans un ballet, avec le célèbre danseur Balon. Voyez la vierge de Châteauneuf (XIIIe siècle (conservée dans la cure sous le château).

II. A LA PRESQU'ILE DE SAINT-CYR, on y visite les ruines de l'église romane de Saint-Cyr (démolie en 1793). La vue est très pittoresque. Près de là, les mines de minerai de plomb-argentifère et l'usine de ce minerai. Non loin, existent des amas de pierres vitrifiées donnant sujet à diverses interprétations.

III. EXCURSION AU VILLAGE D'AYAT (D.). Le chemin cotoie la rivière. On montre, dans le hameau, les vestiges d'une habitation où, dit-on, serait né, en 1768, le général Desaix (tué à Marengo en 1800).

IV. A LA ROUTE DE BLOT-L'EGLISE. Elle est tracée en lacet dans les flancs d'une montagne escarpée. Arrivé au sommet de la côte, beaucoup d'œil.

V. AU GRAND PONT. Sur le parcours de la route, on aperçoit la Sioule, qui est très large en cet endroit. On voit les pavillons des sources Chambon et Morny. Après avoir dépassé le pont, site sauvage dit le *bout du monde*. Sentiers taillés dans les rochers sur la rive droite de la Sioule. On aperçoit, à une grande hauteur, la belle résidence, le château des anciens seigneurs de Châteauneuf restauré si bien par son propriétaire, M. Eugène Tallon.

VI. AUX RUINES FÉODALES DE CHATEAU-ROCHER, sur la rive droite de la Sioule. De Châteauneuf, on s'y rend par Blot-l'Eglise et Saint-Rémy. Ces majestueuses ruines, près de Menat, sont l'un des plus importants restes féodaux de l'Auvergne. Voyez le *Dictionnaire final*, au mot *Château-Rocher*. Le vrai nom de cette forteresse féodale est celui de *Blot*.

Voir le dessin exact page 26. Ces ruines appartiennent à la commune de Saint-Rémy.

VII. A SAINT-GERVAIS (D.). Route de Châteauneuf à Saint-Gervais, 7 kil.

VIII. AU PUY CHALARD, sur la route de Manzat, montagne volcanique de forme conique.

IX. A MANZAT (D.); A LOUBEYRAT. Manzat 12 kil. de Châteauneuf. *Curiosités*. L'église de Manzat possède des boiseries anciennes venant de la Chartreuse du Port Sainte-Marie. Tableaux en chêne sculpté. De Manzat, on va à Loubeyrat, où l'on voit une fort grande église moderne, quoique dans un village.

X. AU LAC DE TAZENA, dit le *gour de Tazena*. Gouffre ou plutôt grand lac de forme circulaire (80 hectares de superficie). C'est un cratère, échancré du côté du couchant. Profondeur de 12 à 13 mèt. Route jusqu'à Manzat. Au delà de Manzat, on tourne à gauche, à Charbonnières. 16 kil.

XI. AUX RUINES DE LA CHARTREUSE DU PORT SAINTE-MARIE (D.). S'y rendre par la route de Manzat aux Ancizes. Les ruines de ce vaste monastère démoli pendant la Révolution et dont il reste le mur d'enceinte, une tour, des caves, les vestiges des cellules sont extrêmement curieuses. Site sauvage, où passe la Sioule. Plus loin, paysage pittoresque appelé le *Paradis de Queuil*.

XII. A PONTGIBAUD (D.). Excursion lointaine. Route jusqu'à Manzat. Tourner dans la route à droite en sortant de Manzat. On passe

RUINES DE CHATEAU-ROCHER

à Saint-Ours ; ensuite, Pontgibaud, château féodal important (fin du XII° siècle). Mines de plomb argentifère exploitées *(D. Pontgibaud)*.

XIII. AU BASSIN HOUILLER DE SAINT-ELOY (D.). Route jusqu'à Saint-Gervais ; puis, la route de Saint-Gervais à Saint-Eloy.

CHATELDON

Chemin de fer de Thiers à Vichy. Omnibus à la gare de Ris-Châteldon (5 kil.). Insignifiant établissement thermal situé à 300 mèt. de la ville Appartenant au docteur Desbrest, 4 sources : *Sainte-Eugénie*, le *Puits rond*, le *Puits carré* et la *Source nouvelle*, 15,000 lit. par jour, d'une eau froide ; prise en général en boisson ; supportant peu le transport. Employée dans les dyspepsies douloureuses et excitant l'apétit, la digestion. Alcalines et ferrugineuses. Ces sources ont été découvertes par le docteur Desbrest, en 1853. Mais, d'anciennes sources (au nombre de 6) furent trouvées par le docteur Desbrest qui les fit connaitre dans un imprimé, en 1778 et par son in-12 : *Nouvelles eaux minérales de Châteldon, et Bourbonnais*, publié à Londres, en 1783. (V. le *Dictionnaire final, Châteldon*).

CHATEL-GUYON

Itinéraire. — Chemin de fer jusqu'à la station de Riom, où l'on trouve des omnibus-correspondants. On se procure aussi des voitures particulières à Riom.

☞ Bureau de poste et télégraphe toute l'année

Situation géographique. — Châtel-Guyon, chef lieu de commune, est situé près de Riom (Puy-de-Dôme). L'air y est très pur ; le climat sain. Altitude 380 mètres. La vallée du Sardon jouit d'une température moyenne de + 18°. Une ligne de montagne abrite ce lieu des vents d'ouest. La chaleur y est atténuée par le vent d'est.

Aspect du pays. — La station thermale est assise pittoresquement au pied d'une colline. On aperçoit, de là, la chaîne des montagnes d'Auvergne ; la belle et riche Limagne. Cette station n'a rien à envier à bien d'autres comme belle situation.

Hôtels. — Splendid Hôtel, Grand-Hôtel, Hôtel des Thermes, Hôtel Barthélmy, de la Paix, la Restauration. Villa des Bruyères Maisons Ravel, Gorse, Ricard, Cellier, Blanchet. Maison-Gareûne.

Médecins consultants. — Les docteurs *Baraduc*, inspecteur de la station ; *Voury, Groslier, Deschamps*.

Histoire. — Châtel-Guyon est appelé, en latin, *Castrum Guidonis* (château fort de Guy), en 1209, 1255 ; *Chastel Guion*, en 1510. Le nom de ce lieu vient du château fort que Guy II, comte d'Auvergne y fit bâtir à la fin du XIII° siècle. — *La cure* était à la nomination de l'abbé de Mozat avant 1789. Le patron de la paroisse

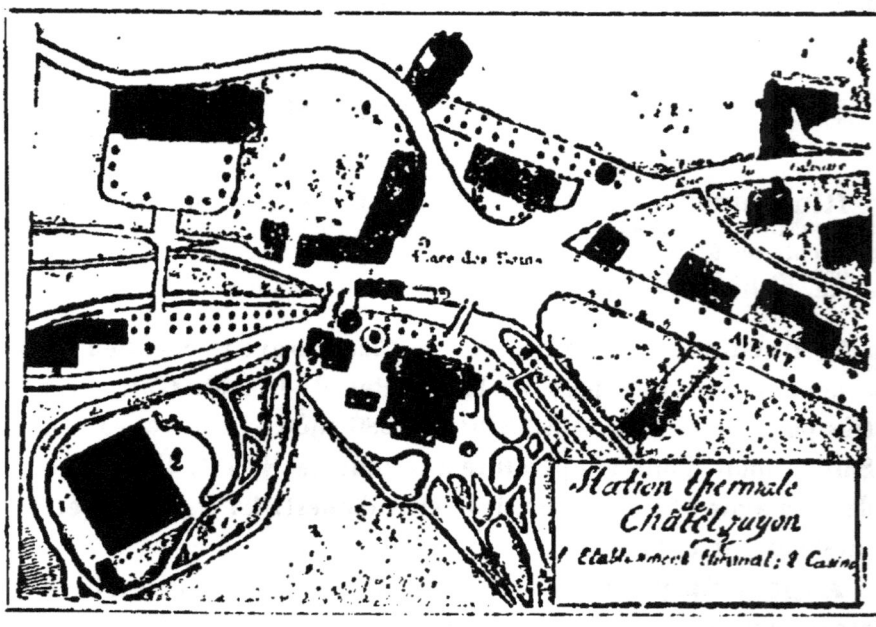

était alors Saint-Maurice. — *Le prieuré*. Il dépendait de l'abbaye de Mozat. — En 1401, la peste fit des ravages dans ce lieu ; elle y reparut en 1631 ; les habitants firent alors un vœu à N.-D. d'Orcival qu'ils accomplirent en 1632. — *Le château*. C'était une forteresse bâtie vers 1195, par Guy II, comte d'Auvergne. Il se composait d'une enceinte carrée, flanquée de quatre tours circulaires. G. Revel en donne le dessin en 1450, dans son *Armorial d'Auvergne*, nous le reproduisons.

Ce château fut pris par les Ligueurs à la fin de l'année 1590; au mois d'août 1592, il avait pour capitaine M. *de Rouzond*. En 1594, il fut encore pris par les Ligueurs et démoli postérieurement. — *Seigneurs.* Guy II, comte d'Auvergne était seigneur de Châtel-Guyon en 1194-1224. En 1198, il en fit la foi hommage au pape Innocent III, désirant son secours contre l'évêque de Clermont, Robert d'Auvergne, qui lui faisait une guerre implacable; en 1209, il donna cette terre à sa femme, Péronelle de Chambon, lors de son testament. Châtel-Guyon fut compris, en 1213, parmi les châteaux dont le roi Philippe-Auguste fit la conquête sur le comte d'Auvergne Guy II et donné par ce monarque à Autier, seigneur de Villemontée.

BOURG ET CHATEAU DE CHATEL-GUYON, EN 1450

Nous voyons ensuite, jusqu'en 1386, les aînés de la famille Autier de Villemontée posséder la terre de Châtel-Guyon. En 1396, Claude de Mello se qualifie seigneur en partie de Châtel-Guyon à cause de Jeanne de Norri, sa femme. Hugues de la Roche, seigneur de Tournoël, acheta Châtel-Guyon à Robert Autier, seigneur de Villemontée, moyennant 2,000 livres. Il revendit cette seigneurie, en 1395, à Oudard de Chazeron, seigneur de Chazeron, issu d'une branche cadette de la maison d'Autier qui précède. Depuis cette époque, Châtel-Guyon resta dans la maison de Chazeron et passa, en 1611, dans celle de Monestay, par le mariage de Claudine de Chazeron avec Gilbert Monestay de Forges. La maison de Monestay conserva ensuite ce fief jusqu'en 1789. (V. pour la chronologie seigneuriale, le *Dictionnaire*, au mot *Chazeron*).

V. *La généalogie de la maison d'Autier de Villemontée* dans notre *Histoire de la maison de Bosredon*, p. 217-218. — Chabrol, *Cout. d'Auvergne*, t. IV, p. 162. — E. Mallay, *Châteaux féodaux d'Auvergne*, p. 61-64.

VUE DE CHATEL-GUYON

Historique de la station. — Les Romains ont utilisé les eaux de Châtel-Guyon. Des vestiges gallo-romains découverts, à Châtel-Guyon, le prouvent. Le docteur Jean Banc (1605) fait allusion aux eaux de Châtel-Guyon; Le docteur Duclos (1670) les analysa; le docteur I.-B. Chomel (1713) et le naturaliste Guittard, s'en occupèrent; idem, du docteur J. François Chomel (1734); du naturaliste P. J. Buc'hoz 1785); du docteur J. Raulin (1777).

L'établissement thermal actuel de Châtel-Guyon.
— En 1817, la commune de Châtel-Guyon entreprit de construire un petit établissement thermal. Le terrain sur lequel il était bâti fut, depuis, acheté par MM. Brosson, frères. Les enfants de ces derniers, Mme Boulet et M. Camille Brosson, firent des fouilles, découvrirent de nouvelles sources, et, après des conventions passées avec la commune, firent élever (1859)

ÉTABLISSEMENT THERMAL DE CHATEL-GUYON

un établissement plus vaste, mieux aménagé. D'autre part, vers 1840, un autre propriétaire de sources, fit aussi élever un deuxième petit établissement. Mais 1878 doit être regardé comme la création véritable de Châtel-Guyon. Il se forma, cette année, une *Société des eaux minérales de Châtel-Guyon* qui acquit les deux établissement ci-dessus. L'établissement

Brosson resta le centre de l'exploitation des sources. C'est un édifice qui convient parfaitement à l'ensemble des services balnéaires. Deux galeries (à dr. et à g.) contiennent seize cabinets de bains avec larges baignoires; l'eau y vient directement de la source; la température en est de + 35°. Il y a, de plus, des cabinets pour les douches, des bains de pied. Deux piscines. Salles spéciales pour le *lavage de l'estomac*. La buvette, en face de l'établissement, consiste dans un joli Kiosque.

Il y a aussi, à l'occident de Châtel-Guyon, un DEUXIÈME ÉTABLISSEMENT THERMAL placé dans la vallée. Cet établissement, après diverses péripéties, n'est pas édifié entièrement. Il appartient à M. Boyer, père, propriétaire à Volvic, qui tiendra sans doute à honneur d'en achever promptement la construction.

Les sources. — Au XVIIIe siècle, on ne connaissait qu'une source émergeant sur la rive gauche du Sardon. Bientôt, on en découvrit quatre autres, dont celle d'Asan qui était plus fréquentée que les autres, en 1777. Mais il n'y avait aucun établissement. En 1788, Legrand d'Aussy, dans son *Voyage en Auvergne* parle des eaux de Châtel-Guyon. Le docteur Deval, membre de l'Académie de médecine, inspecteur des eaux de Châtel-Guyon, praticien de grand mérite, publia sur ces eaux un intéressant mémoire. Il en fait ressortir les effets surprenants. (Son portrait p. 33.)

Le docteur Deval fut remplacé, comme inspecteur, par le docteur *Aguillon*.

La *Société de Châtel-Guyon*, formée en 1878, possède

1,081,360 litres d'eau minérale par 24 heures, ce qui suffit et au-delà à toute la station. Feu M. Lecoq, savant naturaliste, parle en détail des eaux de Châtel-Guyon dans son ouvrage des *eaux minérales du massif central de la France*. Les sources actuelles sont au nombre de quatorze. Voici la nomenclature des principales : 1° *Source Deval*, 110 lit. par minute

LE DOCTEUR DEVAL (1817-1857)

+ 32°; 2° *Source du Sopinet*, 3 lit. par minute + 25°5; 3° *Source de Sardon*, 85 lit. à la minute + 35°; 4° *Source Gubler*, 120 lit. à la minute. C'est celle qui est utilisée pour l'embouteillage. Son expédition a pris, dans ces dernières an- années, une très grande importance, en France et à l'étranger. Elle lutte avantageusement contre les eaux similaires allemandes. 5° *Source Duclos*, + 37°; 360 lit. à la minute.

Vertus curatives des eaux. — Ces eaux sont gazeuses, sodiques, chlorûrées, magnésiennes, bicarbonatées mixtes, ferrugineuses et alcalines. Ce qui les distingue tout particulièrement de toutes les autres eaux minérales, c'est la dose importante qu'elles contiennent de chlorure de magnésium (1 gr. 563 par litre). Le docteur Laborde a publié, en 1880, un travail sur l'action physiologique de l'eau de Châtel-Guyon, savante étude qui a eu dans le monde médical un grand retentissement. Elles sont bonnes : 1° pour la *dyspepsie* (le docteur Baraduc, médecin inspecteur de Châtel-Guyon, a publié un travail sur la *dyspepsie gastro-intestinale* et indique les variétés de dyspepsies où les eaux de Châtel-Guyon conviennent); 2° Pour *l'embarras gastrique*. Cette affection est l'une de celles que les eaux de Châtel-Guyon combattent avec le plus de succès. 3° Pour la *constipation* (les eaux de Châtel-Guyon étant purgatives s'apliquent, forcément, à cette affection); 4° Pour *l'engorgement du foie; les calculs biliaires;* 5° Pour le *scrofule*, le *lymphatisme;* 6° pour *l'obésité* (elles sont naturellement indiquées pour ce fâcheux état, dit le docteur Huguet); 6° pour les *congestions cérébrales;* 7° les *paralysies;* 8° la *gravelle;* 9° le *catarrhe de la vessie;* 10° les *maladies de la peau;* 11° les *chloroses ou pâles couleurs;* 12° *l'aménorrhée, dysménorhée, leucorrhée;* 13° les *rhumatismes;* 14° les *fièvres paludéennes, engorgements de la rate;* 15° le *diabète*, *l'albuminerie;* (le célèbre professeur Gubler préconise ces eaux dans ces cas, au même titre que celles de *Karslsbad*). Enfin, terminons en disant qu'on a surnommé, avec raison, Châtel-Guyon le *Kissingen français*, vu les vertus de ses eaux.

Traitement. — Les eaux de Châtel-Guyon exigent un bon médecin; car leur action nécessite beaucoup de surveillance dans certaines maladies. On peut aller à Châtel-Guyon du 15 mai au 15 septembre.

Les plaisirs de la station. — L'établisement de la Compagnie des eaux minérales de Châtel-Guyon, situé près du bourg, possède un *parc*, en pente douce, avec un joli kiosque pour un excellent orchestre. Il y a un *casino*, installé dans une belle construction transportée des jardins de l'exposition universelle (1878), où l'on trouve une immense salle des fêtes, des salles de jeux, de billards, un salon de lecture, etc.

☞ M. Félix Ribeyre, notre savant ami et compatriote, a publié un in-16 intéressant : *Châtel-Guyon illustré*.

Promenades. I. AU CALVAIRE. (A pied). Dans le bourg de Châtel-Guyon. Là, était le château féodal de la terre de Châtel-Guyon, élevé vers 1200, par Guy II, comte d'Auvergne, incendié par les Ligueurs, en 1594, puis démoli.
II. AU CHALUSSET. (A pied), montagne plantée de sapins, derrière le casino. Panorama étendu.
III. A LA VALLÉE DE PRADES. (A pied). Partez du sentier qui prend de l'angle du Grand Hôtel des Bains; passez par le lieu *du pâturage*, allez au N.-O. vers des côteaux boisés. Forêt de sapins. Trois chemins; prendre au milieu. Revenir par le fond de la vallée de Prades, en suivant le cours d'eau.
IV. A LA VALLÉE DE SANS-SOUCI. *Cascade de l'Ecureuil*. (A pied). Ancienne route de Riom; pont de Chalusset, sentier à droite. Deux sentiers; prenez à g., Bois. On va à g., du ruisseau. Cascade de

l'Ecureuil. Sentier à dr. *Hermitage de Sans-Souci*. Contourner la montagne. Route de Mozat jusqu'à Saint-Hippolyte.

V. AU PUY-DE-DÔME. Voiture jusqu'à Riom. Chemin de fer de Riom à Clermont. Voiture de Clermont au puy de Dôme (V. *Promenades générales* Itinéraire I).

VI. A RIOM, MOZAT, VOLVIC, TOURNOEL, ENVAL. En bonne voiture. On visite *Riom* (D.) Route de Riom à *Mozat* (D.); puis route de Volvic à *Tournoël* (D.); route de Tournoël à *Enval* (D.) Belle promenade, variée; pleine de surprises inattendues et de charmes.

VII. A SAINT-BONNET, DAVAYAT, GIMEAUX, COMBRONDE, LE GOUR DE TAZENA, CHARBONNIÈRES-LES-VIEILLES. En bonne voiture. Route

CHATEAU DE CHAZERON

de Châtel-Guyon à Issac-la-Tourette (D.), puis *Saint-Bonnet* (D.), *Davayat* (D.), *Combronde* (D.) De Combronde, à *Charbonnières-les-Vieilles* (D.); au *Gour de Tazena* (v. page 25); de ce point, à la route de Manzat; on tourne à g., on revient par la grand'route et la descente. Intéressante excursion (demande la journée).

VIII. AU CHATEAU DE CHAZERON. Intéressante excursion. *Chazeron* (D.) De Chazeron, on va à *Veygoux* (D.) situé au sud de Charbonnières-les-Varennes qui a une église du xie siècle.

IX. A Châteauneuf. Grand'route en voiture. Excursion qui demande une grande journée (v. page 15 pour Châteauneuf).
X. A Clermont, a Royat. Route jusqu'à Riom. Chemin de fer de Riom à Clermont. De Clermont à Royat, en omnibus (place de Jaude). Pour les curiosités de Clermont, voir le chapitre concernant cette ville ; pour Royat, voyez la notice qui le concerne (ci-après).

CLERMONT-FERRAND

Omnibus. — A tous les trains, 25 c. par personne et pour les bagages jusqu'à 30 kilog, autres 25 c. Les omnibus partent aussi de la place de Jaude 30 minutes avant l'heure du départ des trains. Ils desservent les principaux hôtels. A Jaude, omnibus pour Royat toutes les demi heures, 25 c. par personne. — VOITURES DE PLACE : Place de Jaude. Elles sont tarifiées de Clermont à Royat 1 fr. 50 sans bagages et 2 fr. avec bagages. Pour une course à la gare de Clermont, 2 fr. sans bagages ; 2 fr. 50 avec bagages. (Il est bon de *faire son prix*). Pour les courses aux environs, les débattre à l'amiable (ne pas s'en rapporter aux cochers). — VOITURES PUBLIQUES : *Chognon*, place de Jaude (pour Saint-Amant-Tallende, à 8 h. du matin ; pour Saint-Sandoux, à 5 h. 1 2, soir ; pour Maringues à 4 h. du soir) ; *Borel*, rue Saint-Barthélmy (pour Volvic) ; à l'*Hôtel du roulage*, au Poids de ville, (pour Blanzat) ; autre voiture aux Jacobins (pour Blanzat) ; voiture pour Monton (rue Ballainvilliers) ; voiture pour Champeix, à 4 h. du soir, chez Terrasse, place de Jaude ; voiture pour Aubière (courrier de la poste ; à la poste). — LOUEURS DE VOITURES. Chognon, place de Jaude, Bal, Mogis, etc.

Principaux hôtels. — A Jaude : Hôtels de *la Poste*, de l'*Europe*, de l'*Univers*, de *Lyon*. Montée de la Préfecture : *Hôtel de la Paix* ; Maison meublée (*Café du Puy-le-Dôme*). Rue des Minimes : *Hôtel des Minimes*. En face de la gare : *Hôtel des voyageurs* ; de *Bordeaux* (prix modérés, bonne maison), *du Globe*. Rue de l'Ecu : *Hôtel de France*. Rue Ballainvilliers : *Hôtel des Facultés*. Rue des Jacobins : *Hôtel de Paris*. Place du Poids de ville : *Hôtel du faisan doré*. Rue Saint-Louis : *Hôtel du commerce*. Rue Halle aux toiles : *Hôtel du Louvre*, etc.— RESTAURANTS. *Faisan doré*, place du Poids

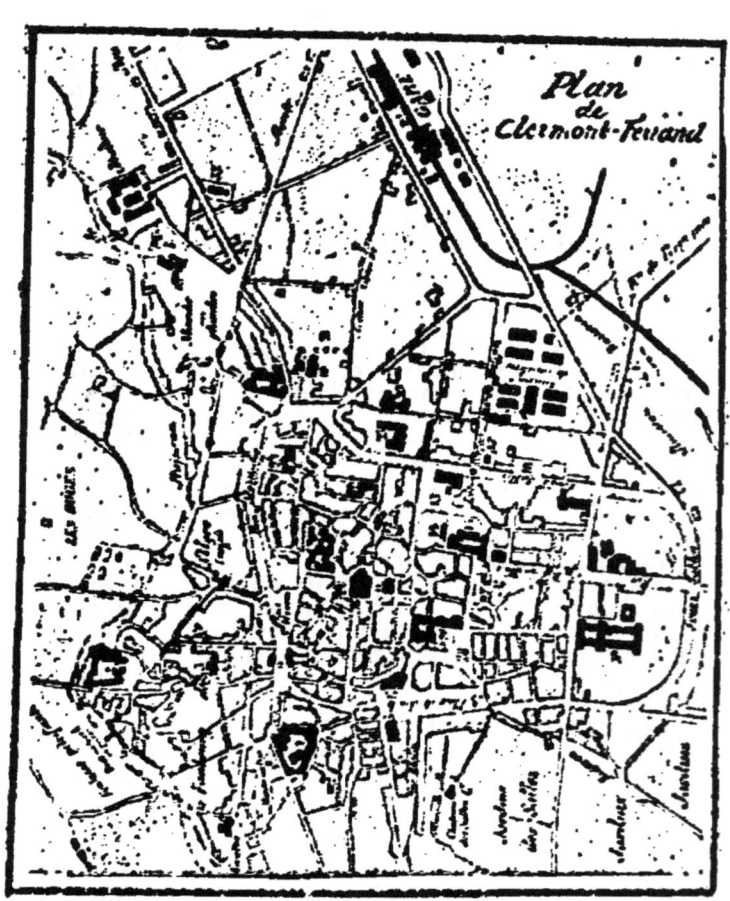

Plan de Clermont-Ferrand

de ville (excellent); *Fournier*, (au Gastronome), rue Royale (très bon, bien fréquenté); *Delaval*, place de Jaude (Hôtel de Lyon). De plus, table d'hôte dans les hôtels.

Cafés chantants. — *Alcazar*, boulevard Desaix, à l'angle de la place de Jaude; *Théâtre des Variétés*, au fond de Jaude.

Principaux cafés. — *De Paris* (bien fréquenté), place de Jaude; *du Helder* (fréquenté par les officiers), cours Sablon; *du Globe*, montée des Petits arbres (belle salle); *Lyonnais*, place de Jaude (belle salle); *du Puy-de-Dôme*, place de Jaude (belle salle); *de la Comédie*, près la cathédrale, de la *Perle*, etc.

Bains. — *Etablissement thermal (eaux minérales de Saint-Alyre* (voir page 52). *Bains chauds ordinaires* : rue Sidoine-Apollinaire, rue Abbé-Girard, rue Sainte-Claire, rue Blatin, rue de l'Eclache, rue Sous la tour Notre-Dame. — *Bains froids* : école de natation à Tivoli, barrière de Jaude; à Beaurepaire.

Poste aux lettres. Télégraphe. — Poste principale : rue du Poids de ville. Boîte dans diverses rues. — *Télégraphe* (à côté de la Préfecture).

Libraires. — *Barrot*, rue du Saint-Esprit, 26; *Guyot et Busson*, 11, rue Saint-Genès, *Bellet*, avenue Centrale; *Boucard*, rue Pascal; *Brustel*, rue Pascal; *Dithan et Virès*, place Delille; *Fairérol*, rue du Saint-Esprit; *Jacquet-Screlber*, rue Saint-Esprit, 18; *Ribou-Colay*, rue Saint-Genès; *Rigaud*, rue Saint-Genès; *Rimbert-Huguet*, rue Massillon; *Rousseau*, rue de la Treille; *Saint-Germain*, rue de l'Ecu; *Thibaud*, rue Saint-Genès; *Vandenhheccout*, rue des Gras; *Viginol* (Mme), rue Massillon.

Antiquités. — Nous recommandons vivement la maison de Mlles *Bazin*, rue de l'Eclache, 3, où l'on trouve des vieux meubles, des antiquités, des objets de goût en nombre. Il y a, toujours, un grand choix. — Autres marchands : *Grange* place Chapelle de Jaude (il possède des objets d'art, des antiquités gallo-romaines (trouvées en Auvergne), des tapisseries, des manuscrits autographes, etc.; *Touzain*, rue du Port; *Debord*, rue Bancal. — CABINETS DE LECTURE, *Grange*, place Chapelle de Jaude; *Montel*, rue Savaron; *Poiret*, rue du Port; *Thomazet*, rue Saint-Esprit.

Bibliothèque publique. — A côté du Jardin-des-Plantes, 40,000 volumes. Ouverte, tous les jours, du 15 novembre au 15 octobre, excepté les dimanches et jours fériés de 9 h. à 11 h. (matin) et de 1 h. à 4 (soir). Formée, pendant la Révolution, des bibliothèques des monastères supprimés, surtout de celle du chapitre cathédral. La boiserie nord est celle qui, à la cathédrale, contenait les livres de Massillon. Toiles remarquables : Mort de Bonchamp (par Degeorge);

mort de Saint-Amable (idem). Portraits, sur toile, de Pascal, Domat. Savaron, quelques évêques de Clermont; statue en marbre de Pascal, par Ramez et de Delille, par Flatters.

Musées. — Mal installé, à la Bibliothèque, en haut, sous la toiture. Le *Musée de tableaux*, d'antiquités, d'objets d'art, d'émaux, d'armes, est ouvert tous les jours, excepté les lundis et vendredis de 10 h. à 4 h, et, aux étrangers, tous les jours. 180 toiles. Catalogue, très mal rédigé par feu M. Bouillet (à refaire). La salle Degeorge est riche. Le directeur du musée, M. Ulysse Chabrol, est très obligeant. Le *Musée lapidaire* est au rez-de-chaussée. Faisons des

VUE DE CLERMONT-FERRAND

vœux pour que la ville de Clermont, grâce au généreux don de feu M. Bargoin (il a légué 200,000 fr. pour un musée à Clermont) fasse élever un monument digne de l'Auvergne! Citons, dans l'*Epoque préhistorique* : une collection de silex taillé de Girolle (Loiret) donnée par le baron Girardot; grand nombre d'ustensiles, haches, couteaux, etc., emmanchés dans des bois de renne, (diverses provenances). D'un caractère plus exclusivement local ; (n°° 9, 10, 11, 12, 13, 14, l'ancien catalogue). Très belle collection de haches gauloises en silex, en jade, en serpentine, en basalte, (donnée en partie par M. Rochette de Lempdes), ainsi que des bouts de flèches gauloises ; 5 épées presque complètes et de petits poignards, charmants de forme, bien conservés (époque gauloise) ; les haches proviennent en général de Gergovia, Corent, Pontgibaud, du jardin Lecoq. On remarque un bracelet gaulois en pierre polie (grand intérêt) ; et, dans la collection de haches, donnée par M. Rochette de Lempdes, un marteau de chef gaulois (grande pureté de forme, conservation parfaite). Sur l'une des haches, en serpentine, est gravée en creux une figure humaine : on la dit découverte près d'Aigueperse (1838) ; des archéologues la croient fausse. Opinions partagées sur l'usage des couteaux dits de *sacrifice druidique*, en silex, (n° 11). Une des pièces curieuses est un moule en pierre, de haches celtiques, en deux pièces ; découvert par M. Tudot, de Moulins, près de Cisterne-la-Forêt (Puy-de-Dôme). — EPOQUE GAULOISE : Série d'objets ou instruments en os ; quelques vases (gaulois) en terre noire dont les principaux viennent des Martres-de-Veyre. *Vitrine de bronze* : Bracelets, torques, fibules, ceinturons, agrafes, chaines, plaques de ceinturons, amulettes, phalliques, casse-têtes, strigiles, clochettes, lances et bouts de lance, etc. Parmi ces objets, série de haches remarquables ainsi que des bracelets qui offrent la variété des modèles et belles dimensions. (Trouvés à Corent, Gergovia, Pontgibaud, au jardin Lecoq, à la caserne de Cavalerie, même vitrine). *Époque gallo-romaine* : des vases de bronze, les uns plaqués d'argent et ornés de figures et d'animaux ; d'autres recouverts d'une patine superbe ; l'un d'eux ayant la forme d'une casserole porte sur le manche gravé au pointillé *Erotis* ; (découvert à Lienzou (n° 82), un vase (n° 83) ayant sur le manche en relief, un cheval marin. Un casque de bronze découvert près de Martres-le-Veyre (n° 88) ; une lampe de bronze de forme très pure. Parmi les objets trouvés au Puy-de-Dôme : 1° plaque votive de bronze portant la célèbre inscription :

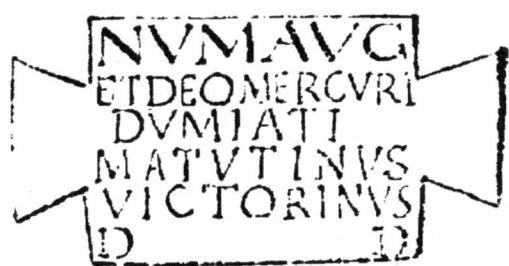

2° Une statuette de bronze représentant un taureau (ayant perdu sa patine), un petit Mercure et des fragment de fibules et d'ustensiles divers. Parmi les objets en fer, des javelots et des fragments de lance. Dans la vitrine (n° 137) divers objets découverts aux Martres-de-Veyre (29 septembre 1851) dans un tombeau, formé d'une caisse en bois dur (1m50 de long sur 0m60 de large), avec le squelette d'une femme couchée sur la poitrine, ayant conservé ses cheveux chatains foncé, de 66 centimètres et tressés. Elle avait le corps couvert d'étoffes de laine blanche et de couleur, par-dessus lesquelles se trouvait une couverture de laine grossière. Le bras gauche avait été cassé. Le squelette avait un collier de petites perles jaunes, noires et vertes en verre ; les pieds étaient chaussés de pantoufles en liège et en peau. Parmi les objets en fer, plusieurs épées. La *poterie samienne* (n°ˢ 113, 114, 115) grande quantité de vases en terre rouge avec ou sans reliefs découverts à Lezoux, au jardin Lecoq, à la gare etc. Outre ces vases (terre rouge), le musée en possède avec une recouverte blanche, ou en terre noire à facettes, dont quelques uns proviennent du Pont-de-Naud et sont remarquables. Lampes en terre (très nombreuses, variées), biberons, vases lacrymatoires. Vitrine des *vases en verres* (n°ˢ 102, 103, 104) beaux vases cinéraires, (l'un de forme carrée, remarquable); urnes lacrymatoires. La collection des *Médailles*, non classée (quelques gauloises, des grecques, romaines, des monnaies dites baronniales). — *Musée lapidaire*. Quatre cippes pyramidaux trouvés dans le cimetière gallo-romain de Vallière près Clermont (avec inscription); cippe cubique découvert près Royat (avec inscription); colonne milliaire découverte près d'Aigueperse; autel de sacrifice druidique en marbre blanc: autel votif trouvé au Mont-Dore (V. la gravure à la notice Mont-Dore); tympan en granit du fronton d'une porte gallo-romaine (trouvé à Clermont); frise gallo-romaine, fouille du porche de la cathédrale (très grand style) (194); un Silène, trouvé rue de l'Echo (246); grand nombre de chapitaux, frises, architraves, inscriptions tumulaires, meules à bras, amphores, etc.; grande et belle mosaïque (découverte à Clermont) en 1833, rue d'Assas), et diverses autres mosaïques ou fragments découverts place de Jaude, boulevard du Séminaire, enclos des Paulines, Jardin-des-Plantes, cours Sablon, etc.; un pied de statue de bronze doré (trouvé à Royat). *Moyen âge.* — Sarcophages en domite trouvé à Royat (n° 39); pierre tumulaire découverte près l'église du Port (de 612); (n° 40) pierre tumulaire du diacre Bardario (vi° siècle); (n° 41) pierre tumulaire de Palladius (année 512); (n° 56), pierre tumulaire découverte dans le faubourg de Saint-Allyre et donnée par M. Peghoux (*In hac parte hujus tumuli requiescunt corpora sanctorum quorum nomina Deus scit*). Diverses pierres tumulaires et inscriptions, parmi lesquelles : deux belles inscriptions mortuaires (XIII° siècle) de prieurs de l'ordre de Saint-Jean-de-Jérusalem trouvées, récemment, rue Villeneuve (n° 390, 391) ; grand nombre de sculptures, cariatides, clefs de voûte du moyen âge et de la Renaissance, mêlées aux statues modernes données par l'Etat et avec moulages de sculptures. — A l'étage supérieur : *Première salle* : (n°* 160 à 237) série d'armes Moyen-âge, Renaissance et temps modernes, parmi lesquelles des casques et des hallebardes (curieux), des fusils de rempart, des fusils à mèche et des fusils ayant servi au siège de la Chaise-Dieu. La *salle n° 2* renferme encore une des pièces les plus remarquables du musée ; c'est un coffret en cuir gaufré du temps de Louis XI. Le musée offre aussi : collection de faïence des fabriques de Clermont, Nevers, Montpellier, Strasbourg, Rouen. *Vitrines de la deuxième salle* : collection d'émaux religieux (léguée en partie par M. Michel avocat) ; collection de sceaux, de clefs, de marteaux, de coffrets, de reliquaires, de custodes, etc. Dans la *troisième salle* : grande vitrine occupée par des armes, des ustensiles, des costumes des différents peuples. *Salle Degeorge*, où sont réunies les toiles de M. Degeorge (peintre clermontois) ; dans les vitrines, série de vases grecs, étrusques et d'antiquités égyptiennes, parmi lesquelles une momie d'enfant dans ses bandelettes *Tableaux anciens*. Citons : *Les Misères de la guerre*, par Callot (27, 28, 29) ; *Chanteurs*, par Natier (16, 32) ; *Danse de farfadets*, par Romokko (12) ; *Tête de Vierge*, École italienne (18) ; *Christ (tête de)* attribuée au Guide (2) ; *Arracheur de dents*, par Rombouts (3) ; *La foire de Florence*, par Teniers (5) ; *Deux intérieurs*, par Granet (62-103) ; *Portrait du maréchal de Rieux* (superbe), attribué à Clouet (On a prétendu à tort que c'était celui du chancelier du Prat) (116) ; *portraits*, par Rigaud ; *L'enlèvement de la Toison d'or*, par de Troye (à l'Hôtel de ville) ; *Mariage de Jason*, par de Troye (à l'Hôtel de ville). *Tableaux modernes* : *Le Mont-Dore*, par Pelouse (60) ; *Le lac*, par Hanoteau (390) ; *Royat*, par Damesse (3) ; *La Saint-Barthélemy*, par Debat Ponsac (212) ; *Un chemin*, par Pail (400) ; *Le ravin de Say*, par Schmit (374) ; *Lisière de bois*, par Gosselin (248) ; *L'île Saint-Honorat*, par Imer (170) ; *Rue de San Remo*, par Roux (10) ; *Foire de village*, par Van Marck (161) ; *Gorges*, par Desbrosses (696) ; *Fontana*, par Matifas (1) ; *Procession de saint Bonnet*, par Berthon (8) ; *Tourmente de neige*, par Schenk (9) ; *Lutte de Jacob*, par Louis Le Loir (166) ; *Sainte-Cécile*, par Dubufe (à l'Hôtel de ville) ; *Portrait de Pascal*, par Glaize (à l'Hôtel de ville) ; *Défense de Gergoria*, par Chassériau (à l'Hôtel de ville).

Musée d'histoire naturelle. — Place du Taureau. Légué (1861) par feu M. H. Lecoq, à la ville de Clermont. Ouvert les dimanches et jeudis, de 10 h. à 3 h.; et, pour les étrangers, tous les jours. Fort riche en collections minéralogiques, ornithologiques, botaniques. Coquillages; un herbier.

Situation. Topographie. — Clermont-Ferrand, chef-lieu du Puy-de-Dôme, ville de 37,317 hab., est située sur un monticule, au bord d'un vaste bassin semi circulaire dominé par les monts Dômes. Ce bassin est ouvert vers la Limagne. Les côteaux des environs de Clermont sont couverts d'excellents vignobles (vin de Chanturgue renommé), de maisons de campagnes. Le Puy-de-Dôme domine cet ensemble; à gauche, le plateau célèbre de Gergovia, à dr., Champturgue. La ville est encadrée d'une magnifique ceinture de verdure. Clermont, malgré ce bel entourage, offre à l'intérieur, un aspect sombre, triste (rues irrégulières, petites, maisons hautes, resserrées, bâties en lave).

Itinéraire dans la ville. — La gare est située à l'E. de la ville, à l'opposé de la place de Jaude, où se trouvent les hôtels principaux et qui est la partie animée de la cité. Sur cette place, statue du général Desaix, fondue en 1848, par Nanteuil. Pour faire un tour général en ville, voici l'itinéraire : Prendre la rue de l'Ecu, puis la rue Saint-Louis. Arrivé à la place Saint-Hérem, statue assise de Blaise Pascal, œuvre de M. Guillaume, de l'Institut. Monter à la place de la Poterne (vue splendide). A côté, hôtel de ville. (Dans la cour, statue de Domat, jurisconsulte, par M. Chalonnax, sculpteur clermontois). Les salles de l'hôtel de ville possèdent quelques toiles par Devedeux, Dubuffe, Schenck, etc. (V. p. 43) Au fond de la rue de l'hôtel de ville, la cathédrale. On y pénètre; sortir par le portail du midi, tourner à gauche; descendre dans la rue B. Pascal (ancienne rue des Nobles.) (Là, résidait, jadis, la noblesse). Rue du Port, visiter l'église de Notre-Dame du Port, l'un des bijoux de l'école Auvergnate; sa souterraine (statue miraculeuse); en bas de la rue du Port, la place Delille, où fut prêchée la 1re croisade (1095) par Pierre l'Hermite. Prendre, à droite, le boulevard Trudaine (il porte le nom d'un intendant d'Auvergne); monter à la place Michel de l'Hôpital, visiter l'église Saint-Genès-les-Carmes (xve siècle); on passe devant le lycée, bâti par les Jésuites; on prend la rue Ballainvilliers; au bout, la fontaine de la Pyramide (élevée en 1801), à la mémoire de Desaix). On tourne à gauche. Place du Taureau, le musée Lecoq (Histoire naturelle, fort riche) Non loin, la Bibliothèque publique (40,000 volumes), le musée de tableaux et d'antiquités. Entrer au jardin Lecoq (belles serres). Reprendre le boulevard de la Pyramide, la montée des Petits-arbres; revenir à la place de Jaude.

Curiosités à visiter. — La belle cathédrale gothique, l'église romane de N.-D.-du-Port, la magnifique fontaine de Jacques d'Amboise (1515), la place de Jaude et la statue du général Desaix; la statue de Blaise Pascal (place Saint-Hérem), le musée de la ville, le musée Lecoq (Histoire naturelle), le jardin Lecoq (jardin botanique); les sources incrustantes de Saint-Alyre et du Pérou.

☞ Les *sources incrustantes* sont citées parmi les merveilles de l'Europe.
FONTAINE PÉTRIFIANTE DE SAINT-ALYRE. (44 rue du Pont Naturel, à Saint-Alyre). Elle est connue très anciennement. Jadis, dans le

PONT NATUREL DE SAINT ALYRE

couvent des bénédictins de Saint-Alyre (aujourd'hui, à M. Montel-Clémentel.) Les bénédictins n'étaient pas peu étonnés de voir leurs choux se couvrir d'incrustations. M. Montel-Clémentel possède, dans son établissement, l'unique et historique pont naturel, dit le *pont du diable*, (il a été commencé il y a environ 400 ans), que visita le roi Charles IX, en 1566. Il a 10 met. de long. 5 m. 45 de largeur et 5 m. de hauteur au dessus du ruisseau de la Tiretaine. Près de ce pont, le *pont supérieur* et le *pont du milieu*. On croit que ce dernier remonte à 600 ans. Fléchier, en 1665, parle des ponts et des grottes de Saint-Alyre. En 1733, le docteur Chomel venu à Clermont, en-

GROTTE DU PÉROU

voya, à l'illustre Tournefort, des grappes de raisin, des tiges pétrifiées. Dès 1788, le jardinier du couvent de Saint-Alyre faisait un commerce de végétaux et petits animaux pétrifiés.

On y voit aussi un curieux pont, inachevé, mais que l'eau incrustante augmente, chaque année, de 3 centimètres. Dans 4 grottes, une foule d'objets soumis à la pétrification. On remarque, dans le jardin, divers groupes de personnages et d'animaux, notamment la bourrée d'Auvergne, une vache son veau, un cheval, Saint-Antoine dans sa grotte, un tigre, une gazelle, un tapir indien, une panthère,

un rhinocéros, etc. le tout pétrifié. Dans [les magasins, grand assortiment de belles pétrifications (V. LES ANNONCES).
FONTAINE PÉTRIFIANTE DES GROTTES DU PÉROU. (Rue Gaultier de Biauzat, près le square Blaise Pascal). Il y a, là, des grottes extrêmement curieuses où une foule d'objets sont toujours, soumis à la pétrification. Dans le jardin, on voit, pétrifiés, une vache et un montagnard qui la trait, une âne et son cavalier, un joueur de musette et une fileuse, gardant ses chèvres, ses moutons ; un ours, un lion. Dans le magasin, beau choix d'objets pétrifiés, naturels. (V. LES ANNONCES.) Ce bel établissement appartient à M. Clémentel, aîné.

Visitez : Deux maisons romanes (XII° siècle), rue des Chaussetiers, à l'angle de la rue des Petits-Gras (caves curieuses, voûtes ogivales). Place Saint-Pierre, habitation du XIII° siècle ; rue B. Pascal 18, porte bâtarde de maison ; rue Barnier, maison à moucharaby ; rue des Notaires, porte armoriée (Renaissance) ; la maison de la famille Savaron (3, rue des Chaussetiers), bâtie en 1513, par Hugues Savaron, bourgeois de Clermont, [bel escalier, avec armoiries, daté de 1513, sur le cul de lampe du 1er étage] ; la maison dite *des Architectes* [rue des Gras, 31, à l'angle de la petite rue Saint-Pierre] élevée vers 1560. (Magnifique cage d'escalier, de la Renaissance) ; la tradition prétend que c'est le logis des architectes de la cathédrale. On y remarque le blason des Fontfreyde, ancienne famille de Clermont.

L'habitation (fin du XVI° siècle) dans laquelle est mort (1622) *Jean Savaron*, célèbre magistrat, se trouve au n° 1 de la rue Savaron. Elle porte cette inscription (placée par Jean Savaron) :
VNA ROSA ŒTERNUM GRATOS SPIRABIT ODORES
PERPETUOQUE VIRENS NULLIS MARCESCET AB ANNIS

MAISON DITE DES ARCHITECTES (RUE DES GRAS)

C'est-à-dire : *Rose unique, elle répandra toujours ses agréables parfums ; perpétuellement fraîche, elle ne sera jamais flétrie par les années.* (Les mots *Una rosa* sont l'anagramme

MAISON SAVARON, RUE DES CHAUSSETIERS (1513)

du nom de Savaron). — A Fontgière, débris, encastrés dans la façade d'une maison, du beau jubé gothique de la cathédrale, élevé, en 1150, par Martin Gouge de Charpagne, évêque de Clermont. — Il faut absolument, visiter la *muraille gallo-romaine du château des Salles* (du III⁰ siècle). Pour cela, prendre au fond de la place de Jaude, une petite rue (à droite) qui va dans le jardin des Salles. Cette muraille est très remarquable. On ne sait trop à quoi elle a servi. Peut-être à un temple, à l'amphithéâtre ou au théâtre d'Augusto-Nemetum? Sûrement, à un monument public, du temps des Romains. De fouilles intelligentes amèneraient d'importantes découvertes. Qui les fera?

Cette muraille a plus de 30 pieds de haut; elle est bâtie en petit appareil par assises de 9, 8, 7 et 6 rangs de pierres. Les assises sont liées entre elles par des cordons formés, chacun, de 3 grandes briques couchées et séparées les unes des autres par un ciment qui en fait ressortir le rouge coquelicot. 8 demi tourillons ou contreforts de même structure, s'élèvent à l'extérieur. On a trouvé des médailles romaines autour de cette muraille, que le peuple appelle à tort, *muraille des Sarrasins*. C'est le plus ancien débris antique que possède Clermont.

En haut de la rue des Gras, bas-relief [lavement des pieds des apôtres, XII⁰ siècle], bâti dans le mur d'une maison à l'entrée de la rue de la Coifferie. Rue des Gras, le n⁰ 22, (maison du XVI⁰ siècle). A l'angle des rues Royale et Saint-Genès, maison du XV⁰ siècle [le premier étage avec chevrons, grosses pièces de bois faisant saillie; une antique madone est placée à l'angle]. La maison où naquit l'illustre Blaise Pascal, en 1623, (en partie conservée), se trouve en haut de la rue des Chaussetiers, près de la cathédrale, avec façade sur le passage Vernines. Elle conserva, jusqu'en 1840, une cage d'escalier du

MURAILLE GALLO-ROMAINE DU CHATEAU DES SALLES (III° SIÈCLE)

xv⁰ siècle. Nous donnons, plus loin, après le *chapitre de l'Itinéraire général du département*, la vue de cette maison historique.

Eaux minérales. — Clermont-Ferrand, possède, en fait d'eaux minérales : 1° les sources de Saint-Alyre. L'*Établissement thermal de Saint-Alyre*, créé en 1826, contenant 25 cabinets. Elles sont employées pour guérir les rhumatismes articulaires, musculaires et nerveux, les scrofules, les personnes lymphatiques, les fractures, etc. Elles sont alcalines, acidulées, salées, magnésiennes, siliceuses, calcaires, ferrugineuses. L'établissement est ouvert du 1ᵉʳ mai au 1ᵉʳ novembre. Propriétaire : M. Clémentel ; 2° les *sources ferrugineuses de Jaude*. Une de ces sources (+ 28°), à M. Boyer (de Volvic), sort d'un puits artésien. Elles sont, toutes deux, prises en boisson.

Les monuments religieux. — CATHÉDRALE. Un des beaux monuments de la France ; commencée en 1248, (style ogival primaire). L'architecte fut Jean des Champs (*Joannes de Campis*). Le chœur terminé en 1285. Vers 1345, une portion de la nef fut achevée. Cinq nefs très élancées, surmontées d'un triforium et de belles croisées. La toiture de plomb faite par ordre de Jacques d'Amboise, évêque de Clermont (1507). Longueur de l'édifice 80 mètres hors œuvre ; largeur 41 mètres. Les voûtes, 28 mètres 70 ; 56 faisceaux de colonnes. En 1794, elle a souffert du vandalisme révolutionnaire par ordre de Couthon. On décréta même sa démolition ; elle fut sauvée grâce à M. Verdier-Latour, ancien bénédictin de Saint-Alyre, et à M. Deval, architecte. Intérieur grandiose. Anciens vitraux remarquables. (Ceux du chœur, xiiiᵉ siècle ; des rosaces, xivᵉ siècle ; dans la nef, ceux du xvᵉ siècle). Élégante rosace septen-

CATHÉDRALE DE CLERMONT-FERRAND

trionale. Maître autel en cuivre repoussé (exécuté par Bachelet, sur plans de Viollet-le-Duc). Dans les chapelles : beau sarcophage du vii⁰ siècle (représentant le Christ et les apôtres) : une vieille gravure (scènes de la vie de Saint-Crépin et Saint-Crépinien) ; dans la chapelle Saint-Austremoine, bel autel exécuté en 1847, par Bion (de Paris) ; bas-relief en bois ; belle toile au-dessus de la porte du nord ; 2 fresques du xiv⁰ siècle (nous donnons l'une de ces fresques) au-dessus de la porte de la sacristie et, au même endroit, autre fresque, de 1480 environ, représentant le cardinal de Bourbon, évêque de Clermont ; porte de la sacristie, chef-d'œuvre de sculpture ; le Jacquemart représentant *Mars, Faunus, Tempus*, enlevé aux habitants d'Issoire, dans les guerres de religion (1577). Buste de profil, de marbre, de Mgr de Dampierre, par Etex ; pierre tombale d'un chanoine (nous la reproduisons). Chandelier pascal par le célèbre Caffieri ; les grandes orgues sortant de la maison Merklin. A l'extérieur, sur le faitage de l'abside, statue de N.-D. du Retour, en cuivre repoussé (dessin de Viollet-le-Duc ; exécutée par Zœgger). Les plans des travaux d'achèvement de la cathédrale sont de Viollet-le-Duc. Les flèches en pierres (achevées récemment) ont 108 mètres de hauteur.

Église de Notre-Dame du Port. Du xi⁰ siècle. Bel édifice (style romain-byzantin-auvergnat) 3 nefs, deambulatorium ; triforium ; un transept ; dôme avec pendentifs ; chœur entouré de chapelles rayonnantes ; 42 chapiteaux dans la nef (quelques-uns du vi⁰ siècle). A l'extérieur du monument, remarquable marqueterie. Clocher occidental de 1825 ; clocher du transept de 1846. Vitraux archaïques par M. Thevenot. Inscriptions historiques, en marbre, récentes, dans un goût excellent. Crypte (à visiter). La statue miraculeuse de la Vierge qu'on y vénère paraît être du xiv⁰ siècle. Trésor de la sacristie riche en belles étoffes, ornements. Couronnes byzantines de la Vierge miraculeuse en diamants, retenus par des filets d'or.

ÉGLISE DE NOTRE-DAME DU PORT

ÉGLISE DE SAINT-PIERRE-LES-MINIMES. Place de Jaude. Elevée, en 1630, par les religieux Minimes. Boiseries de 1736 exécutées par Sureau (sculpteur auvergnat de talent). Sur l'autel du chœur, bonne et grande toile rappelant l'école vénitienne :

(l'*Adoration des mages*), attribué à un cordelier. Elle ornait, avant 1780, ainsi que les boiseries, la chapelle des Cordeliers. Les *quatre évangélistes*, belle copie du tableau de Valentin. D'autres bonnes toiles.

Église de Saint-Eutrope. Elevée en 1858 (architecte M. Imbert). Style du xive siècle. Monument fort gracieux. Clocher, vrai

ÉGLISE DE SAINT-EUTROPE

dentelle de pierre; 3 nefs. Autels, fonds-baptismaux et 4 statues, par Fabich. Bonnes statues de David et de Moïse par M. Chatonnax, de Clermont : 2 toiles à remarquer : la *Mise au tombeau*, par Ducoiran et le *Martyr de Saint-Laurent* par Thévenin ; 3e toile par Brainlot (réalisme trop cru).

Église de Saint-Genès-les-Carmes. Elevée au xive siècle. Dé-

DALLES TUMULAIRES

1. Chapelle des Carmes-Déchaux ; 2. Dans la cathédrale ; 3 et 4. Chapelle de la Visitation ; 5. Fresque dans la cathédrale (au-dessus de la porte de la sacristie).

tails du xv⁰ siècle. Le clocher, dû à M. Mallay, architecte (1849), gracieux, mais sans ampleur. Blasons de divers évêques et d'anciens donateurs, sur les murs, aux clefs de voûte. Maître-autel en bois, sculpté par M. Mombur, de Clermont (artiste de talent).

ÉGLISE DE SAINT-JOSEPH. Près de la gare. En beau style roman. Élevée récemment.

CHAPELLE DES URSULINES. Dans une chapelle, remarquable statue de la Vierge (marbre de Carrare), par le célèbre Jacometti, directeur des musée du Vatican, à Rome. C'est, dit-on, la plus belle œuvre scupturale de Clermont.

CHAPELLE DE L'HÔPITAL-GÉNÉRAL. A voir, une bonne toile.

CHAPELLE DE LA VISITATION. Avar* 1789, vaste église des Jacobins. La nef, démolie, forme la place au-devant de la chapelle. Le chœur seul est resté. De chaque côté du chœur, deux beaux mausolées : l'un du cardinal *Nicolas de Saint-Saturnin*, de la maison d'*Arféuille* (✠ en 1382), l'autre du cardinal *Hugues-Aycelin*, dit de *Billom* (✠ en 1298). Ce dernier est orné de belles statues. Dans la nef, intéressantes pierres tombales [Voir dessins de deux d'entre elles, p. 57].

CHAPELLE DES CARMES-DÉCHAUX. Construction néo-grecque de 1720.

L'autel est formé d'un très remarquable sarcophage gallo-romain du v⁰ siècle, qui a figuré dans la cathédrale de Clermont d'où il a été transféré ici, en 1816, et que l'on dit avoir été le sépulcre de l'évêque de Clermont le célèbre Sidoine-Apollinaire.

Les sujets représentent : la *résurrection du fils de la veuve de Naïm* ; la *Samaritaine*, *Zachée*, etc. (V. page 60).

Curieux tableau du xvie siècle. Châsse du xviie siècle (forme de façade d'église). Belle pierre tombale d'Acfred, abbé de Chantoin (1224) [V. p. 57].

CHAPELLE DES CARMES-DÉCHAUX

Monuments civils. — HÔTEL-DE-VILLE. Commencé en 1829 (plan de M. F. Ledru), achevé en 1842. Lourd ; sert aussi de Palais de justice. Dans la cour, statue de Domat, par un excellent artiste, M. Chalonnax (né à Clermont). Les archives de l'hôtel-de-ville (placées dans le bâtiment de la Bibliothèque) et du palais de justice sont intéressantes. Il serait à souhaiter que l'inventaire raisonné en fût publié.

SARCOPHAGE DES CARMES-DÉCHAUX (Ve SIÈCLE)

PALAIS DES FACULTÉS. Élevé en 1861. Attenant au jardin Lecoq.

LYCÉE B. PASCAL. Célèbre collège des Jésuites jusqu'en 1762. Commencé, en 1675, sur les dessins du Père Chéneau, jésuite.

HÔPITAL-GÉNÉRAL. Il y a, dans une salle de réunion, d'intéressants portraits sur toile. Citons : la marquise de Montbois-

LYCÉE B. PASCAL A CLERMONT-FERRAND

sier-Canillac, née Michelle de Ribeyre (année 1680); Gilberte Pascal (morte 1686) épouse Périer, sœur de Pascal, etc.

HÔTEL-DIEU. Elevé, en 1767, et agrandi depuis. Dans une position admirable.

HALLE AUX TOILES. Moderne; à Jaude.

HALLE AUX BLÉS. Elevée en 1769 sur les plans de M. Dijon, ingénieur de la province (inscription).

Palais épiscopal. Du xviie siècle. Ancien Hôtel du dernier intendant d'Auvergne (1789), M. de Chazerat. Belles tapisse-series.

Préfecture. Elevée en 1855, sur l'emplacement du couvent des Cordeliers. Les archives départementales sont fort riches. Il y a près de 5,000 volumes, 3,000 liasses et 25,000 chartes antérieures à 1789.

Palais du commerce. Œuvre récente ; architecte, M. Mallay.

Casernes de cavalerie (Avenue Centrale). La première pierre posée par le maréchal de Castellanne (1858).

Pyramide Desaix. Fontaine avec obélisque, élevée, en 1801, sur les dessins de l'architecte Laurent, à la mémoire de Desaix,

Fontaine d'Amboise. Œuvre admirable, de la Renaissance, élevée, en 1515, par les ordres d'un évêque de Clermont, Jacques d'Amboise. Placée, à l'origine, au sud de la cathédrale, à la porte du palais épiscopal, puis, en 1808, sur la place Delille, enfin, en 1855, au Cours Sablon. Surmontée d'un sauvage armé d'une massue et appuyé sur les armoiries d'Amboise *(palé d'or et de gueules de six pièces)*. La grâce des vasques, l'élégance du jeu des eaux font de ce bijou architectural, tout en pierre de Volvic, une grande curiosité.

Fontaine du Terrail. Elevée, en 1684. Style de la Renaissance. Noms des échevins sur la pierre. La Révolution a mutilé cette fontaine. Place du Terrail.

Jardin botanique (Jardin Lecoq). Le premier jardin botani-

FONTAINE D'AMBOISE (1515)

que a été commencé à Clermont en 1745. L'abbé Delarbre, d'abord, curé de Royat, puis de la cathédrale de Clermont, s'en occupa, dès 1769, et fit un cours de botanique gratuit (V. son portrait à la notice de Royat). Après l'abbé Delarbre (mort en 1807), l'abbé Lacoste dirigea ce jardin. Le jardin botanique actuel n'a été créé qu'en 1863-1868, grâce au zèle de feu M. Henri Lecoq, éminent naturaliste, professeur aux Facultés (il a légué les serres). Après sa mort (1871), on lui a donné son nom ; ce qui est de toute justice. Le tracé en est bon ; les serres riches en arbustes, plantes exotiques (belle collection d'orchidées). Elles ont de 1,000 à 1,200 mètres de superficie.

SQUARE PASCAL. Avec la statue (assise) de *Blaise Pascal* par Guillaume, de l'Institut, fondue par Barbedienne. Le socle est en granit rose d'Aberdéen (Ecosse). Les pyramides de l'exèdre, en calcaire de Chomérac (Ardèche).

RUES. Les rues de Clermont portent, en général, des noms de personnages célèbres de notre Auvergne. Quelques-unes rappellent d'anciens couvents; d'autres, les enseignes des hôtelleries du Moyen-âge (telles que celles de l'Ecu, du Chapon, du Cheval-Blanc, etc.). La rue des Gras a pris son nom de l'escalier *(Gradus)* qui précédait la cathédrale.

PLACES. *Place de Jaude.* Elle a 262 mètres de long et 82 de large. Il y avait, à l'époque gallo-romaine, un temple. C'était, alors, le *forum* de la cité. Plus tard, une chapelle fut élevée dans l'angle sud-ouest à N.-D. de Pitié sur l'emplacement d'un prétoire romain. Au moyen âge, on y faisait les revues d'hom-

HENRI LECOQ (1802-1871)
(V. p. 64.

mes d'armes. Le nom de cette place vient du latin *gallus* (coq), d'où le peuple a fait, en patois local, *jo* (coq); et, de là, *jaude*. Les maronniers ont été plantés en 1868. — *Place Delille.* Là, fut prêchée la première croisade (1095), par Pierre l'Hermite. — *Place du Terrail.* Les marchands y vendaient la poterie (appelée *le terrail)* dès le xiie siècle. — *Place d'Espagne.* Construite (1692) par des Espagnols, prisonniers de guerre. — *Place de la Poterne.* Construite (1723) par l'intendant de la Grandville. Son nom vient d'une tour, dite poterne, de l'enceinte de Clermont. — Place *Devant et derrière Clermont.* Beau nom historique qui rappelle l'emplacement du château fort appelé « *Clermont* ». — *Boulevard Trudaine.* Construit en 1750, sur les fossés de la ville, par M. de Ballainvilliers, à qui la ville doit beaucoup et dont une large rue, également créée par lui sur le fossé de la ville, porte le nom — *Cours Sablon.* Construit en 1800, sous l'administration de M. Sablon, maire.

Le vieux Clermont. — Clermont, la plus noble ville d'Auvergne « *Civitas Arvernorum nobilissima* » devait avoir près de 100,000 âmes sous l'empereur Auguste, dont elle pris le nom — pour s'appeler *Augusto-Nemetum*. Elle fut décorée d'un capitole, d'un sénat, d'un prétoire (placé au fond de Jaude), d'un amphithéâtre. La ville romaine comprenait le haut du monticule; divers faubourgs s'étendaient au loin. Une enceinte, percée de trente portes, entourait le tout. Plus tard, Clermont refit son enceinte (vers 1410). Elle comprenait vingt-neuf tours carrés ou rondes et 12 portes, dont quatre principales. Cette enceinte n'a été démolie que vers 1750. La plus ancienne vue de Clermont est celle du héraut d'armes O. Revel (1450). L'artiste a pris le dessin du côté de Bien-Assis (au nord). (V. p. 71.)

Le géographe Belleforest donne un plan à vol d'oiseau de Clermont (1570), pris également du côté du nord. Nous le reproduisons page 73.

J'ai donné dans mon *Histoire de la ville de Clermont-Ferrand*, une magnifique vue de Clermont-Ferrand, en 1740 (prise du côté de l'Orient).

Les armoiries de Clermont sont : *d'azur, à la croix de gueules bordée d'or, cantonnée d'une fleur de lys d'or*. La croix rappelle la première croisade, prêchée à Clermont (1095) ; les fleurs de lys furent octroyées par Saint-Louis, et figurent sur le sceau municipal, en 1255. La bordure de la croix n'a été ajoutée qu'au xvi⁰ siècle.

Histoire. — L'origine de Clermont date de la destruction de l'*oppidum* de Gergovia (49 ans avant J.-C.) Le monticule de Clermont était alors couvert de bois, d'où son nom primitif de *Nemetum* (de *nemus*, bois). Sous l'empereur Auguste, Nemetum devient le chef-lieu de l'Arvernie et prit le nom d'*Augusto-Nemetum*. En l'an 260, Chrocus, roi des Allemans, porta ses ravages dans cette ville. En 411, *Jovin*, un des premiers seigneurs d'Auvergne, s'étant fait proclamer empereur, à Mayence, la ville d'Auvergne fut prise par les capitaines d'Honorius. Ecdicius, maître de la milice dans les Gaules, et Sidoine Apollinaire, son beau-frère, organisèrent, contre les Visigoths, une lutte énergique et soutinrent dans la ville d'Auvergne, un long siége (472). Rome céda l'Arvernie aux Visigoths (475). En 507, Clovis, marche contre Alarik II, roi des Visigoths, et fut victorieux à Vouillé, malgré le grand nombre d'Arvernes et le courage des sénateurs de la cité des Arvernes conduits par le comte Apollinaire. Cette cité devint la propriété des Franks; Thierry, fils de Clovis, l'eut en partage (511); or, le bruit se répandit (530) qu'il avait été tué dans une expédition; alors, éclata une conspiration. Thierry, furieux, vint assiéger cette cité (532). Arrivé sous ses murs, il campa dans les faubourgs, détruisit le bel aqueduc qui conduisait les eaux de Royat. La ville dut son salut au duc Hilping, l'un des principaux leudes du roi. Son fils Théodebert fit son séjour ordinaire dans la ville d'Auvergne; c'est là qu'il épousa, en 535, Deutérie, sa seconde femme. Théodebalde, fils de Theodebert et de Deutérie, succéda à son père (548); étant mort (555), Clotaire, roi de Soissons, envoya son fils favori, Chramne, dans la cité des Arvernes où il s'adonna à toutes sortes d'excès et fut rappelé. En 732, les Sarrasins ravagèrent la ville d'Auvergne et n'en laissèrent que des ruines. En 761, le roi Pepin-le-Bref marcha contre le duc d'Aquitaine Waïfre et fit le siège du château de Clermont (*castrum Clarmontis*). Pepin brûla toute la ville. Reconstruite, elle prit le nom de l'ancien château et fut appelée *Clermont*. En 815 ou 853, les Normands arrivèrent pour la première fois à Clermont. Pour la deuxième fois, ils reviennent en 864; et, pour la troisième, en 910 ou 916; ils détruisent Clermont de fond en comble. A peine rebâtie, grâce à l'évêque Etienne II, qui poussa la charité jusqu'à faire creuser des grottes pour les indigents, cette cité fut consumée entièrement par un immense incendie (966). Le roi Lothaire passe à Clermont en 982; le roi Robert s'y arrête. En 1095, la première croisade y fut préchée par Pierre l'Hermite, en présence du pape Urbain II et de 310 personnages mitrés (prélats ou abbés). Six papes vinrent à Clermont, d'abord: Pascal II, en 1106; Gélase II, en 1118; Calixte II, en 1120; Innocent II, en 1130. Guillaume VI était parti pour la croisade (1096), il ne revint en Auvergne qu'en 1114. A son retour, il crut devoir entrer en discussion avec l'évêque Aimeric, qui implora le secours du roi Louis-le-Gros lequel vint avec une armée (1126); Clermont lui ouvrit ses portes, mais le roi fut obligé de revenir en 1131. En 1143, le pape Célestin II passe à Clermont; le pape Alexandre III en 1162, 1165; le roi Louis-le-Jeune, en 1163; l'illustre Thomas Becket, archevêque de Cantorbéry, s'y réfugia en 1164. Aux dernières années du XIIe siècle, guerres civiles entre Robert, évêque de Clermont, et son frère Guy II, comte d'Auvergne. En 1209, les hostilités reprennent. Philippe Auguste envoya une armée qui envahit le comté d'Auvergne et en fit la conquête (1213). En 1226, le

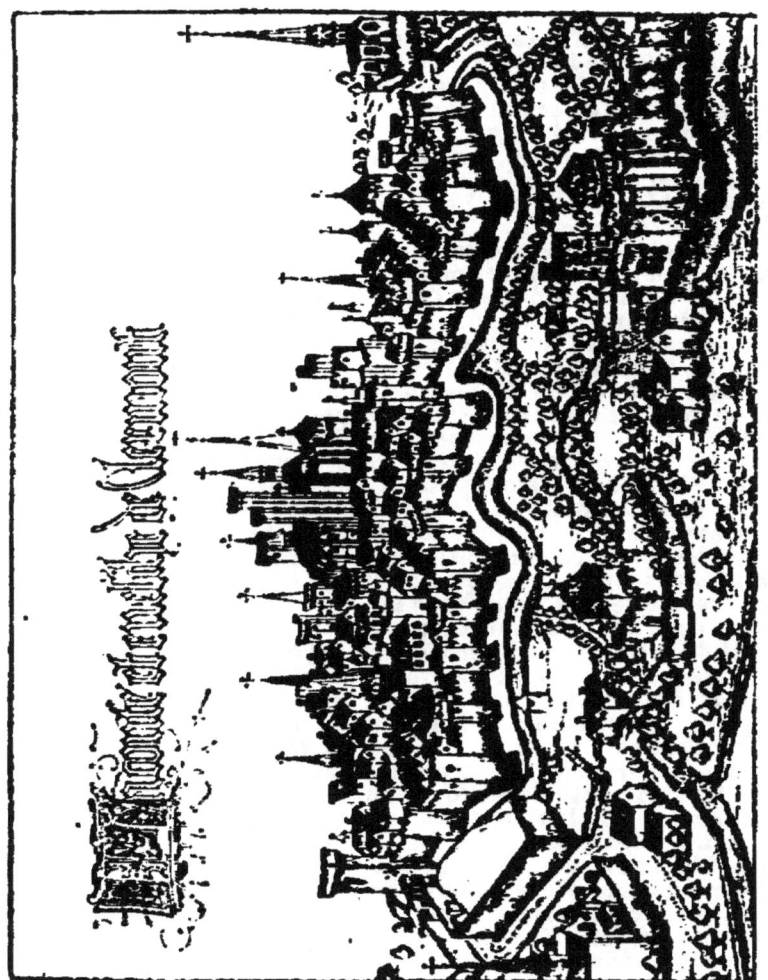

CLERMONT EN 1450 (D'APRÈS G. REVEL.)
A gauche, l'abbaye de Chantoin ; à droite, l'abbaye de Saint Alyre ; entre les deux, Bien-Assis. Derrière, Clermont sur le monticule, dominé par la cathédrale.

roi Louis VIII, revenant d'une expédition du Languedoc, était à Clermont; en 1232, les villes de Clermont et de Montferrand firent un traité d'alliance, s'engageant à se prêter secours. Saint-Louis, revenant de la Terre-Sainte, arriva à Clermont le 14 août 1254. Son frère Alphonse était venu l'y recevoir, il y revint en 1262, pour célébrer le mariage de son fils ainé, Philippe-le-Hardi avec Isabelle, fille de Jacques, roi d'Aragon. En 1286, 1287, l'archevêque de Bourges, Simon de Beaulieu, vint à Clermont, dans sa tournée pastorale. Le prélat prêcha en latin dans la cathédrale. En 1304, le roi Philippe-le-Bel, revenant du Languedoc, resta neuf jours à Clermont (du 3 au 12 mars). En 1309, le roi Philippe-le-Bel mande au comte de Sancerre de se trouver à Clermont avec toute son armée. En 1309, les Templiers d'Auvergne, furent interrogés dans le palais épiscopal de Clermont, devant l'évêque Arbert Aycelin. Tout le monde connaît la triste affaire des Templiers. En 1315, le roi ordonne aux grands seigneurs du royaume de se trouver à Clermont. Le 8 juillet 1316, le pape Jean XXII était à Clermont, où il donna une bulle portant création du diocèse de Saint-Flour. En 1320, le pape adressa un bref à l'évêque de Clermont pour sévir contre les Pastoureaux. En 1329, Guillaume comte de Hainaut, était à Clermont. C'est de cette ville qui envoya des ambassadeurs vers le Pape. En 1335, le roi Philippe-de-Valois passa à Clermont, en se rendant en pélerinage à Avignon. Après la bataille de Poitiers, les troupes anglaises envahirent l'Auvergne. Sitôt que la nouvelle en fut donnée, la noblesse et la bourgeoisie se mirent en armes. Clermont, fut le centre des opérations de la défense. Le dauphin d'Auvergne vint attendre le célèbre Robert Knowles, chef des troupes anglaises, et se posta dans un lieu avantageux. Robert battit en retraite. En 1360, traité de Brétigny. La France devait payer trois millions d'écus d'or pour rançon du roi Jean. Clermont y contribua pour 60 livres. Le maréchal d'Andreham était à Clermont, en 1362; il parvint à transiger avec un célèbre capitaine anglais, *Séguin de Badafol*. En 1370, le roi Charles V passa à Clermont. En 1374, les Etats provinciaux s'y assemblèrent et furent présidés par le roi Charles V. L'évêque de Clermont, Jean de Mello, traita, cette année, avec quelques capitaines anglais. En 1380, le connétable Bertrand du Guesclin, put délivrer notre département des anglais qui le rançonnaient. Il s'arrêta à Clermont. En 1382, les Etats provinciaux d'Auvergne, réunis à Clermont, confient à Louis de Sancerre, maréchal de France, le soin de prendre diverses forteresses de la Basse-Auvergne, occupées par les Anglais. En 1388, lors de la prise de Montferrand, les habitants de Clermont, portèrent secours à leurs voisins. En 1388, les Etats de la province s'assemblent à Clermont et votent 5,000 li-

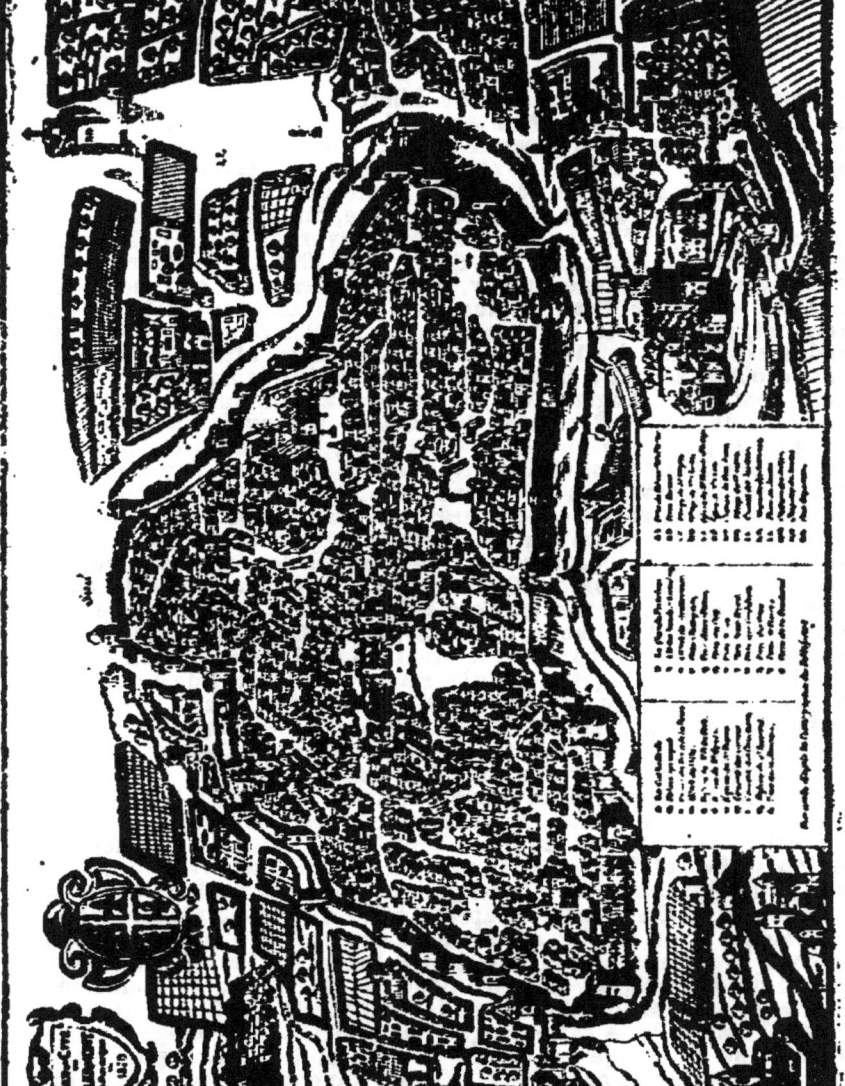

CLERMONT A VOL D'OISEAU EN 1570

vres pour l'expulsion des Anglais. L'intermédiaire de cette entreprise fut le comte Jean d'Armagnac. En 1389, le roi Charles VI, se rendant en Languedoc, passa à Clermont. En 1390, Robert de Béthune, vicomte de Meaux, envoyé pour faire le siége de la Roche-Vendeix, passa en revue son armée à Clermont. Par une commission royale d'octobre 1392, Jean de Maingre, dit Boucicaut, maréchal de France, reçut l'ordre de délivrer l'Auvergne des Anglais. Le maréchal, vint à Clermont. A la fin de mars 1394, le roi Charles VI, se rendant en pèlerinage au Puy, passe à Clermont. Le 27 mai 1420, Charles, régent de France (plus tard le roi Charles VII), était à Clermont, revenant du Puy. En 1425, la cour des *Grands-Jours*, vint rendre ses arrêts à Clermont. Le 7 novembre 1429, l'immortelle Jeanne d'Arc écrivit à la ville de Clermont, lui demandant des secours contre les Anglais. On lui envoya 2 quintaux de salpêtre, 1 quintal de soufre, 2 caisses de traits où il y avait un millier de flèches, et, pour elle une épée, deux *dags*, une hache d'armes. Le 3 décembre 1435, le roi Charles VII vint à Clermont, il y demeura sept jours ; il y revint en 1437. Pendant la *Praguerie* (1440), Clermont soutint la cause royale avec énergie ; le roi Charles VII vint dans cette ville, et fit rassembler les États de la province dont il obtint des subsides. Pour indemniser les Clermontois des frais de la guerre Charles VII leur accorda 500 livres (1441). Clermont resta de nouveau fidèle à la cause royale, c'est-à-dire à Louis XI (1465), pendant la ligue dite du Bien public. Louis XI, allant faire une neuvaine à Notre-Dame du Puy, passa à Clermont, en 1475. Le roi Charles VIII écrivit aux habitants (1483) pour leur annoncer la mort de Louis XI, et leur demander leur dévouement. En 1485, des gens d'armes appelés Suisses, ravageaient les alentours de Clermont ; cette ville chassa ces pillards. En 1489, les francs archers de Clermont furent mandés pour aller servir le roi en Bretagne. Un arrêt de 1492 ordonna que Clermont serait régie par droit écrit. En 1510, les *Coutumes d'Auvergne* furent rédigées au couvent des Jacobins, sous la présidence d'Antoine du Prat, premier président du parlement de Paris. Le roi François Ier, venant de Lyon, arriva à Clermont le 10 juillet 1533. La nouvelle religion prêchée par Luther et Calvin, s'introduisit à Clermont peu après 1540. En 1545, un placard blasphématoire y fut affiché, contre le Sacrement de l'autel. En 1543, Thibaut Brosses, chanoine de Notre-Dame du Port à Clermont, revenu de Genève, fut dénoncé pour ses doctrines, et condamné à faire amende honorable devant la cathédrale de Clermont, plus à 500 l. d'amende. A cette époque, un principal du collége, Claude Mosnier, se vit obligé de quitter la ville et la France, pour avoir enseigné des textes opposés à l'Eglise. Revenu de Lausanne, il fut saisi à Lyon et brûlé vif (30 octobre 1551). Le roi Charles IX vint à Clermont avec sa mère Catherine de Médicis et ses frères Henri (plus tard Henri III) et François, duc d'Alençon, Marguerite de Valois, leur sœur, et le duc d'Orléans ; ils y arrivèrent le 31 mars 1566 et visitèrent le pont naturel de Saint-Alyre ; ils partirent le 3 avril suivant ; le jour de la Fête-Dieu, suivant (1566), un calviniste de Clermont n'ayant pas tapissé le devant de sa porte, les catholiques lui élevèrent un bûcher et l'y brûlèrent avec ses meubles. En 1577, le duc d'Alençon (frère du roi Henri III), qui se rendait au siège d'Issoire, passe à Clermont. Clermont nourrit une partie de l'armée royale sous les murs d'Issoire. Après la prise de cette ville (13 juin 1577), le chapitre cathédral de Clermont fit preuve d'une grande charité chrétienne et reçut les malheureux que la guerre avait chassés de leurs foyers ; les blessés furent déposés dans son hospice de Saint-Barthélemy. En 1582, les *Grands-Jours*, présidés par Achille de Harlay, président au parlement de Paris, furent tenus à Clermont. Pendant la Ligue, Clermont montra un grand dévouement au roi. Henri IV écrivit aux Clermontois après l'assassinat d'Henri III (31 juillet 1589); la lettre comble d'éloges la fidélité de ces derniers ; les habitants se rendirent, alors, à l'hôtel de ville et jurèrent de mourir sous l'obéissance du roi. Issoire était aux Ligueurs. Les Clermontois résolurent de prendre cette ville. Ayant assemblé une armée, ils se rendirent à Issoire, rencontrèrent les Ligueurs à Cros-Rolland et les taillèrent en pièces (1590). Charles de Valois, comte d'Auvergne, qui avait conspiré avec Biron, fut arrêté à Clermont sur la place de Jaude, un jour de revue (1604) et enfermé à la Bastille. En 1630, fut faite la première annexion de la ville de Montferrand à celle de Clermont. En 1631, une maladie contagieuse fit périr, à Clermont, cinq à six mille personnes. En 1648, Florin Périer, beau-frère de Blaise Pascal, fit, d'après les données de ce grand savant, des expériences sur la pesanteur de l'air, et commença ses observations dans le couvent des Minimes, près de la place de Jaude. L'événement le plus remarquable, fut, ensuite, la tenue des *Grands-Jours*, qui eurent lieu du 26 septembre 1665 au 30 janvier 1666, présidés par M. Potier de Novion, président à mortier au parlement de Paris, et M. de Caumartin, alors maître des requêtes, fut chargé de tenir les sceaux. Fléchier, qui devint évêque de Nîmes, et qui était alors précepteur des enfants de M. de Caumartin, accompagna la cour. Il a laissé une relation de cette mémorable session (réimprimée). En 1677, grand nombre de prisonniers espagnols envoyés à Clermont. En 1679, il y avait des prisonniers hollandais |En 1698, furent placées, les premières lanternes pour l'éclairage public : elles furent en principe éclairées par des chandelles ; et, vers, 1750, par de l'huile.

A la fin de juillet 1714, la grande duchesse de Toscane (Marguerite-Louise de Bourbon-d'Orléans), passa à Clermont. En 1716, le régiment de Médoc y prit son quartier d'hiver. En 1731, un édit du roi acheva de réunir définitivement la ville de Montferrand à celle de Clermont, qui depuis s'appella *Clermont-Ferrand*. Le 13 mars 1740, le père *Bridaine*, célèbre prédicateur, commença une mission à Clermont, qui y attira un concours prodigieux d'auditeurs. En octobre 1740, la ville fut agitée par une émeute provoquée par le « petit peuple » contre le fermier des entrées. En mai 1753, le parlement de Paris fut exilé dans les principales villes de France. Trente membres de ce Parlement furent envoyés en exil à Clermont. En 1754, Clermont reçut l'avis de se tenir en garde contre l'arrivée de *Mandrin*, la terreur de la contrée. En 1760, M. de Ballainvilliers, intendant d'Auvergne, procura deux pompes à incendies qui furent achetées à Paris. Ces pompes portaient l'eau à 90 pieds. En 1781, on plaça, pour la première fois, des *lanternes à réverbères*. En 1783, il y eut des réjouissances publiques à l'occasion du traité qui reconnaissait l'indépendance des Etats-Unis d'Amérique. En 1785, Madame *Adélaïde*, tante du roi Louis XVI, arriva à Clermont. Madame Adélaïde était accompagnée de Madame Victoire, sa sœur. En 1787, l'*Assemblée provinciale* d'Auvergne fut ouverte à Clermont-Ferrand. La réunion des trois ordres eut lieu dans l'église des Carmes, le 17 mars 1789. En 1790, le siège de l'administration du Puy-de-Dôme fut fixé à Clermont-Ferrand. La loi du 17 juillet 1793, qui ordonnait de brûler les titres féodaux, eut pour résultat de faire préparer, au mois de novembre suivant, un auto-da-fé sur la place de Jaude où furent consumés des chartes et des documents à jamais regrettables. Une centaine de républicains avancés avaient l'habitude se réunir au bois de Cros. Cinq cents habitants de Clermont s'armèrent et firent une descente dans ce faubourg (1797). Huit ou neuf républicains furent tués. En 1798, arrivée d'une colonne de l'armée d'Italie. M. de Châteaubriand, le célèbre écrivain, vint à Clermont, le 2 août 1805. En 1806, Clermont contribua pour 3,000 fr., destinés à élever la colonne Vendôme à Paris. En avril 1814, à la suite de la chute de l'Empereur, le drapeau blanc arboré à la cathédrale, donna lieu à des troubles qui furent apaisés par le général Becker, comte de Mons. Les alliés entrèrent à Clermont le 14 avril même mois, même année (1814); une division autrichienne forte de 15,000 hommes, commandée par le comte de Hardeck, lieutenant-général, arriva dans nos murs. Le 27 juillet 1814, la duchesse d'Angoulême vint à Clermont et y fut reçue avec allégresse. En juillet 1815, le drapeau blanc qui avait été arboré pendant les Cent-Jours donna lieu à des désordres graves.

La même année, le maréchal de France, duc d'Albuféra, quitta Clermont où était établi son quartier général, après avoir licencié l'armée des Alpes. Un buste du roi Louis XVIII fut l'occasion, en 1816, d'une grande fête ; la même année, le duc d'Angoulême vint visiter Clermont En 1818, mission. Huit à dix mille personnes accompagnèrent les missionnaires. En 1821, passage de la duchesse de Berry à Clermont ; en 1823, arrivée de 500 prisonniers espagnols ; la duchesse d'Angoulême traversa de nouveau Clermont en juin 1826 ; le mois suivant, le duc d'Orléans et son épouse, Mme Adélaïde, sœur du duc, le duc de Chartres, le prince de Joinville, les princesses Louise et Marie-Clémentine, viennent visiter Clermont. En 1829, le célèbre général *la Fayette* y passe ; on lui offre un banquet. En 1830, le duc d'Orléans y vient. En 1832, troubles à Clermont. En 1832, le duc d'Orléans revient dans cette ville. En 1833, Congrès de la *Société géologique de France*. En 1838, sixième session du Congrès scientifique de France. En 1840, eut lieu le *banquet réformiste* appelé de Montaudou ; cinq cents personnes y assistaient et demandaient une réforme électorale. En 1841, à l'occasion du recensement, il y eut des barricades à Clermont ; la maison du maire fut incendiée. En 1846, l'éclairage au gaz remplaça celui que l'on obtenait au moyen des lanternes à reverbères depuis 1781. En 1848, grande fête au sujet de l'inauguration de la statue du général Désaix sur la place de Jaude. En 1850, réunion de la *société française pour la conservation des monuments historiques de France*. De 1849 à 1860, pendant l'administration municipale de M. Léon de Chazelles, la ville de Clermont se transforme comme par enchantement. En 1859, cavalcade de charité organisée à Clermont. En juillet 1862, l'empereur Napoléon et l'impératrice Eugénie viennent visiter cette ville. En 1863, concours régional et exposition. En 1869, grand concours musical composé de près de quatre-vingts sociétés lyriques. En 1874, grand festival musical. Au mois de juin 1875, couronnement de Notre-Dame du Port qui donne lieu à une imposante procession. 100,000 personnes, venues de toutes parts, inondaient la ville. — Sous les Romains, Augusto-Nemetum eut un *municipe*. En 1198, la ville reçut une charte municipale. Catherine de Médicis érigea un échevinage (1555). Il fut créé une sénéchaussée, à Clermont, en 1551 ; en 1582, un présidial. Il y avait, enfin, une cour des aides, créée à Montferrand (1557), transférée à Clermont en 1630 ; l'Académie des arts, sciences et belles lettres remonte à 1747.

Biographie. — *Pierre Amelh*, cardinal (1378) ; *P. André*, évêque de Clermont, garde des sceaux de France (mort en 1358) ; *Aper*, célèbre par son éloquence († vers 85) ; *Jacques Audigier*, receveur des tailles, né en 1619, auteur d'une histoire manuscrite d'Auvergne ;

Pierre Audigier, chanoine et jésuite, son fils, qui continua l'Histoire d'Auvergne (mort en 1744); *P. d'Auvergne*, troubadour (né vers 1170); *Avitus*, empereur romain (455); *M.-H. Bompart*, médecin de Louis XIII († en 1649); *J. Bonnefons*, poète célèbre († en 1614); *A. Bourlin* dit *Dumaniant*, acteur célèbre, auteur († en 1828); *G. Breschet*, célèbre médecin († 1845); *G. Chauchat*, panetier de Philippe le Bel (1297-1366). *C.-A.-C. de Chazerat*, dernier intendant d'Auvergne († en 1824); *J. Coustave*, échanson de Charles V; l'abbé *Delorbre*, naturaliste érudit († 1807); *Jacques Delille*, illustre poète († 1813); *Jean Domat*, savant jurisconsuite († en 1696); *J. A. Dulaure*, célèbre historien, érudit († 1835); *Gilles Durant*, l'un de nos meilleurs poètes du xvie siècle († 1615); *Ecdicius*, grand capitaine (175); *H. du Four de Villeneuve*, intendant de Bourges, conseiller d'État († 1781); *G. Gayte*, intendant des finances du royaume († 1322); *Saint-Genès*, évêque († vers 662); *G.-A. Gontard*, poète († 1680); *Saint-Grégoire de Tours*, historien illustre († 595); *P. Labbé*, savant jésuite († vers 1680); *G. Mauguin*, président de la cour des monnaies de Paris, érudit († 1674); *P. Maloët*, médecin, de l'Académie des sciences († 1742); *Mello*, cardinal (1185); *Flavius Nicetius*, grand orateur (ve siècle); *J. Nepos*, empereur d'Occident († 480, *Nepotianus*, empereur romain (350); *A.-G.-L. Onslow*, musicien, compositeur († 1853); *Etienne Pascal*, intendant de Normandie († 1651); *Blaise Pascal*, l'un des grands génies de la France († 1662). *F.-G. Pascal*, épouse Périer, sœur du précédent, femme savante († 1687); *F. Pezant*, poète (1566); *Ch.-A. Ravel*, poète († 1860), le *comte de Reynaud de Montlosier*, député célèbre par ses écrits contre les Jésuites († 1838); *P. Rogier*, chanoine et troubadour (1145); *Ant. Sablon*, excellent maire de Clermont († 1811); *Jean Savaron*, érudit célèbre, homme politique († 1622); *Sidoine-Apollinaire*, illustre évêque, littérateur († 388 ou 489); *A.-L. Thomas*, membre de l'Académie française († 1785); *Trudaine de Montigny*, intendant général des finances, de l'Académie des sciences, († 1777); *L. Emmanuel de Valois*, né en 1596, colonel général de la cavalerie légère, etc., († 1633); *Jean Villevault*, procureur au parlement de Paris, érudit (1589), etc.

LA BOURBOULE

Chemin de fer jusqu'à la station de Laqueuille, où l'on trouve : 1° des omnibus-correspondants (prendre son billet jusqu'à la Bourboule); 2° des voitures particulières.
La Bourboule est à 10 kil. de la station de Laqueuille. Durée du trajet 1 heure 15.

☞ Bureau de poste et télégraphe.

Situation géographique. — Altitude 852 mètres. La Bourboule, chef-lieu de commune (depuis 1875), fait partie du canton de Rochefort-Montagne, situé au nord des montagnes du Mont-Dore.

Aspect du pays. — La Bourboule, ouverte au midi et au levant, est placée dans une magnifique vallée de la région, des Monts-Dore. A l'est et à l'ouest, une immense muraille granitique qui protège cette station des vents du Nord, de sorte qu'elle est d'un climat remarquablement doux. De ce côté, elle est dominée par le chef-lieu de Murat-le-Quaire, dont elle dépendait (avant 1875). Les Hôtels de la Bourboule, presque tous nouvellement bâtis avec le plus grand confort, offrent un beau coup d'œil. Du côté du sud, les bois de sapins, la roche Vendeix et, du côté de l'est, les magnifiques montagnes du Mont-Dore, présentent un spectacle grandiose.

Hôtels. — En arrivant, faites votre prix d'avance (20 à 5 fr. par jour, selon l'hôtel). (Les numéros sont ceux du plan de la Bourboule). Les Hôtels 1 *Continental*; 2 *de Londres*; 2 *bis Bellon et des*

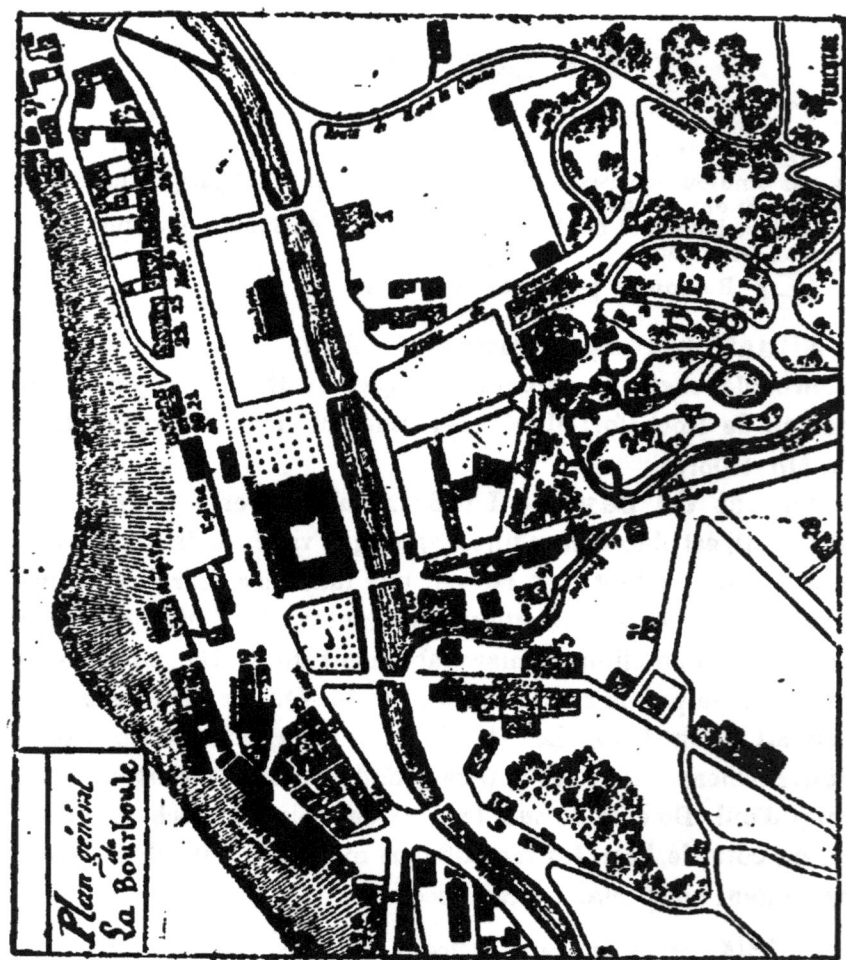

îles Britaniques; 3 *Splendid-Hôtel*; 4 de *France*; 5 *Beauséjour* 6 du *Parc*; 7 de *Paris*; 8 *Bellevue*; 9 des *Sources*; 10 des *Anglais*; 11 *Perrière*; 12 de l'*Etablissement*; 13 *Grand-Hôtel*; 14 des *Deux-Mondes*; 15 des *Etrangers*; 16 du *Globe*; 17 de l'*Europe*; 18 des *Bains*; 19 de l'*Univers*; 20 de la *Bourboule*; 21 de la *Poste*; 22 de *Russie*; 23 du *Louvre*; 24 du *Helder*; 24 bis de *Genève*; 25 des *Ambassadeurs*; 26 Villa *Richelieu*; 27 Maison *Brugières*; 28 Villa *Pauline*; 31 Villa de *Florence*; 32 Villa *Molière*.

Médecins consultants. — Les docteurs *Peironnel*, (✻), ins-

SITE DE LA BOURBOULE (LE GRAND ÉTABLISSEMENT, LE PARC)

pecteur de la station, *Danjoy*, *Dauzat*, *Eymery*, *Morin* (Frédéric), *Heutlz*, *Nicolas*, (O. ✻), *Noir*, *Olivier*, *Pourcher*, *Riberolles*, *Vérité*, *Veyrières*.

Histoire. — Il est certain que le pittoresque pays de la Bourboule était habité à l'époque gauloise. Un rocher en granit a conservé le nom de *Roche des Fées*. Suivant la tradition, les bonnes fées, qui y résidaient, protégeaient la contrée. L'étymologie de la Bourboule, en latin *Borbola*, dans un titre de 1463, viendrait-elle de *borbo*, bourbe? Dans l'affirmative, rappellerait-elle la source qui, sortant librement formait, à ses alentours, une espèce de marais bourbeux? Les Romains connurent les eaux de la Bourboule. Ils avaient construit, dans le voisinage, le bel établissement du Mont-Dore. Une fosse de l'époque gallo-romaine fut découverte, à la Bourboule, en 1820. Arrivé en 1463, nous trouvons, dans les archives départementales du Puy-de-Dôme, que le seigneur de la Bourboule, Agne IV, de la Tour-d'Auvergne, chevalier, vicomte de Turenne, seigneur du Mont-Dore, s'engagea à faire construire, pour l'usage des habitants de la Bourboule, une « maison de bains », à condition que ceux-ci lui paieraient une redevance. Toutefois, ces bains ne servirent qu'à l'usage de ces derniers ou des localités du voisinage, ce qui dura plusieurs siècles. Une tradition prétend que les seigneurs de Murat-le-Quaire, qui l'étaient aussi de la Bourboule, connaissaient l'effet bienfaisant de ces eaux; car ils en faisaient transporter dans leur château de Murat-le-Quaire. Le petit établissement, élevé aux frais du seigneur de la Bourboule, en 1463, fut agrandi, en 1740, et couvert, à cette époque, d'une voûte de neuf à dix pieds de hauteur; son bassin mesurait huit mètres de long sur cinq mètres de large. Le célèbre historien Dulaure parle de cet établissement, en 1789, (*Description de l'Auvergne*). La « maison de bains », élevée en 1463, modifiée en 1740, resta dans le même état jusqu'en 1821. A cette époque, M. Guillaume-Lacoste, qui avait acheté ce petit établissement aux héritiers du dernier seigneur de la Bourboule, le marquis du Bourg de St-Polgues, fit construire un nouveau bâtiment pour bains et douches (8 cabinets), auquel fut ajoutée, en 1850, une petite annexe. Cet établissement thermal passa à Mme veûve Choussy au prix de 23,000 francs. Celle-ci, désirant s'en défaire, en demanda 500,000 francs, ce qui parut trop élevé et empêcha une solution. Les eaux de la Bourboule arrivèrent alors à ses enfants. Pendant l'hiver de 1864-1865, l'éboulement d'une masse considérable de tuf écrasa non seulement les réservoirs, mais encore l'annexe tout entière de l'établissement de la famille Choussy. Feu M. le docteur Choussy, fit alors élever un bel établissement en rapport avec les besoins modernes, qui a été vendu dernièrement à la Cie des eaux minérales de la Bourboule. Reste à faire l'historique du grand établissement, créé par la Compagnie, et qui est situé à peu de distance de celui de M. Choussy. Des questions d'intérêt privé s'étant engagées entre les familles Choussy et Mabru, obligèrent celle-ci à faire des recherches de sources. Un entrepreneur, M. Perrière, fut assez heureux pour trouver l'eau minérale en abondance et à une haute température. La famille Mabru fit alors construire un modeste établissement. De 1866, datent les recherches d'eaux entreprises soit par feu M. le docteur Choussy, soit par M. Mabru. M. Michel Guillaume-Grandpré, maire de Murat-le-Quaire, fit alors un traité avec M. le comte de Sédaiges qui prit des engagements envers cette commune (dont la Bourboule a dépendu jusqu'en 1875) laquelle lui céda, pour 50 ans, tous ses communaux, au prix annuel de 600 francs. M. de Sédaiges fit creuser un puits. Arrivé à 50 mètres de profondeur, il trouva une source d'eau minérale qui lui donnait 230 litres à la minute. De son côté, M. le docteur Choussy trouva, à 40 mètres de profondeur, une belle nappe d'eau chaude, qu'il augmenta, peu après, d'une nouvelle source donnant 150 litres à la minute et possédant une température

LA BOURBOULE EN 1850

de 52 degrés. De graves discussions, des procès survinrent bientôt au sujet de ces précieuses découvertes, entre M. le docteur Choussy et M. Mabru. Le public assista à ces débats, inquiet du sort des eaux de la Bourboule et de celui des baigneurs. Survint, en 1875, la *Compagnie des eaux minérales de la Bourboule*. Cette Compagnie, encouragée par des hommes puissants, acheta l'établissement Mabru et voulut faire de la Bourboule une station balnéaire considérable, comprenant bien qu'une question de patriotisme amènerait, naturellement, les Français à la Bourboule plutôt qu'en Allemagne. Elle fit élever, en 1876-1877, un splendide établissement thermal dans le terrain communal qui longe les bords de la Dordogne, ouvert en 1877. Précédemment, elle avait acheté, à M. le docteur Peironnel, une vaste prairie, située au-dessous du village de Fenestre et qu'elle a transformée en parc, dans lequel elle a d'abord fait élever un kiosque pour un orchestre.

Aujourd'hui, 2,500 malades peuvent être traités chaque jour à la Bourboule ; les hôtels, villas peuvent recevoir 3,000 étrangers.

Seigneurs — La Bourboule et le Mont-Dore ont possédé les mêmes seigneurs que le fief de Murat-le-Quaire dont ils dépendaient. Cette dernière terre, qui était vaste, comprenait une foule de villages. Guillaume, comte de Clermont, dauphin d'Auvergne, était seigneur de la Bourboule, en 1212-1220. Il donna cette seigneurie, en 1224, à Catherine, sa fille, en la mariant à Guichard de Beaujeu, seigneur de Montpensier, mort en 1256. Celui-ci fut père d'Humbert de Beaujeu, seigneur de la Bourboule en partie, connétable de France, mort en 1286, dont la fille Jeanne, dame en partie de la Bourboule, épousa, en 1292, Jean II, comte de Dreux. Pierre de Dreux, fils des précédents, seigneur en partie de la Bourboule, vendit la part qui lui revenait sur cette terre à Louis Ier, duc de Bourbon, lequel la céda à Bertrand III de la Tour-d'Auvergne, dont nous allons parler. L'autre partie de la terre de Murat-le-Quaire et du fief de la Bourboule appartenait, en 1263, à Giraud de Rochefort, propriétaire de la plus grande partie des montagnes du Mont-Dore, lequel, en 1282, vendit cette part à Bertrand III de la Tour-d'Auvergne, qui précède, lequel devint ainsi l'entier seigneur de la Bourboule. Bertrand mourut en 1286 ; il eut pour fils Bertrand IV, seigneur de la Bourboule (1286-1329) qui, en 1323, reçut dans son château de Murat-le-Quaire, Guillaume de Ventadour, évêque de Tournay, son cousin, et le vicomte de Ventadour. Bertrand IV laissa pour fils : Agne Ier, seigneur de la Bourboule, (1330-1354) dont : Agne II, seigneur de la Bourboule, (1355-1404), qui fut père de Agne III, seigneur de la Bourboule, chambellan du duc de Berry, tué à la bataille d'Azincourt, en 1414 ; celui-ci eut pour fille Antoinette, dame de la Bourboule, mariée à Jacques Aubert, seigneur de Montel-de-Gelat ; mais en vertu d'une clause du testament d'Agne II, qui avait réglé le cas où sa postérité masculine s'éteindrait, la Bourboule revint, en 1407, à Guillaume de la Tour-d'Auvergne, son parent, lequel en se faisant prêtre remit, à son frère Bertrand, la seigneurie de la Bourboule, s'en réservant l'usufruit ; ce même Guillaume devint évêque de Rodez (1429-1457), patriarche d'Antioche. Bertrand de la Tour-d'Auvergne, dont nous venons de parler, seigneur de la Bourboule (1418-1450), fut enterré dans l'église de la Chabasse, près d'Olliergues, il eut pour fils Agne IV, seigneur de la Bourboule (1451) celui qui, en 1463, fit bâtir une maison de bains à la Bourboule. Ce dernier fut enterré à Brives (1489). Son fils Antoine, dit Raymond, seigneur de la Bourboule (1517), eut pour enfant Antoine II, seigneur de la Bourboule, père de Claudine, dame de la Bourboule, mariée à Jean de Laqueuille, seigneur de Florat, tué à la chasse (1627). Cette dame mourut assassinée près de la Gane (Corrèze), quoique toujours armée de pistolets et carabines ; elle était détestée de ses vassaux. La Bourboule passa alors à Martin de la Tour-d'Auvergne, son cousin germain, ancêtre de Marie-Jeanne de la Tour-d'Auvergne, dame de la Bourboule, mariée (1719) à Nicolas-Louis, comte de la Rocheaymon tué (1719) en séparant deux gentilshommes en duel. Cette dame habita quelque temps la Bourboule pendant qu'elle faisait bâtir une habitation près de Murat-le-Quaire. Henriette, leur fille, dame de la Bourboule, épousa, en 1736, Just-Henri du Bourg de Saint-Polgues, marquis de Bozas. Elle fut enterrée à Murat-le-Quaire, en 1796, pleurée et regrettée. La famille du Bourg est représentée en Nivernais et en Languedoc.

Etablissements Thermaux. Il y en a trois : 1° L'ÉTABLISSEMENT DES THERMES, livré à l'exploitation, en 1877, situé au centre de la Bourboule. Vaste rectangle de 120 mètres de long sur 50 de large ; aux 4 angles, un pavillon recouvert d'un dôme. Dans ce splendide établissement, on trouve tout le confort imaginable pour les bains, douches, etc. Le bas des murs est revêtu de marbres et la partie supérieure ornée de fresques, ainsi que les plafonds, les galeries, les promenoirs. Tout est si bien calculé qu'il semble que la gaieté règne dans ce bel établissement. Les étrangers sont agréablement surpris quand ils entrent, pour la première fois, dans les Thermes de la Bourboule.

2° L'ÉTABLISSEMENT CHOUSSY. Construit avec intelligence par feu le docteur Choussy. 42 cabinets de bains et 58 baignoires. Elégante piscine, salles de douches, de vapeurs, bains de siége.

ÉTABLISSEMENT DES THERMES A LA BOURBOULE

Buvette dans un grand vestibule carré ; salles d'inhalation, etc. Cet établissement a été construit près du rocher de la Bourboule, sur lequel il a été conquis.

3° L'ÉTABLISSEMENT MABRU. Il est attenant au précédent. 31 cabinets de bains, une salle de bains de pieds, salle de pulvérisation, buvette, etc.

ÉTABLISSEMENT CHOUSSY

Les sources. La compagnie des eaux thermales de la Bourboule exploite sept sources thermales : 1re et 2e *sources Perrière* et *Choussy*, les plus minéralisées et les plus abondantes, les seules exportées en bouteilles; elles jaillissent dans les forages, pratiqués au fonds de puits à 75 et 84 mètres. Température + 60°. Débit 576,000 litres par 24 heures. De fortes pompes les refoulent dans les établissements ou des réservoirs. 3° *Source* *de Sédaiges ;* jaillit dans un forage (84 mèt. de prof.) Température + 50°. 4° et 5° *Sources de la Plage* + 27° *et du puits central* + 40°, forage à 120 mètres pour la première source et à 136 mètres pour la seconde ; 6° et 7° les deux sources Fenestre + 19°, forage 161 mètres, 140 litres par minute.

Vertus curatives des eaux. — Les eaux des sources Choussy et Perrière sont chlorurées sodiques, bicarbonatées et arsenicales. Un grand nombre de praticiens attribuent leurs principales propriétés à la proportion considérable d'arsenic qu'elles *Ces sources sont les plus arsenicales des eaux minérales naturelles connues.* La composition des eaux de la Bourboule a, de plus, la plus grande analogie avec celle du plasma du sang contiennent (28 milligrammes d'arseniate de soude par litre). (Suivant l'éminent professeur Gubler). La somme totale des substances minérales y est d'environ sept pour mille, comme dans le sang ; l'élément sodique s'y trouve également à l'état de chlorure, de sulfate et de carbonate ; et le chlorure de sodium y entre, comme dans le sang, à peu près pour moitié. — Ces eaux sont excellentes pour l'*anémie* (opinion des docteurs Michel Bertrand, Rotureaux), le *lymphatisme ;* et souveraine pour la *scrofule ;* elles sont merveilleuses pour guérir les *maladies de la peau, l'herpétisme* (opinion du docteur Gubler : *Du traitement hydriatique des maladies chroniques, 1874*); parfaites pour les *dartres et rougeurs,* les *affections des voies respiratoires* (Gueneau de Musy, Durand-Fardel), les *fièvres intermittentes,* la *cachexie paludéenne,* pour le *rhumatisme* et *la goutte.* Enfin, elles sont aussi bonnes pour le *diabète.* L'emploi de l'eau de la Bourboule en boisson est, aujourd'hui, très répandu. Cette eau, mise soigneusement en bouteille, est expédiée dans toutes les parties du monde et conserve, indéfiniment, ses puissantes propriétés.

Traitement. D'excellents travaux sur les eaux thermales de la Bourboule ont été publiés par les docteurs Peironnel, inspecteur, Château, Danjoy, Dauzat, Morin, Nicolas, Noir et Vérité. La saison thermale de la Bourboule commence le 25 mai et finit le 30 septembre. On ne saurait assez recommander, ici, de choisir un bon médecin. Fort heureusement, ils ne manquent pas à la Bourboule.

Plaisirs de la station. — La Bourboule possède deux *casinos* : 1° Celui de M. *Chardon,* auquel est annexé un *théâtre ;* 2° celui qui est situé dans le magnifique et grand *parc* de la Compagnie. Ce parc possède des pièces d'eaux, des ruisseaux ombragés, etc. Il est situé à l'entrée de la pittoresque vallée de Vendeix. La Bourboule est le rendez-vous, très-apprécié, de la joyeuse population enfantine, qui vient plus nombreuse, d'année en année, demander, à ses eaux, une provision de fraîches couleurs et de santé.

Promenades. I. AU RAVIN DE L'EAU SALÉE ; ROCHE VENDEIX, 3 kil. 500 ; A LA FORÊT ET PLATEAU DE BOZAT. 5 kil. A pied ou à cheval. — Chemin de Fenestre ; on traverse ce village. *Ravin de l'eau salée.* Gorge sauvage. Revenir sur ses pas ; gagner la rive droite du ruisseau du pont de Vendeix. Gravir la *roche Vendeix* (1172 mèt. d'altitude) en la contournant. Cette roche, aujourd'hui dénudée, a porté un château fort célèbre. Voici son histoire : En 1282, le château fort de la Roche Vendeix fut vendu par Geraud de Rochefort, chevalier, à Bertrand de la Tour-d'Auvergne. En 1390, un chef de routiers anglais, gentilhomme pauvre du Limousin, le célèbre *Aymerigot Marchès* s'en empara et en fit son quartier général malgré la trêve entre la France et l'Angleterre. Le roi de France envoya Robert de Béthune, vicomte de Meaux, pour en faire le siège (1390). Le vicomte partit de Chartres, où il avait convoqué ses chevaliers, avec 200 lances, se renforça des secours que lui accordèrent les États provinciaux d'Auvergne, passa à Clermont, y prit l'argent que lui donnèrent les mêmes États, et s'arrêta quelques instants à Orcival, devant l'image vénérée de la Vierge. Là, était le rendez-vous des chevaliers d'Auvergne et du Limousin. Il s'y trouvèrent environ 400 lances et 120 arbalétriers genevois. La dauphine d'Auvergne, qui était à Ardes, prêta deux belles et bonnes tentes au vicomte de Meaux. Le siège dura neuf semaines. Aymerigot trouva, d'abord, moyen d'intéresser le roi d'Angleterre et le duc de Berry à le faire lever. Le vicomte de Meaux exigea un ordre exprès du roi, qui se fit attendre. Les assiégés, voyant leur position faiblir, firent sortir Aymerigot pour aller chercher du secours ; celui-ci laissa le commandement de la place à Guyot d'Ussel, son oncle, lequel se laissa prendre dans une embuscade. L'assaut du château était chose impossible ; on y renonça. Le vicomte de Meaux ordonna à son prisonnier, Guyot d'Ussel, de faire rendre la forteresse s'il voulait éviter d'avoir la tête tranchée ; le fort fut rendu. Apprenant cette mauvaise nouvelle, Aymerigot se réfugia chez son cousin, le baron Jean de Tournemire, qui habitait la Haute Auvergne. Celui-ci, qui voulait rentrer en grâce avec Charles V, le livra à ce monarque, lequel, à cette nouvelle, manifesta une joie extrême. Aymerigot offrit 60,000 fr. pour sa rançon, somme énorme pour le temps ; mais son offre fut rejetée. Il fut écartelé et ses membres placés aux quatre souveraines portes de Paris. Ainsi finit la guerre des Anglais dans les montagnes du Mont-Dore. Un hameau, situé au-dessous de la Roche-Vendeix, porte, encore, le nom significatif du *Siège*. Ajoutons que Robert de Béthune fit raser le château de la Roche-Vendeix avant son départ, aussi, de nos jours, n'y voit-on aucune trace de construction. De la Roche-Vendeix, chemin à la route du Mont-Dore pour gagner la forêt et le plateau de Bozat (il a donné son nom à une branche bâtarde de la Tour-d'Auvergne, les la Tour-de-Bozat existante à Aydat, Puy-de-Dôme). De là, on peut revenir par le Mont-Dore ou le chemin des cascades.

II. A SAINT-SAUVES (5 kil. 1/2), CHATEAUNEUF, LIORNAT (total 12 kil.) Charmante promenade. A pied ou à cheval (jusqu'à Saint-Sauves, en voiture). — Route jusqu'à *Saint-Sauves* (D.). Traverser la Dordogne sur un pont de pierre. A g., hameau de *Châteauneuf*. Mines de plomb-argentifère abandonnées. Chemin de *Liornat*. Contrée sauvage. On rentre par *Folet* et la *Grange-Pradelles*.

III. AUX CASCADES DE LA VERNIÈRE ET DU PLAT A BARBE ; A LA GRANDE SCIERIE. — Remonter le cours de la Dordogne. Un peu avant d'arriver à Genestoux, traverser le ruisseau de Cliergue. Prendre, à droite, le sentier qui mène à la *cascade de la Vernière*. On gravit, ensuite, à g. le sentier de la grande scierie. Cantine (rafraichissements). Lacets rapides, puis une rampe en bois qui se termine par un balcon de bois accroché au rocher, d'où l'on voit bien la ma-

VALLÉE DE SAINT-SAUVES (EN SORTANT DE LA BOURBOULE)

gnifique *cascade du Plat à barbe* (18 mèt. de haut). Remonter la côte. Moulin de Gibaudet, puis la *scierie*. En continuant, on arrive à la montagne de Bozat. On revient par la route du Mont-Dore ou le chemin de Vendeix à Fenestre.

IV. AU SALON DE MIRABEAU, AU MONT-DORE, A LA GRANDE CASCADE, AU PLATEAU DE L'ANGLE, A LA VOIE ROMAINE. — Route du Mont-Dore. Traverser la Dordogne au-dessous du hameau de Genestoux. *Salon de Mirabeau*. Cirque entouré d'arbres, où le célèbre Mirabeau-Tonneau (frère du tribun) fit des repas pantagruéliques, en 1785. De là, on va reprendre la route qui mène au *Mont-Dore* et que nous décrivons, en détail, plus loin. On peut ensuite visiter la grande cascade (voir, plus loin, le chapitre des promenades du Mont-Dore), le plateau de l'Angle, au-dessus de la voie romaine (promenades décrites en détail plus loin dans celles qui sont applicables au *Mont-Dore*; voir Mont-Dore).

V. Aux cascades du Queureilh et du Rossignolet. — Route du Mont-Dore. 1 kil. avant le Mont-Dore, hameau de Queureilh où l'on prend le sentier à gauche (V. la suite aux *promenades du Mont-Dore n° II*).

VI. A la banne d'Ordenche; au Puy Gros. — On aperçoit la *banne d'Ordenche*, de loin, de tous les points de la Bourboule. On passe soit par le *Pessy* et la *Gacherie* soit par la *Grange des Planches*, *Lusclade* et la *Gacherie*. Vue splendide (V. plus loin, au *chapitre Promenades du Mont-Dore*, ce qui concerne la banne d'Ordenche). De là, on gagne le puy Gros, péniblement. Immense panorama.

VII. A la cascade du Saut-du-Loup, a la cascade du Barbier, au lac de Guéry, aux roches Thuillière et Sanadoire, a Orcival, au chateau de Cordes. — Aller au Mont-Dore (7 kil.). A partir de ce point, lire, plus loin, le n° *III des Promenades de cette station thermale (Mont-Dore)*.

VIII. Au lac de Servières. — Aller au Mont-Dore. A partir de ce point, lire plus loin le n° *IV des Promenades de cette station thermale*.

IX. Au Capucin, a la vallée de la Cour, a la vallée d'Enfer. — Aller au Mont-Dore. A partir de ce point, lire, plus loin, le n° *V des promenades de cette station thermale*.

X. A la Tour-d'Auvergne. — Passer, en voiture ou à cheval, par la route, dans la vallée de Vendeix. On trouve, en haut, la route de la Tour (D.) à droite (Voir, plus loin, le n° *VII des promenades du Mont-Dore*). On peut revenir par le même chemin ou bien par le n° *VII des promenades du Mont-Dore*, c'est-à-dire en prenant la route de la Tour à Saint-Sauves.

XI. A la vallée de Chaudefour, au Chambon, revenir par Diane. — Aller au Mont-Dore. A partir de ce point lire, plus loin, le n° *IX des promenades de cette station*.

XII. Au pic de Sancy, au puy Ferrand, a Vassivières, au creux de Soucy, au lac Pavin, a Besse, au chateau de Murol. — Aller au Mont-Dore. A partir de ce point, lire plus loin, le n° *XII des promenades de cette station thermale*.

XIII. De la Bourboule a Saint-Nectaire, a Issoire. — Aller au Mont-Dore. Puis, voir, ci-après, l'*itinéraire X des grandes promenades du département*.

XIV. Au Mont-Dore, a Eygurande, Giat, Herment, la Miouze. — Voir le *chapitre XIV des promenades de la station du Mont-Dore*

LE MONT-DORE

Itinéraire. — 1° Chemin de fer jusqu'à la station de Laqueuille, (à 17 kil. du Mont-Dore), où l'on trouve des omnibus-correspondants (prendre son billet jusqu'au Mont-Dore); 2° voitures particulières. Trajet de Laqueuille au Mont-Dore 1 h. 1/2. On va aussi au Mont-Dore en voiture publique (place de Jaude, à Clermont-Ferrand); idem, (en voiture particulière) par Issoire ou par Coudes, par Rochefort-Montagne). (V. Grandes promenades générales).

☞ Poste aux lettres au Mont-Dore et bureau télégraphique.

VUE DU MONT-DORE

Situation géographique. — Les bains du Mont-Dore sont situés dans le centre de la France, à 1,045 mètres d'altitude, dans une belle vallée, aux pieds de hautes montagnes, notamment du pic de Sancy, le point culminant de la France centrale (1,886 mèt.). Le Mont-Dore, chef-lieu de commune, fait partie du canton de Rochefort-Montagne. Pendant les plus fortes chaleurs (juillet) la température donne une moyenne de + 17°.

Aspect du pays. — Quelle belle et imposante nature que celle qui entoure les bains du Mont-Dore! On a dit avec raison qu'elle peut-être comparée, en petit, à la Suisse. Des rochers majestueux, des bois en amphithéâtre, des ruisseaux, des cascades, qui passent à travers de belles prairies, font de cette région un séjour délicieux pour celui qui a choisi les beaux jours de juillet pour s'y rendre.

Hôtels. — (Prenez une chambre avec une cheminée à cause de la variation de la température). Faites votre prix d'avance (25 à 6 fr. par jour). *Premier ordre : Grand Hôtel* et *Hôtel du Balcon.* Maison très recommandable; appartements luxueux; table parfaite; service irréprochable; soins empressés; clientèle du grand monde. Beau jardin (propriétaire Madame Taché-Serizay); *Chabaury aîné* (veuve Chabaury); de *Paris* et *Grand Hôtel du Parc* (Léon Chabory); de la *Poste* et *de Lyon* (Bellon); *Ramade aîné, Boyer-Bertrand.* Deuxième ordre : *Bardet-Chanouat; Brugière, aîné; Hôtel de la Paix* et *Boyer-Parisien; des Etrangers* (Jallat aîné); *de France et de l'Univers* (Cohadon-Bertrand); du *Nord* (Guibert-Barès); *de la Paix* (Gilbert Cohadon), *des Thermes; du Vatican* (Ducros; très bon. 6 à 7 fr.) Troisième ordre : du *Capucin* (Richard Roux); *de Bordeaux* (Boutiron). *Hôtels Garnis* et *maisons meublées* : premier ordre : *J. Armet* (recommandé.) *Madeleine Pouzet; Landouze-Baraduc; Ramade-Chabosson; Cohadon-Canard; Madeuf-Baraduc; Veuve Latru-Mabru* (beaux appartements); *Serre-Lacombe; Cluzel;*

Cadet-Boyer; *Veuve Cohadon-Chabaury*; *Joseph-Cohadon*; *Chazot-Fournier*; *Veuve Chassaigne*, aîné; *Veuve Chanonat*; *Veuve Chanonat-Guillaume*. Deuxième ordre : *Augeyre*, aîné; *Amblard*; *Bany*; *Joseph Baraduc-Tournade*; *Veuve Baraduc*; *Bonnaigue*; *Bouchaudy-Manaranche*; *Boyer-François*; *Veuve Brassier-Rigaud*; *Brugier-Chanonat*; *Raynaud-Chanonat*; *Chalet-Montjoly* (où résident, généralement, les grands noms de l'aristocratie); *Cha-*

GRAND HÔTEL (AU MONT-DORE)

nonat-Bany; *Louis Cohadon*; *Cohadon-Manaranche*; *Veuve Garrand*; *Gouyon-Meynial*; *Guillaume Chanonat*; *Gras*; *Guillaume Obequin*; *Jullat*; *L'Héritier-Feuillat*; *Veuve Lagaye*; *Manaranche*; *Raymond-Boyer*; *Veuve Vasson*.

Médecins consultants. — *Cazalis*, inspecteur adjoint; *Alvin*; *Brochin* (✻) *Chabory* (Étienne); *Cohadon* (Louis); *Émond* (✻);

Geay; Joal; Livon; Mascarel (✻); Nicolas; Percepied; Schlemmer; Amédée Tardieu (✻); Chabory (Léon). — Pharmaciens : Bellon; Tayeau.

Histoire. — Le Mont-Dore eut un vaste établissement gallo-romain dès les premiers siècles de l'ère chrétienne. Si l'on examine les antiquités gallo-romaines, provenant de l'établissement thermal du Mont-Dore et qui sont exposées dans le parc, on reconnaît, dans ces débris (de colonnes, de feuilles imbriquées, de chapiteaux, de sujets

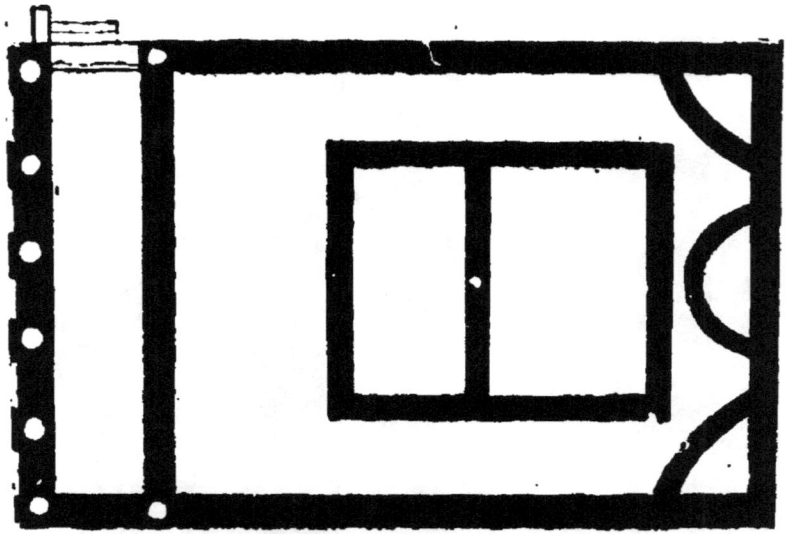

PLAN DU PANTHÉON DU MONT-DORE

mythologiques), surtout, quand on les compare à d'autres fragments antiques conservés dans nos musées nationaux, des restes de l'architecture du IIe ou IIIe siècle. Il n'est pas douteux que l'établissement du Mont-Dore était considérable. En face, on voyait un Panthéon, c'est-à-dire un temple dédié à tous les dieux.

Voici quelques détails sur ce monument païen, qui fut mis à nu en 1824. L'escalier d'entrée avait cinq marches; les murs de *la Cella* étaient encore debout. Les registres-terriers des seigneurs du Mont-Dore (des années 1423, 1463), conservés jusqu'en l'année 1793 — époque à laquelle ils périrent dans un auto-da-fé révolutionnaire — parlent de ce monument. Un quartier du Mont-Dore a porté, jusqu'en 1789, le nom de *Tènement du Panthéon*. On retrouva, en 1817, la pierre angulaire du fronton; elle a été conservée Postérieurement,

on découvrit aussi l'un des autels votifs de ce Panthéon, élevé au dieu Sylvain par une dame romaine appelée *Julia Severa*. Ci-contre, le dessin de cet autel, qui se trouve au musée lapidaire de Clermont-Ferrand. L'inscription abrégée doit être lue ainsi : JULIA SEVERA SILVANO VOTUM SALVIT LUBENS MERITO. On trouva, enfin, une inscription qui prouve que les dieux Hercule, Mercure et Sylvain étaient adorés dans le Panthéon du Mont-Dore. Rahany-Beauregard donne cette inscription *(Tableau de la ci-devant province d'Auvergne)*, la voici : HERCULI MERCURIO ET SILVANO ET DIVO PANTHEO EX VOTO. Au cours des fouilles, on recueillit une aigle aux ailes ouvertes; la tête d'une statue équestre et une jambe de cheval. Le Panthéon du Mont-Dore est bâti de l'est à l'ouest, comme tous les temples romains. On voit, sur la place qu'il occupait, une mosaïque en pierre de taille, à fleur de terre, placée après ces découvertes, pour indiquer les dimensions et la distribution du monument. A cette époque, on trouva cinq grandes piscines à gradins. En 1816, on a découvert un buste antique, en lave (60 centimètres de haut), celui d'un homme couvert d'un manteau, ayant la tête coiffée d'une calotte (iv° ou v° siècle).

Deux érudits de l'Auvergne, l'antiquaire riomois, *Louis Chaduc*, et le Clermontois, *Joseph du Fraisse de Veraines*, se sont occupés, à tour de rôle, des antiquités qui existaient au Mont-Dore. Chaduc avait voyagé en Italie, visité Rome et en avait rapporté une admirable collection de marbres et de pierres gravées. Il vint au Mont-Dore, en 1610, et dessina, sur velin, dans un petit volume in-8°, tout ce qui lui parut curieux. Ce manuscrit précieux est conservé, actuellement, à Clermont-Ferrand, par M. Auguste Pellissier de Féligonde, descendant de Chaduc (par les femmes). On y remarque, d'abord,

4

un dessin de la grotte dite de César, des fragments de marbres blancs, ornés de riches feuillages, des tronçons de colonnes, qui se trouvaient épars dans plusieurs endroits du village et au-dessus desquels la piété des habitants du Mont-Dore avait placé une croix de fer. Ces colonnes figurent parmi les antiquités conservées au Mont-Dore et dont voici un dessin ci-contre.

Joseph du Fraisse de Vernines, qui fut l'un des fondateurs de l'ancienne Académie de Clermont, a publié (1748) une brochure in-12, fort rare, intitulée : *Dissertation sur les anciens monuments qui se trouvent à Bains, village du Mont-d'Or, en Auvergne*. Il y donne de curieux détails sur l'ancien établissement thermal. Grivaud a fait imprimer (1810) quelques pages in-8° sur le même sujet. Le docteur Michel Bertrand a traité le Mont-Dore médical, en 1823.

Quelques mots sur une longue pierre sculptée conservée parmi les antiquités gallo-romaines du Mont-Dore. Elle porte le monogramme du Christ : IHS. Voici la solution : cette pierre provient de la ferme de Pailloux, voisine du Mont-Dore et qui appartenait à la commanderie d'Olloix, de l'ordre des chevaliers de Malte. Elle représente un arbre duquel se détache une fleur (espèce de rose héraldique), un portrait encadré dans un médaillon, une truie et le monogramme I H S. On reconnaît, par les caractères gothiques de l'I H S et en tenant compte de la coiffure du portrait (celle du temps de François 1er), que cette pierre sculptée est du commencement du xvi° siècle.

On croit reconnaître, sur la carte de Peutinger, qui est de la fin du iv° siècle, et dans le nom d'*Aquæ Calidæ*, la station du Mont-Dore; mais il est plus probable que cette station doit être celle de Vichy. Par exemple, le lieu de *Calentes Baiæ*, dont parle Sidoine Apollinaire (fin du v° siècle) paraît être celui du Mont-Dore qui, en effet, porta le nom de *Bains*, depuis au moins le xiii° siècle jusqu'en 1789. L'illustre évêque de Clermont possédait une belle villa à *Avitacum* (aujourd'hui Aydat), entre Clermont et le Mont-Dore; et comme il indique (dans sa 14° lettre, livre V), à son ami Appert, les bains de *Baiæ*, non loin de cette campagne, on peut en conclure que ce sont bien ceux qui font le sujet de cette notice. D'autre part, on doit tenir compte que le mot français de *Bains* est la traduction de *Baiæ*.

On attribue la destruction des bains du Mont-Dore aux hordes du roi Vandale Chrocus (en 260), aux Wisigoths (475), aux Sarrasins (732), aux Normands (viii° ou ix° siècle). Il est plus probable que cette destruction est l'œuvre du roi Chrocus. On croit y reconnaître aussi l'effet d'un éboulement de la montagne de l'Angle, au-dessus de l'établissement thermal, ou bien le résultat d'un grand tremblement de terre.

ANTIQUITÉS GALLO-ROMAINES CONSERVÉES AU MONT-DORE

En 1291, le chapitre de la cathédrale de Clermont, qui nommait à la cure du Mont-Dore, décida, vu la pauvreté de cette cure, d'allouer, à son desservant, sur les revenus de l'hôpital de Saint-Barthelmy, son linge et sa chandelle en aumône. Il y avait au Mont-Dore, peu après, un petit établissement thermal. En effet, en 1328, Bertrand IV de la Tour d'Auvergne, seigneur du Mont-Dore, de Murat-le-Quaire, d'Olliergues, etc., habitant en son château de Murat-le-Quaire, fit don, au chapitre d'Orcival, d'une rente importante à prélever « *sur les bains du lieu de Bains* ». (Le Mont-Dore). Cette rente était payée, au même chapitre, par les descendants du fondateur, en 1540. Il est certain, toutefois, que le petit établissement de 1328 consistait en une construction fort exiguë servant pour les malades du voisinage. Cet état dura jusqu'au milieu du xvie siècle. Le Mont-Dore vit, alors, ses eaux bienfaisantes plus fréquentées et, cette fois, par des malades venus des provinces voisines. Belleforest, *(Cosmographie universelle,* 1575) parle des eaux du Mont-Dore qui attiraient bon nombre d'étrangers. Le docteur Jean Banc, de Moulins, publia (1605) un curieux volume sur les eaux minérales. Il nous apprend que les eaux du *Mont-Dore, autrement Bains en Auvergne,* sont de fort ancien emploi; que lui-même y a envoyé des malades qui en ont eu beaucoup de fruit. Duchesne *(Antiquités des villes et châteaux de France, 1614)* dit : « Le Mont-Dore est recommandable pour les bains divers qui en sortent, chauds, tièdes, froids, ainsi qu'on le désire, où fourmille tous les ans une grande abondance de malades, qui se trouvent fort bien de leurs lavements. » Sous le règne de Louis XIV, le Mont-Dore était une station en renom. Il y venait un grand nombre de religieux et de religieuses. Nous trouvons, dans un procès (1647) concernant l'abbesse du monastère voisin de Léclache, que cette dame allait, pour cause de santé, boire tous les ans, les eaux du Mont-Dore. C. Bompart parle élogieusement (1699) des eaux du Mont-Dore. Le docteur Chomel vint au Mont-Dore (1702) et fit l'analyse des diverses sources. Ce savant publia (1734) un petit volume intéressant où les bains du Mont-Dore font l'objet de longs chapitres. Mentionnons, comme curiosité archéologique, qu'il existe un beau portrait gravé de ce naturaliste célèbre. Ce même médecin nous apprend qu'en 1707, on reconstruisit, au Mont-Dore, l'établissement thermal et qu'il fut considérablement agrandi. On trouva, dit-il, dans les fouilles, une si grande quantité de médailles romaines que « les particuliers en remplissaient plein leur chapeau. » Dès cette époque, le Mont-Dore prit de l'accroissement. Comme il n'existait pas de route pour y arriver, *M. de Chazeral,* dernier intendant d'Auvergne, fit, le premier, ouvrir un bon chemin (1786). Antérieurement, les malades étaient obligés de se faire transporter en litière. En 1789, les bains du Mont-Dore appartenaient toujours comme en 1328, au seigneur du Mont-Dore. Il louait, l'établissement thermal à plusieurs particuliers. A cette époque, *M. de Ségauzin*, ingénieur des ponts et chaussées, fut chargé d'élever un nouvel établissement garni de 12 baignoires. M. de Ségauzin s'occupa de réunir les restes de l'ancien Panthéon, et en fit un ensemble surmonté d'une espèce de Renommée. La Révolution éclata; les bains du Mont-Dore furent abandonnés. En 1802, *M. Lizet* acheta les bains du Mont-Dore au marquis du Bourg de St-Polgues, héritier du dernier seigneur de cette terre. En 1810, sur la demande du Conseil général du Puy-de-Dôme, l'Administration décida que le propriétaire des eaux thermales serait exproprié pour cause d'utilité publique.

LE DOCTEUR MICHEL BERTRAND

Cette mesure entraîna de longs et dispendieux procès. M. Lizet fut dépouillé moyennant une somme ridicule aujourd'hui. En août 1821, la duchesse de Berry vint passer la saison au Mont-Dore.

Rendons hommage à la mémoire du docteur *Michel Bertrand*, qui a été le restaurateur des eaux du Mont-Dore, dont il fut nommé inspecteur, en 1805. Habile médecin, il a laissé de grands souvenirs. Né à Saint-Sauves, près du Mont-Dore, en 1774, il est mort en 1857.

☞ Pour la chronologie des seigneurs du Mont-Dore, voir p. 81. (La Bourboule avait les mêmes seigneurs).

Etablissement thermal. — Adossé à la montagne de l'Angle. L'*établissement* des bains a été élevé de 1817 à 1826.

Bâti en lave, par l'architecte Ledru, très solide, il comprend 96 cabinets de bains, 2 piscines, 4 salles de bains de pied, 72 douches descendantes, 2 douches ascendantes, 9 douches naso-pharyngiennes, 10 salles d'inhalation, 2 salles de pulvérisation, 22 douches de vapeur, 8 bains de vapeur, une salle d'hydrothérapie.

Outre l'établissement des bains, on trouve, au Mont-Dore, un

ÉTABLISSEMENT THERMAL DU MONT-DORE

autre établissement, dit des *bains de vapeurs*, commencé en 1846, achevé en 1851.

Les sources. — On voit dans les anciens registres-terriers de 1423, 1463, qu'il y avait, alors, au Mont-Dore, quatre sources minérales : celles de *Saint-Jean*, de *la Magdeleine*, de *la Grotte* (source *César*, dans une espèce de grotte gallo-romaine) et la source de *Saint-Pardoux*. Moins celle de Saint-Pardoux, elles sont toutes utilisées. Voici les sources actuelles : 1º *Source de la Magdeleine ou Bertrand* + 45º, 144,000 lit. en 24 heures ; 2º *Source César* + 45º, 120,960 lit. ; 3º *Source du Pavillon, grand bain* ou *bain Saint-Jean* + 44º, 54,720 lit. ; 4º *Source Ramond*, porte le nom d'un préfet du Puy-de-Dôme, (reçue dans un puits gallo-romain); la plus ferrugineuse du Mont-Dore + 42º, 18,720 lit. ; 5º *Source Rigny* (porte le nom du préfet qui succéda à M. Ramond) + 43º 17,280 lit ; 6º *Source Boyer* + 45º, 28,800 lit. ; 7º *Source Pigeon* + 45º, 21,600 lit. ; 8º *Source Sainte-Marguerite* (eau gazeuse, très agréable) + 12º, 14,400 lit. Total du volume d'eau de toutes les sources 406,080 litres.

Toutes les eaux du Mont-Dore, placées dans des vases bouchés avec soin, s'exportent admirablement.

Vertus curatives des eaux. — Les eaux du Mont-Dore sont hors ligne pour la *phtisie pulmonaire*, la *bronchite chronique* et le *catarrhe pulmonaire;* parfaites pour l'*asthme*, la *pleurésie chronique*, la *laryngite*, la *pharyngite*, les *maux de gorge*, le *coryza;* elles sont excellentes pour les *affections rhumatismales* et, principalement, le *rhumatisme noueux* et le *rhumatisme viscéral ou larvé;* bonnes pour les *affections oculaires externes* (blepharite ciliaire, conjictivité et kératite chroniques, catarrhe du sac lacrymal, etc.), la *surdité catarrhale*, la *chlorose*, la *dyspepsie nerveuse et avec constipation opiniâtre*, l'*hystérie*, les *névroses*, le *catarrhe utérin*, les *ma-*

ladies de la peau et *principalement l'eczéma chronique* et les *éruptions impétigineuses*. — Les salles d'aspiration du Mont-Dore jouissent d'une antique renommée.

Traitement. — Prenez un excellent médecin pour cette

GRANDE CASCADE DU MONT-DORE

station ; je dis *excellent;* car les maladies traitées au Mont-Dore demandent des soins, des dévouements, une haute intelgence. L'établissement du Mont-Dore est ouvert *du 1ᵉʳ juin au 1ᵉʳ octobre.*

CASCADE DU QUECREUILH

Plaisirs de la station. — Il y a un *Casino* au Mont-Dore, et, pendant la saison, une *troupe théâtrale*. Concert avec orchestre, plusieurs fois par jour, dans le parc. Grand café glacier, salles de lecture, de jeux, de billard, etc.

Promenades. I. A LA GRANDE CASCADE. Guide inutile. 2 h. à 2 h. 1/2. A pied. — On voit cette magnifique cascade du bourg du Mont-Dore au S.-E. Elle a 40 mètres de haut. Prendre le chemin qui part de la place du marché se dirige entre deux murs en pierres sèches dans la vallée. A g., étroit sentier.

II. A LA CASCADE DE QUEUREUILH. 1 h. 1/2 à 2 h. 1/2. — 2 kilom. 810. De là, A LA CASCADE DU ROSSIGNOLET 20 minutes. Guide inutile. — Gagner le hameau du Queureuilh, route de la Bourboule. A dr., un chemin va dans la vallée du ruisseau de Guéry. On arrive au hameau de *Prends-toi-garde*. On passe dans le grand bois de la Chaneau. Cascade du Queureuilh dans un petit bois de sapins. On a, devant soi, une haute muraille de prismes basaltiques. La cascade sort d'un antre de verdure.

En continuant le chemin, on retrouve l'ancienne route de la *Croix Morand* ; on prend, ensuite, à gauche, le sentier qui aboutit à la *cascade du Rossignolet* (7 mèt. de haut), nappe d'eau qui coule avec doux murmure, interrompu par le chant du rossignol ; de là, son nom.

III. A LA CASCADE DU SAUT-DU-LOUP (3 k. 300). De ce point, A LA CASCADE DU BARBIER 2 kil. De ce point, AU LAC DE GUÉRY 3 kil. 003. DES ROCHES THUILLIÈRE ET SANADOIRE, A ORCIVAL 7 kil. Retour par la même route 17 kil. 501. RETOUR PAR ROCHEFORT 32 kil. En voiture ou à cheval. — Route du Mont-Dore à Clermont par la vallée de la Chaneau. Les bois appartenaient, en 1277, à G. de Rochefort, chevalier, seigneur de Murat-le-Quaire (qui donna 365 chars de bois de chauffage par an à l'abbaye de Saint-André, de Clermont, dans ledit bois). A dr., poteau indicateur pour la cascade, puis une petite gorge avec la *cascade du Saut-du-Loup*. Un peu avant le fond du ravin de la Chaneau, sentier à dr.; *cascade du Barbier*. Continuant, on arrive au *lac de Guéry* qui, en 1620, appartenait au seigneur de Murat-le-Quaire ; en 1789, à M. de Tallemandier. Plus loin, maison de cantonnier (où il y a une *auberge*). Bientôt, le point culminant de la route et la *Roche Thuillière* à g. et la *Roche Sanadoire* (à dr.) (D. *La Roche Sanadoire*). Elles forment comme une immense porte de la belle vallée qui s'ouvre. Vue splendide. Une route descend dans cette vallée. On arrive à *Orcival* (D.). De la Roche Sanadoire à Orcival 7 kil.; ensuite d'Orcival (1/2 h.) au curieux château féodal de *Cordès* (D.)

IV. Au lac de Servières (15 kil). Guide inutile. — En voiture (jusqu'à l'auberge de Servières), puis à pied. Route de Clermont au Mont-Dore. Après avoir passé l'auberge du pont de Servières, on quitte la route à g. Après 15 minutes, sur la pelouse, on arrive

CASCADE DE ROSSIGNOLET

au lac de *Servières* (D. le mot *Servières*), profond de 50 à 60 pieds. Sur la côte de la montagne d'Augères, 3 monolithes splendides, dits

ÉGLISE D'ORCIVAL

des 3 filles. Sur le bord du lac à g., ruines du château féodal et du village de Servières, que l'on a pris à tort pour un tumulus, un oppidum et un camp. (D. *Servières*). A l'est du lac, dans la direction du puy de Combeperet, on rencontre, sur un parcours de plusieurs kilomètres, des dépressions symétriques de terrain. Le docteur Magitot croit que ce sont les restes d'une cité gauloise ou d'un campement dans les temps d'invasions ; M. Léon Chabory, médecin, émet l'opinion d'un camp de refuge, opinion que nous partageons. En revenant par le même chemin, quand on est à la route d'Orcival, au point culminant, on prend le sentier du *Deveix*; après un quart d'heure, on trouve un énorme *dyke*, qui est en équilibre sur une immense table de trachyte *(Roche branlante)*; mais il ne remue pas. On revient par le chemin de départ.

V. AU CAPUCIN, 2 heures (3 kil.) De la pierre de M. Depont AU RIVEAU-GRAND (3 kil. 300). Du Riveau-Grand, A LA VALLÉE DE LA COUR (1 kil. 500). De la vallée de La Cour A LA VALLÉE D'ENFER (0 kil. 850). DE LA VALLÉE D'ENFER, AU MONT-DORE PAR LE CHEMIN DES LONGES (4 kil. 109). Guide utile. A pied ou à cheval. On peut aller au Capucin en voiture ; mais pour la vallée d'Enfer, il faut louer un cheval et avoir de forts souliers. On prend la route de Latour. A dr. un petit sentier avec ces mots : *petit chemin du Capucin* (pour les piétons) ; arrivé à un *carrefour* entouré de hêtres et de sapins, il faut prendre le sentier de face. On arrive au *salon du Capucin*, vaste salon de verdure, entouré d'arbres. De là, un sentier va au *rocher du Capucin*. On y voit une aiguille de pierre que l'on dit avoir la forme d'un capucin (ce qui a fait donner le nom à la montagne). Du capucin, on va à la *montagne du Cliergue*. Paysage étendu. Pour aller à la vallée d'Enfer, on revient à la base du Capucin ; on descend au *carrefour*, dont nous venons de parler. Le sentier de g. mène à la vallée d'Enfer par les *Riveaux-Grands*, les *Riveaux-Petits*, la *plaine des Longes*, le *vallon de La Cour* (en passant devant les burons de Sancy). La *vallée de La Cour* a 1 kil. de long ; 2 immenses rochers, à dr. et à g. Ce sont les *portes de La Cour*. De là, on va à la *vallée d'Enfer*. On revient en suivant le cours de la Dordogne.

VI. A LA ROCHE VENDEIX, 2 h. et demie à 3 et demie. A pied ou à cheval. Guide inutile. — Route de Latour. De la base du plateau de Bozat, on descend au hameau de *Vendeix*, derrière lequel se dresse la *roche Vendeix* (v. page 89). On descend dans la vallée, par la route, à la Bourboule, et l'on revient, de là, au Mont-Dore. On peut aller à la Roche Vendeix par le chemin de retour.

VII. A LA TOUR D'AUVERGNE, 4 h. et demie à 6 h. (17 kil). En voiture. DE LATOUR A SAINT-SAUVES, 11 kil. 800; DE SAINT-SAUVES A

VUE DE LA ROCHE SANADOIRE (A DROITE)

La Bourboule, 5 kil. 700; de la Bourboule au Mont-Dore, 6 kil. 900. Guide inutile. Route de Latour d'Auvergne. 6 kil. avant d'arriver à Latour, plaine des Ribeyrettes, plateau de Latour, hameau de Puybret, celui de la Grau à g.; le château du Mesnil (à M. *Burin des Rauziers*) à g. On arrive à *Latour* (D.) Vue étendue. On peut revenir par le même chemin, comme aussi prendre la route de Latour à *Saint-Sauves* (D.). On laisse à g. *Saint-Pardoux* (D.); on arrive à

VUE DE LATOUR-D'AUVERGNE

la route nationale d'Aurillac à Clermont; on descend la côte de *Méjanesse* (D.); on voit *Saint-Sauves*, perché, en face. On peut revenir par la vallée de Saint-Sauves, la Bourboule (belle et intéressante excursion; mais un peu longue).

VIII. Au Puy Gros et à la Banne d'Ordenche. 3 h. et demie à 5. A pied. Un peu pénible; mais vue splendide. Un guide est inutile. Route de la Bourboule. On traverse le ruisseau du lac de Guéry (ponceau). Chemin du hameau de Fougère. A g., sentier rapide. On monte droit. On tourne à droite le Puy Gros, vers le Puy de la Monteilhe qui, de 1610 à 1788, a appartenu aux familles nobles Aubier, puis de la Farge (1788-1878). On monte au Puy Gros (1482 mèt. d'alt.). Vue étendue. Traverser, ensuite, en droite ligne, les pelouses. Gravir la *banne d'Ordenche* (1517 mèt. d'alt.) par le côté septentrional. *Banne* mot patois qui veut dire *corne*. On y voit une cavité naturelle dans le basalte, de 8 centimètres de diamètre, appelée, par les gens du pays, tronc ou fenêtre de Saint-Laurent et à laquelle se rendent ceux-ci, en pèlerinage, pour demander la pluie ou quelques faveurs, déposant, en hommage, dans ladite cavité, une pièce de monnaie ou offrande en l'honneur du saint. Pour revenir, on descend vers la route de la Bourboule.

IX. DU MONT-DORE, A LA VALLÉE DE CHAUDEFOUR (11 kil. 800). DE LA VALLÉE DE CHAUDEFOUR AU CHAMBON (7 kil. 150). DU CHAMBON AU MONT-DORE *(par Diane)*, 15 kil. 700. Magnifique et grande excursion. 7 heures au moins. Guide très utile. A pied ou à cheval. On prend le chemin du pic Sancy pendant 500 mètres. Après, à g. l'ancien chemin de Besse et, après 50 pas, on laisse à dr. le *sentier* du *Club-Alpin*; traverser le plateau de l'Angle, le bois Rigaud; la plaine du Pommier; on suit la voie romaine: plaine des Fichades; hautes pierres placées pour indiquer le chemin en hiver, quand la neige abonde. Croix de Saint-Robert. Vallée du Monaux, que l'on descend. Village du grand Monaux (excellents fromages). *Vallée de Chaudefour*, immense cirque. Rochers de cette vallée; ruisseau de la Couze. On trouve beaucoup d'aigles dans la vallée. Carrefour où s'élève une croix: prendre à g. le chemin de Momy. Village de Momy, le bourg du *Chambon* (D.) Route de Murol; lac du Chambon. Route de *Diane* (D.) 1835 mèt. d'alt. Maison isolée de Lagarde, où s'amorce la route de Saint-Nectaire au Mont-Dore dans l'ancien chemin. Buron de Diane. Bois de la Chanaux. Route de Clermont au Mont-Dore.

X. DU MONT-DORE A LA CASCADE DE LA VERNIÈRE (en passant par le salon de Mirabeau et le Rigolet) 4 kil. 860. RETOUR PAR LA CASCADE DU PLAT-A-BARBE ET LA VALLÉE DE LA SCIERIE, 7 kil. 300. Guide très utile. A pied ou à cheval. Sortir du Mont-Dore par la grand'route. Hameau de Queureilh. A g. en sortant, chemin aboutissant à la Dordogne (traverser sur un sapin). Bois dit de la Compisade *Salon de Mirabeau* (circulaire, entouré d'arbres). Le vicomte de Mirabeau, dit *Mirabeau-Tonneau*, un viveur, frère de l'illustre orateur, vint au Mont-Dore, en 1785. Il affectionnait ce lieu; y donna des fêtes. Gravir ensuite la montagne jusqu'au Rigolet-Bas; un guide est nécessaire pour aller ensuite à la *cascade de la Vernière*. Elle tombe d'un banc de rochers, en une nappe large. Sentier de la vallée de la Scierie. On arrive à la *cascade du Plat à barbe*, haute de 18 mètres. Elle se ette dans une excavation de roc, dont la forme rappelle un plat à

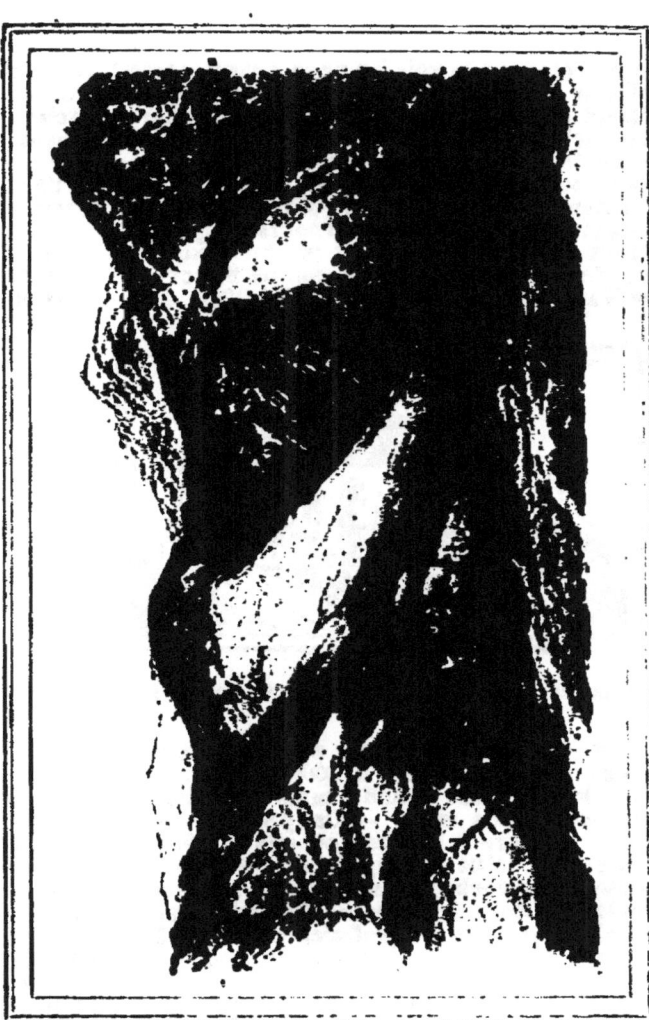

CASCADES DE LA DORE ET DE LA HOGNE

barbe. Balcon en bois pour la voir (on paye pour y monter). Remonter la côte ; moulin de Gibaudet. *La scierie*, usine composée d'un beau et grand bâtiment ou la roue d'un moulin fait marcher des scies qui réduisent en planches les beaux sapins de la vallée. On revient en prenant la route de Latour au Mont-Dore.

XI. A LA BOURBOULE, (7 kil. 500). Guide inutile. — Prendre l'omnibus (toutes les heures) sur la place du Mont-Dore ; mais l'excursion se fait facilement à pied. Pour la *Bourboule* (V. p. 79).

XII. DU MONT-DORE AU SOMMET DU PIC DE SANCY, (7 k. 600). DU SANCY AU PUY FERRAND (0 k. 750). DU COL DE SANCY A VASSIVIÈRES (4 k. 800). DE VASSIVIÈRES AU LAC PAVIN (3 k. 760). DU LAC PAVIN AU

CHAPELLE DE NOTRE-DAME DE VASSIVIÈRES

CREUX DE SOUCY (4 k. 100). DU CREUX DE SOUCY A BESSE (5 k. 500). DE BESSE AU CHATEAU DE MUROL (9 k. 300). DU CHATEAU DE MUROL AU MONT-DORE (20 k. 600) (très grande, mais splendide promenade) à *cheval ou à pied*. Guide utile. — On prend le chemin du pic de Sancy. Traverser la Dore à l'endroit où elle se réunit à la Dogne. Puis gravir le sentier taillé le long de la côte. *Cascade du Serpent* dont l'eau glisse sur le rocher en serpentant. En face, *Cascade de la Dore*. Côte rapide. *Cascade de la Dogne*. On arrive au col de Sancy (où on laisse les chevaux) ; *Buffet* (rafraichissement). 1,787 mèt. d'alt. 1/4 d'heure pour monter au célèbre pic de Sancy, le géant de la France centrale (1,886 mèt. d'alt.). Pierre angulaire du bureau des longitudes. Croix. Immense panorama. Au S. la chaîne du Cantal ; à l'E. le cordon de Thiers ; au N. les plaines de la Creuse ; le Puy-de-

Dôme. On va, ensuite, au Puy-Ferrand (on peut, de là, rentrer au Mont-Dore par le chemin des Crêtes et l'on arrive par le plateau de l'Angle). On revient au col de Sancy. Route de Vassivières. On descend. Chapelle de Notre-Dame de Vassivières (D.), célèbre en Auvergne, avec statue miraculeuse vénérée.

On descend. Treize croix de stations. Route de Latour à Besse. On la traverse pour entrer dans le chemin du *creux de Soucy* (1/4 d'h. de marche), vaste puits (cheminée volcanique), creusé dans le roc, ouverture couverte d'une grille de fer, 45 pieds de profondeur. On regagne la route, que l'on quitte à 1 kil. plus loin à dr.; tout près, les maisons de la clef du lac. Sentier. *Lac Pavin*. Merveille de l'Auvergne. Ancien cratère. En 1726, M. Godivel, de Besse, essaya sans succès d'en mesurer le fond. En 1760, M. Chevalier reprit l'expérience. Il découvrit que le fond était à 288 pieds. Une croyance du pays dit

LAC PAVIN

que les pierres qu'on jette dans ce lac font élever des orages, amènent la grêle. Plusieurs anciens géographes ont répété cette absurdité. Ce lac a 1,650 mèt. de long, 1,525 de large, 96 de profondeur.

Reprendre la route en face du village de Rioube. A 5 kil. *Besse* D.), ville intéressante, où l'on visite l'église, le beffroi (ancienne porte de ville).

☞ De Besse, on pourrait pousser jusqu'aux grottes de Jonas V. chapitre des *Grandes promenades* et le mot *Jonas* du Dictionnaire final).

Route de Besse à Murol. On traverse Saint-Victor, dont la flèche du clocher égaye le paysage sauvage. On arrive à *Murol* (D); on visite le château féodal si curieux (il y a un concierge). Route de Murol au Mont-Dore.

XIII. Du Mont-Dore a Issoire (par Saint-Nectaire) (V. chapitre des *Grandes promenades*).

XIV. Du Mont-Dore a Eygurande, a Giat, a Herment, a la station de la Miouze. Grande excursion; intéressante. Guide inutile. — Omnibus jusqu'à Laqueuille. De Laqueuille à Eygurande, chemin de fer; d'Eygurande à *Giat* (D.) chemin de fer. De Giat à *Herment* (D). Voiture publique (à 2 heures du soir) d'Herment à la Miouze. De la Miouze au Mont-Dore, chemin de fer puis omnibus (à Laqueuille).

BEFFROI ET PORTE DE VILLE A BESSE (XV° SIÈCLE)

ROUZAT

Chemin de fer jusqu'à Riom. Omnibus pour Rouzat. Trajet en trois quarts d'heure (7 kil. de Riom). 400 mét. d'alt. Etablissement thermal à 2 corps de bâtiments avec hôtel à côté; 10 cabinets de bains; 2 piscines; 2 sources : 1° du Grand-Puits (300,000 litres par jour) + 31°; 2° source ferrugineuse et gazeuse des Vignes (employée seulement en boisson). Cet établissement appartient à M. le comte de Saint-Didier. Station peu fréquentée et peu connue En 1839, le comte de Lauzanne, alors propriétaire de ces eaux, découvrit en faisant construire l'établissement précédent, une piscine romaine, des fragments de marbre, une médaille d'or d'Anastase († en 518). La piscine avait 4 mèt. de long, 3 de large, 5 de profondeur. — Les eaux de Rouzat sont bonnes pour les rhumatismes, les scrofules.

ROYAT

Itinéraire. — On peut se rendre à Royat par deux voies ferrées : 1° Chemin de fer Paris-Lyon-Méditerranée (*station de Royat*); on peut aussi s'arrêter à la station de Clermont-Ferrand où des omnibus (de certains grands hôtels seulement) attendent aux arrivées. Mais nous conseillons d'aller directement à la station de Royat. — 2° Chemin de fer d'Orléans (ligne de Tulle-Clermont), station de Royat.

☞ Bureau de poste et de télégraphe dans la saison thermale.

Situation géographique. — Royat, chef-lieu de commune, fait partie de l'arrondissement de Clermont-Ferrand, et n'est situé qu'à 2 kil. de cette ville, dont il est en vue, en entier. 450 mèt. d'altitude.

Paysage, aspect du pays. — Rien de gracieux comme le paysage de Royat. Le village est assis dans la vallée pittoresque formée par les puys de Gravenoire et de Chateix; celui-là couvert de pins; celui-ci de vieux chataigners. Un beau ruisseau, à l'eau claire, descend dans cette vallée à travers des rochers, des arbres touffus. Le village de Royat, dominé par sa vieille église crénelée, est étagé en amphithéâtre majestueusement.

L'établissement thermal et les nombreux hôtels qui l'entourent se trouvent plus bas, dans la vallée, dans le lieu dit de Saint-Mart, et, par suite, plus rapproché de Clermont. Un quart d'heure de marche, par un délicieux chemin, mène de Saint-Mart à Royat. Le village, groupé dans une gorge profonde, présente des maisons blanches, des moulins échelonnés au milieu des arbres comme un nid de verdure. Au bas du village, la

VILLAGE DE ROYAT

célèbre grotte avec ses sources, qui jaillissent en cascades et vont se répandre dans la Tirtaine. Ceux qui admirent les sites de la Suisse ne trouveront pas un tableau plus ravissant que celui formé par ces rochers, ces bois, ce village qui grimpe à travers les arbres. La station de Royat est, certainement, l'une de celles qui enchantent le plus les étrangers par son paysage.

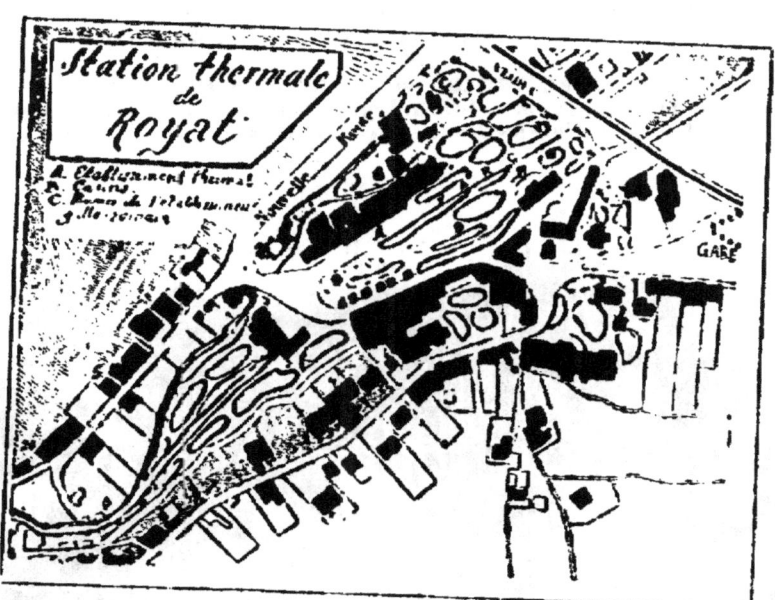

Hôtels. — *Grand-Hôtel* et annexes (L. Servant). (Très recommandé. Tout est hors ligne dans ce magnifique hôtel, l'un des plus grandioses de toute l'Europe) La table excellente ; appartements luxueux ; point de vue grandiose, etc. (V. aux Annonces). *Splendid-Hôtel, Continental-Hôtel*, Hôtel *de Royat* et annexe (tous trois à M. Chabassière) ; des *Bains* ; *Victoria* ; *de la Paix* ; *de Paris* ; *de l'Europe* ; *de Lyon* ; *Saint-Mart* ; *de l'Univers* ; *de Nice* ; *Bristol Richelieu* ; *du Louvre* ; *de Bellevue* et annexe ; *de France et d'Angleterre* ; *des Sources* ; *Saint-Victor* ; *Bonnet* ; *Central* ; *des Marronniers*. — Villas : Des *Marronniers* ; *Beau-Site* ; *Rayon* ; *Beau-Séjour*, *Allègre* ; *de la Terrasse* ; *des Montagnes* ; *des Bains* ; *Leijot* ; *de la Grande-Source* ; *de la Grotte*, *Courteix* ; *des Anglais* ; *Gaumet* ; *Vaufleur* ; *Parisienne* ; *Marguerite* ; *Romaine* ; *des Accacias* ; *Bonnet* ; *Poinson* ; *Monteuil* ; *Cambyze* ; *du Coteau* ; *des Genets* ; *des Bruyères* ; *de la Cascade* ; *Dourif* ; *Madame* ; *Mognin* ; *du Luxembourg* ; *des Thermes* ; *de Venise* ; *Robert* ; *Monier* ; *Beau-*

Ricage; Saranot; du *Parc;* de *Flere; Goron; Clémentel; Talbot; Royat;* des *Rois.* — RESTAURANTS : du *Chalet;* du *Commerce.* — CAFÉ : du *Globe.*

Médecins consultants. — Les docteurs *Bourtumont,* inspecteur de la station ; *Imbert-Gourbeyre* (C. ✻) ; *Fredet* (O. ✻) ; *A. Petit* (O. ✻); *Puy-le-Blanc; Brandt* (C. ✻); *Le Marchant de*

(GRAND HOTEL A ROYAT)

Trigon; Chauvel; Laussedat; E. de Bourgade de la Dardye; Brondel; Stawreski, Arlance. Pharmacien : *Rocher.*

Service religieux. — *Culte catholique :* église de Royat ; église des Sœurs franciscaines (sous le Viaduc). *Culte protestant :* 1° Temple de l'Église nationale rue Sidoine Appollinaire. 2° Église évangélique : rue Haute Saint-André à Clermont-Ferrand. 3° Rez-de-Chaussée de l'hôtel Chabassière.

Compagnie générale des eaux minérales de Royat.

— Siège social, à Paris. Elle est propriétaire du parc de Royat, des sources Saint-Victor, Saint-Mart, César et fermière de la source Eugénie qui appartient à la commune de Royat.

Histoire. — Royat, en latin, *Rubiacum* (1115, 1145); *Rubiacum* (1337); *Rubiacensis* (1340); *Royac* (1229); *Rumbliacum* (1284); *Roiac* (1286). Mabillon dans ses *Annales bénédictines*, dit : « *Monasterium Rubiacense a monte rubro sic appellatum.* (Le monastère

ÉGLISE DE ROYAT

de Royat appelé ainsi de la Montagne-Rouge.) L'étymologie vient donc de la couleur rougeâtre du terrain de la montagne de Gravenoire (dite Montagne-Rouge). *Époque gallo-romaine.* On a découvert, à la base du puy de Chateix, en 1840, un cippe de forme cubique, portant une inscription. On a trouvé une sépulture romaine avec un moyen bronze de Claude, des vases antiques, des médailles romaines. La tradition prétend que César, en faisant le siège de

Gergovia, avait placé, à Châteix, le magasin de ses grains, qui ont été entraînés dans un éboulement de la montagne, et qu'obligé de fuir, il le brûla pour en priver l'ennemi; de là, le grand nombre de grains brûlés qu'on rencontre encore sur le penchant de la même montagne au lieu dit *greniers de César*; mais il est plus rationnel de croire que ces grains proviennent du château qui se trouvait sur ce monticule et fut pris et brûlé par le roi Pépin (761). *Époque mérovingienne*. Entre Fontanas et le puy de Châteix, on aperçoit, le long du chemin, les restes d'un petit aqueduc taillé dans le granit, destiné à conduire les eaux pour le service de la ville de Clermont. Le roi Thierry détruisit cet aqueduc en 587. — *Le château de Waifre*. Waifre, Waifaire ou Guaifre, fils d'Hunoald, succéda à son père dans le duché d'Aquitaine, en 745, et ravagea les terres frankes (761);

L'ABBÉ DELARBRE

Il emporta beaucoup de butin. Le roi Pépin, vivement irrité, arriva en Auvergne avec une armée et s'empara du château fort qu'il avait sur le puy du Châteix ou du Château (761) Il ne reste absolument rien de cette demeure. *L'église*. Monument historique classé. Construction romane. La première église fut bâtie au VIIIe siècle et reconstruite au Xe. Au XIIe siècle, on refit la crypte. On y fit d'autres modifications au XIIIe siècle. Sa forme est celle d'une croix latine. L'église fut fortifiée, au milieu du XIVe siècle, par des machicoulis, à cause des ravages des Anglais. On refit alors les voûtes et les rosaces des transepts et du mur oriental. Le clocher est moderne. Il a été élevé au XIXe siècle; l'ancien clocher ayant été abattu en 1794. C'est une construction octogone. L'abbé *Delarbre*, naturaliste distingué, auteur de divers ouvrages sur l'Auvergne, était curé de

Royat en 1779, avant d'exercer les fonctions curiales de la paroisse de la cathédrale de Clermont. Il écrivit un *Mémoire topographique sur Royat et ses environs*, malheureusement perdu, lu à la Société littéraire de Clermont, en 1784. L'abbé *Marmontel* était curé en 1791. Avant 1789, la cure était à la nomination de l'abbé de Mozat. Saint Léger était alors le patron de la paroisse. *Chapelle de Notre-Dame de Lorette*, (détruite.) Existait en 1631 ; au sud de Royat, aux pieds de la colline, sur le bord du chemin qui conduit, au lieu de Charade. — *Chapelle de Sainte-Flamine*. Détruite. Elle était au-delà de Gravenoire. La tradition dit qu'il y a eu un couvent de femmes dans ce lieu. — *Le prieuré*. Ce fut, d'abord, un monastère de filles, dont on attribue la fondation à Saint-Priest, évêque de Clermont, qui mourut en 707, et qui leur donna pour supérieure une anglaise nommée Blanda, à laquelle il avait rendu la vue. Il est probable que cette maison disparut lors des ravages des Normands au xe siècle. Ce qu'il y a de certain, c'est qu'elle fut remplacée par des Bénédictins de l'abbaye de Mozat, qui l'érigèrent en prieuré. Ceux-ci possédaient, déjà, ce couvent, en 1165. A l'origine, il y eut plusieurs moines et un prieur. Simon de Beaulieu, archevêque de Bourges, visita ce prieuré en 1286. Ce dernier fut uni à la mense abbatiale de Mozat, de sorte que les abbés de ce puissant monastère, s'intitulèrent prieurs de Royat. — *La croix des Apôtres*. Cette belle croix de pierre, qui se trouve sur la place de Royat, est de 1486. Douze statuettes y représentent les douze apôtres. Elle est chargée de sculptures. Le piédestal, quoique de la même époque, ne faisait pas partie de cette croix à l'origine. Voici l'inscription qu'elle porte : *Et. Iveyrt fit flair cette croix l'an mil CCCCLXXX et VI*.

Royat est cité, en 1589, par le président de Vernyes, parmi les localités de la Basse-Auvergne qui étaient alors fortifiées. En 1631 ; la peste y exerça de grands ravages. Les habitants firent un vœu à Notre-Dame d'Orcival. La tradition raconte, qu'à la suite, ce fléau cessa. Les pestiférés avaient été ensevelis au pied de la colline où était la chapelle de Notre-Dame de Lorette, aujourd'hui détruite. En 1786, le bourg fut presque détruit par un ouragan. Au mois d'octobre 1783, un ballon, lancé à Clermont par un ecclésiastique, d'après la nouvelle invention des frères Montgolfier, tomba à Royat. C'était la première expérience de ce genre qui était faite en Auvergne. Le 16 juillet 1835, vers les deux heures du soir, une trombe se forma au-dessus de la montagne de Gravenoire et de Charade. Tout à coup, elle creva et lança des torrents d'eau dans l'espace de dix minutes. Onze personnes périrent dans ce désastre. Le village de Royat fit alors une grande perte de mobilier ; des maisons, des moulins, des usines furent entraînés. L'eau qui arriva à Clermont-Ferrand, aux

Bughes et à Bien-Assis, s'éleva à plus de 10 pieds. — *Les Sources de Clermont-Ferrand*. Royat possède une grotte, dite *petite grotte*, où se trouve la source des eaux potables de Clermont. Jacques d'Amboise, évêque-seigneur de Clermont, acquit de l'abbé de Mozat, seigneur de Royat, par acte du 17 septembre 1511, au moyen d'un bail emphytéotique, la source de la *Petite-Grotte*, à condition de

CROIX DES APÔTRES, A ROYAT

payer une rente de 5 sous tournois à la Saint-Julien. Gabriel Simeoni, ingénieur florentin, qui fut chargé de la conduite des eaux de Royat à Clermont, a gravé, en 1558, sur l'entrée de cette grotte cette inscription bien conservée :

D. M. MUSIS ET GENIO. *Et Blande scaturientibus Royaticis nymphis sui nominis Aeviternæ memoriæ, Gabriel Symeonus, Florentinus.* 1558. 27 oct.

Le 24 avril 1661, l'abbé de Mozat, prieur de Royat, vendit de nouveau 80 pouces d'eau. La somme était destinée à réparer l'abbaye de Mozat et le bourg de Royat. Par une délibération du 7 novembre 1751, la municipalité de Royat, accorda, moyennant 1,000 livres, un supplément d'eau à la ville de Clermont-Ferrand ; il fut pris dans la grande grotte ; les 1,000 livres étaient destinées à créer une fontaine sur la place de Royat. L'enfoncement de la grotte où se réunissent les eaux de Clermont, est une ouverture placée à l'aspect du nord, large de 16 pieds, élevée de 8, profonde de 15 La ville de Clermont possède à Royat un regard dit de Lussaut, consistant en

GROTTE DE ROYAT

un pavillon de 3 mètres, dans lequel se trouve un bac en pierre de taille de 2 mètres de longueur sur 1 mètre de largeur et 80 centimètres de profondeur ; il reçoit toute l'eau qu'amène l'aqueduc et la rend par une ouverture du fond. — *La Grande-Grotte* dite *du Lavoir*. Cette grotte célèbre est formée par une coulée de laves desquelles s'élancent plusieurs jets d'une eau limpide et intarissable qui va se joindre au ruisseau de la Tiretaine. Elle a 30 mètres de longueur, 10 mètres de profondeur et 3 mètres et demi de hauteur. — *Seigneurs*. Les comtes d'Auvergne ont eu des droits sur Royat ; car, en 1207, le comte Guy II assigna, sur cette terre, le domaine de Pétronille de Chambon, sa femme. Il y a eu une famille de Royat, Jean de Royat *(de Rubiaco)* vivait en 1145; il était chanoine de la cathédrale de Clermont. *B. de Roiac* était chambrier du roi de France en 1225. Bernard de *Royac* vivait en 1229. P. de Royat, écuyer, était propriétaire, en 1220, de la montagne dite le puy de Parioux; il eut pour héritier Guillaume de la Roche, époux de Catherine, lequel donna cette montagne à l'abbaye de Saint-André en 1236. Arbert de Royat, seigneur en partie de Royat, avait le bois de Pradels aux pieds du puy de Dôme, en 1224. Toutefois, le prieuré de Royat, occupé par les Bénédictins, possédait la plus grande partie de ce fief

ÉGLISE ET GROTTE DE ROYAT

qui lui appartint, plus tard, entièrement jusqu'en 1789. — Royat était châtellenie et avait un baillage seigneurial. — *Biographie*. Royat est le berceau de la famille *de Cordemoy*, qui y habitait au XVIe siècle et qui compte : *Géraud de Cordemoy*, né à Paris en 1626, placé par Bossuet en qualité de lecteur auprès du Dauphin, reçu membre de l'Académie française, le 12 septembre 1675. Il a publié divers traités de mathématiques, d'histoire et de politique, recueillis en un volume souvent réimprimé; une *Histoire de France*, en deux volumes. Il mourut le 8 octobre 1684. *Louis-Géraud de Cordemoy*, fils du précédent, né à Paris en décembre 1651, mort dans cette ville le 7 février 1722, docteur en Sorbonne, abbé de Feniers, habile controversiste, historiographe du roi Louis XIV. Il a écrit plusieurs ouvrages contre les Protestants. Royat a donné le nom de Cordemoy à l'une de ses rues, pour perpétuer le souvenir de cette famille célèbre.

V. *Note d'un voyage en Auvergne*, par Mérimée, p. 370. — J.-B. Bouillet, *Statist. monum. du Puy-de-Dôme*, p. 324, pl. 31. — *Eglises romanes des arrondissements de Clermont et de Riom*, par de La Faye, in-8° 1863, p. 15 à 20. — *Calendrier d'Auvergne*, 1762, p. 215. — Baluze, *Maison d'Auvergne*, t. II, p. 311. — A. Tardieu, *Hist. de Clermont-Ferrand*, t. II, p. 3, 4, 5 — *Mémoires de Jehan de Vernyes*, 1589. — Baluze, *Maison d'Auvergne*, t. II, p. 260. — Bouillet, *Guide à Clermont-Ferrand*, p. 247. — *L'Ami de la Charte*, du 18 juillet 1835. — Baluze, *Miscellanea*. *Visite de Simon de Beaulieu*. — Chabrol, *Cout. d'Auvergne*, t. IV, p. 521. — *Recueil d'événements qui ont rapport à l'Auvergne*, par Tiolier, bibl. de Clermont. — *Antiquités découvertes à Royat*, par M. Fabre, peintre-verrier (album in-4°), 1876, lithog.

Saint-Mart. — Bien que l'établissement thermal de Royat porte le nom de ce village, le point où il est situé s'appelle *Saint-Mart*; ce qui nous oblige à en donner l'histoire. *Le monastère. Le prieuré* : Saint Mart, qui naquit en Auvergne, vers 410, se retira dans une vallée à laquelle on donna son nom. Il y creusa d'abord plusieurs cellules dans le rocher, pour y vivre dans la retraite. Quelques cénobites arrivèrent bientôt, se joignirent à lui et le nommèrent leur abbé; ils vivaient d'aumônes. Attirée par la réputation des Pères, la foule vint ensuite les visiter, ce qui obligea ces derniers à bâtir un monastère. Saint Mart y vécut près de soixante ans. La tradition et les légendes écrites, disent qu'il fit des miracles. Florentius, père de saint Grégoire de Tours, fut rendu à la vue par le célèbre abbé qui mourut vers 530 et fut enterré dans la chapelle du monastère. Après sa mort, on le considéra comme saint, et sa fête fut célébrée le 13 avril. Elle attirait, avant 1789, un grand concours de pèlerins. L'offrande qu'ils y faisaient rapportait alors jusqu'à 40 livres. Saint Mart n'était d'abord que laïque lorsqu'il se retira dans cette vallée. Il fut élevé à la prêtrise depuis. En 1777, d'après l'abbé Chardon, dans la *Vie des Saints d'Auvergne*, il ne restait rien de l'antique monastère que la petite chapelle qui avait été reconstruite par les bénédictins de Saint-Alyre quelques années auparavant. Elle était alors sous le vocable de Saint-Mart. Les bénédictins de l'abbaye de Saint-Alyre, placèrent, plus tard, dans ce lieu, qui avait été nommé *Saint-Mart*, à cause du pieux abbé, un prieuré;

il existait dès le xi⁴ siècle. Annet de la Rochebriant de Chauvance, était prieur de Saint-Robert de Montferrand, de Bromont, d'Orcival et de Saint-Mart en 1583. En 1206, Raoul de la Roche, vicomte de la Rochebriant et ses enfants, donnèrent, à l'abbaye de Saint-Allyre, tout ce qu'ils possédaient à Saint-Mart. Guillaume Vital vendit à ce monastère, en 1347, le moulin qu'il avait à Saint-Mart. En 1789, le prieuré de Saint-Mart se composait d'une petite chapelle, d'un corps de logis, d'un colombier, d'une grange et d'un moulin bâti à neuf. Les beaux moulins des Bénédictins et toutes les propriétés du prieuré furent vendus comme biens nationaux en 1793. — En 1881, en ouvrant la route de Clermont, on a mis à nu le cimetière mérovingien du couvent de Saint-Mart, notamment une inscription datée du roi Théodebert (au musée de Clermont). — *L'établissement thermal de Saint-Mart*, connu sous le nom d'*établissement de Royat*. Les Romains avaient des thermes à Saint-Mart. C'était un établissement important et qui, selon toute apparence, réunissait une dizaine de bâtiments. Depuis longtemps, on supposait que Saint-Mart avait eu un établissement thermal gallo-romain. On y voyait, du reste, une source portant le nom de *Bains de César*. Le géographe Belleforest (en 1575) parle d'importants murs romains, que l'on voyait à Saint-Mart de son temps. Le docteur Banc, en 1605, écrivait sur Saint-Mart : « *Et qui ne voit à Saint-Mart, une infinité de telles sources froides et chaudes, voyre des bains encore adjacez par l'antiquité.* » Il ajoute qu'il serait facile de réparer ces bains « *qui marquent estre une pièce fort ancienne d'employ et qui n'est pas beaucoup ruinée Il n'appartenait qu'aux Romains d'immortaliser leur mémoire por l'architecture tant forte et bien cimentée.* » En 1820-1821, on découvrit, à l'établissement, dit des Bains de César, des constructions antiques, des vases, de la belle poterie samienne, des médailles du Haut-Empire. En 1843, la commune de Royat s'occupa sérieusement de ses eaux minérales. Le 22 février, on découvrit une piscine romaine carrée, de 4 mètres de côtés, divisée en deux compartiments. Le 18 mai suivant, on déblaya une ancienne construction, qui ressemblait à une piscine, ayant 1 mètre 60 centimètres de profondeur. En 1875, on découvrit, à côté du moulin de Saint-Mart, un puits, construit en béton romain, du fond duquel sort une source d'eau thermale. J'eus soin de parler de ce puits dans un journal de Clermont-Ferrand et je fis remarquer que, près de là, dans un jardin, on apercevait une cave voûtée à plat, entourée d'un appareil dit *opus antiquum*, dont la voûte était soutenue par une colonne du vi⁴ ou de vii⁴ siècle. En 1882, l'administration des eaux de Royat se mit en mesure d'agrandir son parc et l'on ouvrit une route nouvelle de Royat à Clermont-Ferrand. Ces

RUINES DES THERMES GALLO-ROMAINS DE ROYAT

transformations ont amené, précisément au-dessus de l'antique cave dont nous venons de parler, la plus grande partie de l'établissement thermal gallo-romain, dont on soupçonnait l'existence. Les vestiges de cet établissement gallo-romain se composent de trois belles piscines. Dans ces ruines, on a rencontré des cheminées de terre cuite, où l'on remarque le passage de la fumée. A côté, il y avait des conduits également en terre cuite et à cannelures. On croit qu'ils devaient laisser passer de l'air chaud. Partout, dans cet établissement on trouve des vestiges de marbres brisés. On pense que le sol et les murs en étaient décorés. Il y en a de diverses couleurs : gris-bleu, vert cipolin, d'Afrique, le rose, le veiné-rouge, le blanc, etc. Ces marbres sont en plaque ou forment des bordures avec sculptures. On a aussi rencontré des chapiteaux décorés d'ornements végétaux. De plus, des fers servant à relier les marbres. Ce bel établissement était couvert par des voûtes très épaisses placées au-dessus des piscines et toutes ornées de mosaïques. On a trouvé des débris de voûtes effondrées portant des traces de mosaïques en verre bleu. Ces bains, qui devaient être les thermes publics de la ville d'Augusto-Nemetum (Clermont-Ferrand), ont dû être élevés dès le 1er siècle, après la conquête de la Gaule. Il est probable qu'ils ont été renversés, en 260, de l'ère chrétienne, lorsque les bandes du roi Chrocus se ruèrent sur l'Arvernie. Vers le milieu du xviiie siècle, le collège de médecine de Clermont, qui était une Société médicale, et qui avait, parmi ses priviléges, « l'intendance » ou direction des eaux minérales de la banlieue de Clermont, eut l'intention de faire élever un établissement thermal à Saint-Mart. Il nomma, le 28 octobre 1770, l'un de ses médecins agrégés, pour intendant des mêmes eaux, le docteur Antoine Bassin. La Révolution arrêta les projets de cette Société. Ce fut seulement, vers le mois de février 1813, que la commune de Royat s'occupa sérieusement de ses eaux minérales. Il existait, alors, en face des Bains de César, dans un communal qui lui appartenait, une source chaude, dite Bains des Pauvres, pouvant alimenter trois baignoires au plus. Le vénérable curé de Royat, dont le nom ne peut périr, l'abbé Védrines et le maire Thibaud, encourageaient beaucoup les habitants de Royat à faire des fouilles, leur démontrant la présence de sources importantes, par le moyen d'observations scientifiques. Le 3 février, sur l'indication d'un habile fontainier de Clermont, M. Zani, aîné, on commença les fouilles, à droite de la route et à 2 mètres de profondeur, on trouva plusieurs petits bouillons d'eau chaude de 27 à 28 degrés ; on entreprit, alors, une seconde fouille à gauche de la même route. Le 22 février, on trouva une piscine romaine. L'eau qui alimentait cette piscine fournissait 30 mètres cubes d'eau en vingt-quatre heures ; elle avait 34 degrés ; on mit, bientôt, à nu un énorme travertin, formé par les eaux minérales, et duquel il jaillit de nombreuses sources d'une eau qui marquait 35 degrés de chaleur. Après certaines péripéties, on construisit, sur les plans de M. Agis Ledru, architecte à Clermont, l'établissement thermal actuel (1852-1853).

V. *Royal, ses eaux, ses environs*, par E. Thibaud, 1814, in-8° — *Clermont, Royal, les Monts-Dores*, par E. Vimont, in-12, 1875. — A. Tardieu, *Hist. de Clermont-Ferrand*, t. 1er p. 623. — L'abbé Delarbre, *Notice sur Clermont*. — *Arch. départ. du Puy-de-Dôme, Abbaye de Saint-Alyre*. — Chardon, *Vie des Saints d'Auvergne*. — *Recherches sur les eaux minérales de Royat*, par le docteur Nivet, 1855. — P.-P. Mathieu, *Des colonies et des voies romaines en Auvergne*. — Ozy, *Analyse des eaux minérales de Saint-Mart, près Chamalières*, environ l'an 1750, ms ; — *Précis sur les eaux thermales de Royat*, par le docteur Allard, broch. in-8°, Paris, A. Delahaye. — *Les thermes gallo-romains de Royat*, par A. Tardieu, Rome, 1882.

Le grand Etablissement thermal. — Des plus complets et des mieux aménagés qui existent en Europe ; situé à l'entrée de la vallée de Royat, dans le lieu nommé *Saint-Mart*. Construit, en 1852, sur les plans de M. Agis Ledru, architecte à Clermont-Ferrand. Ouvert en mai 1854. Il mesure 80 mètres de longueur. L'entrée monumentale présente 3 grandes ouvertures à plein cintre avec des colonnes ioniennes en lave de Volvic. Quatre statues placées sur leurs chapiteaux. Large vestibule. A droite et à gauche, 2 galeries avec 48 cabinets de bains. Service balnéaire des plus complets. Deux autres galeries de bains ont été édifiées, ces dernières années ; l'une dite Saint-Mart (12 baignoires) ; l'autre galerie Allard (16 baignoires). Piscine [magnifique nappe d'eau $+31°$ à $+32°$]. Installation hydrothérapique avec appareils nouveaux. Service de pulvérisation et de petites douches. Aspirations et douches de vapeur. Gymnase (appareils de gymnastique médicale), avec professeurs des deux sexes.

L'établissement de Royat a eu, pour concessionnaires, MM. Luer et Bucchetti (1845-1869), qui furent remplacés par la Compagnie Chassaigne-Goyon et C¹ᵉ. Puis vint la Société concessionnaire actuelle, composée d'hommes éminents à tous les points de vue. En 1870, la guerre avec l'Allemagne éloigna, de cette contrée, notamment d'Ems, les Français ; mais Royat, si justement appelé l'*Ems français*, fait affluer, depuis, dans son établissement, une foule de baigneurs et de touristes. La *Compagnie générale des eaux minérales de Royat* actuelle a fait de telles améliorations au point de vue des malades et des touristes, dans cette station, qu'elle mérite tous les éloges du public. — A Royat, la Compagnie thermale possède aussi l'*établissement de César* (source César, 1 piscine, 12 baignoires).

Les Sources. — Il y en a 4 : 1° La *Grande source Eugénie* (découverte en 1854-1855), l'une des plus belles du monde entier. Elle donne 1,000 litres par minute. Son abondance, sa richesse minérale et surtout sa température la rendent incomparable pour l'usage balnéaire. Elle permet d'établir, dans chaque baignoire, un courant d'eau minérale qui y maintient la température de + 33°. Royat doit en partie sa renommée à cette précieuse source. Elle est ordonnée en boisson et en gargarisme aux malades atteints des voies respiratoires ; en bains et en douches à ceux qui présentent des manifestations rhumatismales ou goutteuses. — 2° *Source Saint-Mart*, dite *fontaine* *des goutteux.* Citée par les anciens auteurs (retrouvée en 1876), température + 30°. Sa minéralisation se rapproche de la précédente. Ordonnée dans les gastralgies douloureuses des femmes, dans les dyspepsies. Elle est bue par les malades atteints de manifestations arthritiques. Elle s'exporte facilement. — 3° *Source de César.* La plus répandue à l'étranger pour la table. Ouvre l'appétit ; favorise la digestion. Son analyse, qui montre l'analogie des eaux de Royat avec le sérum sanguin, explique les vertus des eaux de cette source. — 4° *Source Saint-Victor* (retrouvée en 1876). Froide + 20° La plus ferrugineuse. Très arsénicale. Elle contient 4 milligrammes 1/2 d'arséniate de soude. Les Romains l'utilisaient dans leurs thermes de Royat ; précieuse pour le traitement des sujets lymphatiques et des jeunes filles chlorotiques. Rendement des 4 sources précédentes : 1,521,500 litres dans les 24 heures. Eugénie débite, à elle seule, 1,140,000 litres. — Dans le parc, un élégant kiosque abrite la source Eugénie (buvette la plus fréquentée de la station). Il y a, encore, les buvettes de Saint-Victor, de Saint-Mart et de César.

Vertus curatives des eaux de Royat. — Ces eaux sont gazeuses, arsénicales, alcalines, ferrugineuses et chlorurées. Aucune eau en Europe (si ce n'est l'eau de Châteauneuf) ne présente une richesse égale en *lithine* à l'eau de Royat (la Grande source et la source Saint-Mart en ont 35 milligrammes par litre). La célèbre *Murquelle* de Baden-Baden n'en possède que 30 milligrammes (docteur Fredet, *De la li-*

thine dans les eaux de Royat et dans les principales sources thermales de l'Auvergne, 1875). Les bains de Royat sont uniques en France. On peut tous les donner à eaux vives ; ce qui est capital. A Royat, le malade ne perd pas un seul des principes de la source (chaleur, gaz, sels). C'est une supériorité sur toutes ses similaires et même sur les eaux d'*Ems*, en Allemagne, rivales de Royat. D'autre part, le bain de César, à température beaucoup plus basse + 28°, riche en acide carbonique, est aussi donné à eau courante et réussit à merveille sur les femmes, les enfants, tous sujets chlorotiques, anémiques, nerveux, les affections de l'uterus. — Les eaux de Royat sont hors ligne dans l'*anémie* (docteur Bary, *Royat-illustré*). Dans l'*arthritisme* (docteur Bazin). Comme affections dépendant des états généraux provenant de l'anémie et de l'arthritisme, on traite à Royat : les *chloroses*, la *goutte* et la *gravelle*, les *rhumatismes*, les *affections cutanées*, les *affections nerveuses*, les *affections utérines*, les *affections des voies digestives*, les *constipations, diarrhées*; les *affections des voies respiratoires* (Gubler, dans un but de louable patriotisme, a démontré l'analogie des eaux de Royat et d'*Ems*, en Allemagne, pour ces affections), c'est-à-dire la laryngite chronique, l'asthme, le coryza, la bronchite chronique ou catarrhale, la phtisie, la phtisie laryngée. On traite aussi, à Royat, les *maladies dites de misère physiologique (diabète, albuminurie)*.

Traitement. — Royat possède d'excellents médecins. Choisissez donc un bon docteur pour votre traitement. La saison de Royat est ouverte du 16 mai au 15 septembre. La durée du traitement est, généralement, de 21 jours. Quant au traitement à domicile, les eaux de Royat ne perdent, par leur transport, aucune de leurs qualités. Assimilées au *sérum du sang* et qualifiées de *lymphes minérales* par le savant professeur Gubler, elles conviennent, admirablement, aux anémiques, à ceux qui souffrent d'irritations des voies digestives ou respiratoires. Trois des sources de Royat sont l'objet de la faveur du public : les sources Saint-Mart, Saint-Victor et César, qui sont exportées dans tous les pays du monde.

Plaisirs de la station. — La Compagnie des eaux de Royat, animée d'un esprit large, dirigée par des hommes intelligents, fait tout son possible pour que cette station soit l'une des plus agréables de l'Europe. Le parc de l'établissement est tenu merveilleusement, orné de plantes rares, etc. Là, se trouvent :

Casino. Joli et grand chalet, élevé en 1872. On y voit 2 cafés, dont un (celui du bas) avec un restaurant de grand luxe ; un *casino*, où il y a théâtre, bals, concerts, salons de jeux et de lecture. Cercle du casino, au premier étage (restaurant).

Parc. Tracé en 1872-1873 ; mais très agrandi depuis. Concert par un excellent orchestre, dans un joli kiosque. Chef d'orchestre : M. Edmond Lemaigre. Dans le parc, petit chalet où l'on achète les journaux, les livres nouveaux (on y trouvera le présent guide).

☞ *M. Félix Ribeyre*, notre ami savant et compatriote, a publié un excellent volume, *Royat illustré*, in-16 (se trouve dans les librairies du parc).

Promenades. — A PIED. — I. DANS LE VILLAGE DE ROYAT. 1° Vous y verrez : Le musée d'Antiquités de M. Fabre (on paye une entrée);

PARC DE L'ÉTABLISSEMENT DE ROYAT

l'église, si curieuse, et sa crypte; 2° la croix des apôtres, de 1486 (inscription gothique qui porte : *Et. Iceyrt fit fai)r celle croix l'an mil CCCCLXXX et VI*); la grotte célèbre de Royat, sur le bord du ruisseau de Tirtaine, au-dessous de l'église (elle a 30 mèt. de long 10 mèt. de profondeur et 3 mèt. 1 2 de haut); près de cette grotte, une autre grotte où se trouve la source des eaux potables de Clermont avec une inscription (V. page 124) de l'ingénieur florentin

Simeoni (1558) qui fut chargé de conduire les eaux de Royat à Clermont. Près de l'établissement thermal, à Saint-Mart, les intéressantes ruines de l'établissement thermal gallo-romain, découvert et déblayé en 1882 (V. page 130).

II. A LA GROTTE DU CHIEN. A quelques pas du parc et de l'établissement. Elle est ainsi nommée parce que le chien qui veut y suivre son maître ne tarde pas à donner les signes du plus étrange malaise et à prendre la fuite. Une allumette s'éteint avant d'avoir touché le sol. Les phénomènes observés sont ceux de la grotte de Pouzzolles, près de Naples. Cette grotte est remplie de gaz *acide carbonique*

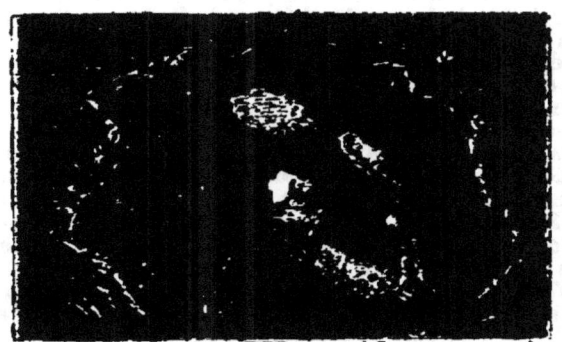

GROTTE DU CHIEN

qui n'atteint pas la hauteur de l'homme; mais qui produit plus bas les phénomènes ci-dessus.

III. A CLERMONT-FERRAND (V. p. 37). Un omnibus y conduit toutes les demi heures pour 0 fr. 25.

IV. A MONTFERRAND (D.). Ville curieuse par ses maisons des XV° et XVI° siècles, son église. A 2 kilom. de Clermont.

V. A CHAMALIÈRES (D.). On voit près de ce lieu, le bois de Cros (asile d'aliénés des 2 sexes, fondé en 1836). C'était, avant 1789, un fief aux de Cros (1311-1317), aux Pascal (1560-1589), Fayet (1629-1643), du Four (1716) de Montaigu-Bouzols (1711-1789).

VI. A MONTJOLY. Château bâti, vers 1740, par Michel Girard de la Batisse, doyen de la cathédrale de Clermont. Les jardins sont de

5°

cette époque ; la tradition les attribue, à tort, au célèbre Le Notre. Propriétaires de Montjoly : Les Mallet de Vandègre (1644), Vachier (1644-1684), de Simiane (1710), Charbonnier (1720), Girard de la Batisse (1740-1780), Grangier de Cordès (1809-1815), de Wautier, de Marpon.

VII. AU PUY CHATEIX, 600 mèt. d'alt. Au N.-O. de Saint-Mart. Montagne dominant l'établissement thermal. Vue splendide sur la Limagne. Couronnée, en 761, par un château fort qu'assiégea et prit le roi Pépin sur Waïfre, duc d'Aquitaine. Un tertre éboulé, de ce château, renferme des grains carbonisés que la tradition dit provenir des *greniers de César ;* mais ce sont les grains brûlés par l'armée de Pépin.

VIII. AU PUY DE MONTAUDOU. On prend le chemin des noyers, derrière le Grand-Hôtel, devant le château de Bellevue. On croit qu'il y a existé un temple à Mercure. On y trouve de vieilles murailles provenant, dit-on, d'un château qu'Odon, duc d'Aquitaine, y possédait en 688 ; de là, son nom : *mons Odonis* (montagne d'Odon). En 1775, on y fit des fouilles et l'on y trouva des pavés en mosaïque, des marbres brisés, de la poterie romaine, etc.

IX. A GRAVENOIRE. Volcan éteint (822 mèt. d'alt.) que l'on peut gravir par Bellevue, la route du Mont-Dore. On foule, une fois arrivé, les pouzzolanes noires qui ont donné le nom de la montagne.

X. A LA PÉPINIÈRE ; A FONTANA. On suit la vallée ombragée de Royat, où coule un joli ruisseau. On arrive aux abondantes sources de Fontana qui, à l'époque gallo-romaine, alimentaient Clermont (*Augusto-Nemetum*) et dont l'acqueduc fut détruit, en 532, par le roi Thierry qui assiégeait Clermont. On va aussi par cette vallée à la belle *pépinière* d'arbres forestiers créée par l'Etat dans la gorge de Vaucluse.

XI. A LA VALLÉE DE VILLARS. On y va par Chamalières. Elle est traversée par la voie romaine de Clermont à Limoges. D'un côté, domine le rocher basaltique de Prudelles. Le village de Villars est en haut de la vallée. On remarque, là, les ruines d'un lieu que les fouilles récentes ont permis d'attribuer à l'époque des invasions anglaises, en Auvergne (XIVe siècle).

XII. A BEAUMONT. (D). On va à Clermont, et, de là, facilement, par la route, à ce bourg. En suivant, toujours, la grand'route, après avoir visité Beaumont, on pourrait aller au joli village ombragé de Boisséjour. On peut, en revenant à Clermont, passer par le chemin des Roches. Si l'on est fatigué, on trouvera, à Jaude, l'omnibus ou une voiture.

XIII. PROMENADES EN VOITURE. — A DURTOL (D.); NOHANNENT, BLANZAT (D.), CÉBAZAT. Total 23 kil. On passe par *Chamalières ;* de là, à *Durtol.* (D.) ; on suit la belle route de Pontgibaud ; on arrive à *Nohannent* où sont les blanchisseries de Clermont ; on va à *Blanzat* (D.) Avant d'arriver à ce bourg, à g. 2 usines importantes : la papeterie de Saint-Vincent, l'une des premières de France, à MM. Voluisant, frères et l'usine à caoutchouc, dirigée par M. Bideau. On va de Blanzat à Cébazat (D.) On revient par Mont-Ferrand (D.), Clermont.

XIV. AU PONT DE CEYRAT puis à SAULZET LE CHAUD, CLEMENSAT, ROMAGNAT. Total 23 kil. — On passe à Clermont ; de là, à *Beaumont* (D.) puis au devant de la chapelle de l'Agneau ; on va à *Boisséjour*; de là, à *Ceyrat* (D.) où l'on trouve, à la sortie du village, le pont (on aperçoit les majestueuses ruines de *Montrognon* (D.) à g). On monte à *Saulzet le chaud* (D.) On tourne à g. à *Clemensat* (D.) ; on arrive à *Romagnat* (D.) On revient par le chemin de Clermont.

XV. A MONTROGNON, ROMAGNAT, GERGOVIA, CHANONAT, LA ROCHE-BLANCHE. Total 33 kil. environ. On va à Baumont (D.) par l'ancienne route qui s'y rend de Clermont. A 1,500 mèt. de Beaumont, à l'O., on peut monter aux belles ruines de Montrognon (D.) d'où la vue est magnifique. On passe à Romagnat (D.) De *Romagnat*, on monte à *Gergovia* (D.) par la route tracée, en 1862, pour la visite de Napoléon III. De Gergovia, on peut aller à Chanonat (D.) ; puis à la *Roche-Blanche* (D.) ; enfin, l'on rentre par la route d'Issoire en traversant le Petit-Pérignat (D.), Clermont et, de là, Royat.

XVI. A VOLVIC, TOURNOEL, ENVAL, RIOM. Total 46 kil. 5. On passe à Chamalières, Durtol. Puis on va à *Sayat* (D.) ; on voit, ensuite, le château de *Féligonde* (D.) ; on passe à *Malauzat* (D.), à *Volvic* (D.) ; et, de Volvic, on va aux merveilleuses ruines féodales de *Tournoël* (D.) On descend au château de *Crouzol* (D.) ; de là, on se rend à *Enval* (D.), où l'on trouve un étroit vallon bordé de rochers, dit le *bout du monte* et terminé par une jolie cascade. De là, gagner Riom (D.) et de Riom à Clermont, puis Royat.

XVII. A BEAUMONT, AUBIÈRE (17 kil.). — On va de Clermont à *Beaumont* (D.), puis à *Aubière* (D.). On revient à Clermont par la route d'Aubière.

XVIII. A CHATEAUGAY (aller : 15 kil.) — On va à Clermont, à Mont-Ferrand. Au bas de la côte de Ladoux, auprès de l'auberge de la *maison-Jaune*, on prend la route (pente rapide) qui conduit à *Châteaugay* (D.), au château féodal (bien conservé) qui est une curiosité de l'Auvergne.

XIX. AU PUY DE DOME C'est la plus belle des excursions. De Royat, au col de Ceyssat, aux pieds du Puy de Dôme, il y a 11 kil. (2 h. et demie). (Voir le chapitre : *Grandes promenades*).

SAINTE-MARGUERITE

A 2 kil. environ de la gare de Vic-le-Comte, sur le bord de l'Allier. Fort petite station. Très peu fréquentée. Elle possède quelques mauvaises auberges. *Etablissement thermal* pauvre, petite construction, dans un tel état, qu'il est préférable de ne pas le décrire. Tout est à créer. Ces eaux étaient anciennement connues : Jean Banc en parle, en 1605 ; le docteur de Villefeut a écrit un rarissime volume sur elles, en 1616. Elles sont bonnes pour l'anémie, la chlorose, les affections des voies digestives, la goutte, etc.

SAINT-MYON

Chef-lieu de commune, près de Combronde, qui a reçu son nom de Saint-Myon *(Saint-Medulphe)*, jeune homme né en Auvergne (vers 350), enterré à Menat (la paroisse avait, jadis, une partie de ses reliques). *Itinéraire.* On s'y rend facilement par Aigueperse (station de chemin de fer) et, de là, Artonne, Saint-Myon. Les *eaux minérales* : Ces eaux, signalées, en 1605, par Jean Banc, ferrugineuses, bicarbonatées, sont excellentes en boisson. Mazarin leur dut la guérison de sa goutte. Le célèbre ministre Colbert n'en buvait pas d'autres à ses repas; ce qui leur donna un grand renom. On possède, à la bibliothèque de Clermont, un imprimé de 16 pages in-4, dû à Gabriel Pasturel, de Mont-Ferrand, publié, en 1648, à Clermont. Il rend hommage aux eaux de Saint-Myon *(Naiadis sammedulphianæ,* aux naïades de Saint-Myon) pour la guérison d'Edouard Molé (l'illustre magistrat de ce nom, mort en 1614). Ces eaux avaient été prônées, en 1781, par Raulin, médecin ordinaire du roi Louis XVI. L'analyse fut faite par Lefort, en 1845, et en dernier lieu, par M. Truchot, professeur à la Faculté des sciences, à Clermont. Dans sa séance du 21 mars 1884, l'Académie de médecine, a voté l'autorisation d'exploitation de la source minérale dite *source Desaix*. Cette source et son périmètre sont situés dans les propriétés de *Madame la baronne Desaix*. La composition de ces eaux les rapproche de celles de Vichy, dont elles ont les qualités sans en avoir les inconvénients. Elles sont extrêmement utiles pour les personnes affaiblies; excellentes pour l'atonie de l'appareil digestif, la dyspepsie, la gravelle, la goutte (par la lithine), les fièvres intermittentes (par l'arsenic) etc.

☞ Adresser les demandes d'eaux au dépôt spécial pour l'Auvergne, chez M. Chassignard, place Saint-Hérem, Clermont-Ferrand. Ne pas confondre la *source Desaix*, SI ANCIENNE ET SI AVANTAGEUSEMENT CONNUE, avec la source voisine qui a surgi *récemment* dans la rivière de la Morge.

SAINT-NECTAIRE

Itinéraire. — Chemin de fer Paris-Lyon-Méditerranée. On s'arrête à la station de Coudes où l'on trouve, à 7 heures du matin, des omnibus savoir 1° l'omnibus de Saint-Nectaire-le-Bas et 2° un omnibus pour Saint-Nectaire-le-Haut et l'établissement du Mont-Cornadore (prix 3 fr.) Trajet de Coudes à Saint-Nectaire 2 heures. On traverse *Coudes* (D.); on passe à *Neschers* (D.), à g. le beau château de Lavaur, à M. le vicomte de Cherisey, ensuite *Champeix* (D.), *Montaigut-le-Blanc* (D.), plus loin gorges profondes, *Verrières* (D.) — N. B. — Au besoin, on trouve des voitures particulières à Coudes. Les omnibus descendent de Saint-Nectaire à 3 h. du soir.

☞ Bureau de poste et télégraphe à Saint-Nectaire.

Situation géographique. — Saint-Nectaire (Puy-de-Dôme), chef-lieu de commune, est situé à 40 kil. de Clermont C'est un village de 1,000 habitants, bâti sur un plateau élevé, dominant un vallon d'aspect sauvage, bordé par des montagnes nues et arides sur la droite, couvertes de pins sur la gauche. Il est composé de 2 parties : *Saint-Nectaire-Haut* (où se trouve l'église et le village, l'établissement du Mont-Cornadore) et *Saint-Nectaire-Bas* avec des hôtels, les 2 établissements Boette et des Bains Romains.

Aspect du pays. — Des plus pittoresque et, par moment, grandiose. De Coudes à Saint-Nectaire, la route monte dans une vallée magnifique, tantôt ornée de rochers, de châteaux en ruines et de verdure. La Couze descend avec fracas au milieu de cette nature. Non loin de Saint-Nectaire, les Monts-Dore qui portent haut leur cimes aigues dans le ciel; le château féodal de Murol, dont les ruines sont des plus imposantes, et le beau lac de Chambon. Les touristes trouveront, à Saint-Nectaire, un site très-pittoresque qui leur plaira et les baigneurs sauront que la station est bien protégée des vents et même du froid, grâce au rideau qui l'entoure de près.

Hôtels. — A *Saint-Nectaire-Haut* : Hôtel du Mont-Cornadore. Premier ordre. Belle clientèle. Parfaitement aménagé : Jardin, salons, terrasse, jeux, journaux, gymnase. Tables d'hôte de première et deuxième classes (complètement séparées). 6 à 10 fr. par jour; soins empressés d'un propriétaire intelligent (M. Versepuy) possesseur, également, de l'établissement du Mont-Cornadore. Cet hôtel fournit des voitures, chevaux pour les excursions. — Bureaux de poste dans l'hôtel. A côté de l'établissement thermal : Hôtels *de France*, *de la Paix*. Villas *Beaucert*, *Tartière*, *des Grottes*. — A *Saint-Nectaire-Bas* : Grand-Hôtel *des Thermes* et Hôtel *Bauger-Mazuel* (premier ordre, très recommandé; prix modérés; admirablement situé, 100 chambres, salons de réunion, café, etc.); Hôtel *de Paris* (premier ordre); *Mandon-Serre*; *Nadeuf*. Chalet (veuve *Curtet*).

Médecins consultants. — Les docteurs *Gourbeyre*, inspecteur de la station, *Percepied* (Raphaël), *Thibaud*, *Verrier de Villers*.

Histoire. — *Sanctus Nectarius* (1030, 1286). On écrivait, également, *Sainectaire*, *Sénectaire*, *Sennectaire*, *Seneterre*, avant d'adoucir, pour arriver à *Seneterre* ou *Senneterre*. — *Epoque gallo-romaine*. On voit, sur le mont Cornadore, un dolmen en granit de toute beauté; on y voit aussi une grotte où les gens du pays disent que les fées résidaient. Saint-Nectaire, c'est-à-dire le mont Cornadore, a eu, dit-on, un temple dédié au soleil. Ce lieu s'appelait *Mont-Cornadore* (qui lui venait de sa forme conique ayant, alors, l'apparence d'une corne), lorsque saint Nectaire, disciple de saint Austremoine, envoyé par lui, y prêcha la foi de Jésus-Christ après l'an 253. Suivant la légende, Nectaire était accompagné des prêtres Auditor et Baudemius (saint Auditeur et saint Baudime). Il mourut le 9 décembre. Son corps fut enterré dans une église qu'il avait fait bâtir sur le mont Cornadore où ses reliques furent honorées de plusieurs miracles.

L'église. Monument historique classé, du XIe siècle, un des édifices romano-byzantins les plus curieux du Puy-de-Dôme et les plus complets ; restauré en 1876. Il mesure 38 mètres de longueur, 11 mètres

ÉGLISE DE SAINT-NECTAIRE (AVANT 1830)
ET CHATEAU FÉODAL (DÉMOLI EN 1827)

de largeur et 20 mètres de hauteur ; la longueur du transept est de 21 mètres 30. Deux tours carrées sur la façade ; clocher octogonal sur la nef, détruit en 1794 et rebâti en 1878. Chapiteaux à l'intérieur au nombre de cent dix-sept dont 16 travaillés d'une manière recherchée. Maître-autel gothique du XVe siècle. Les côtés de l'est et du nord portent cette inscription, gravée sur la pierre en lettres gothiques.

L'an mil CCCC IIII XX VIII le 7 jour de septembre fut relevé le glorieux corps de Monsr saint Nectere lors estant St Anthoine de saint Nectere fils à feu messire Anthoine de saint Nectere et de dame Anthoine de Montmorin estant conjoint à mariage à demoi-

PANORAMA DE SAINT-NECTAIRE HAUT

selle Marie Allegre ✝. Et lors estant prieur frère Guillaume Mas lequel a feist les diligences du dit relevement à la postulation du dit S^r et des paroissiens.

Avant 1789, on voyait un reliquaire d'argent renfermant la tête de saint Nectaire et sur lequel on lisait : « *L'an 1494, le 5 septembre, au lieu de Senecterre, à la poursuite de frère Guillaume Mas, prieur dudit lieu, fut faict le présent chef ledit an à l'honneur dudit saint par Monseigneur Antoine de Senecterre, seigneur dudit lieu et par ledit prieur.* » On voyait encore, à cette époque, les tombeaux de saint Baudime et de saint Auditeur. Le buste de saint Baudime, œuvre précieuse, a été conservé. Il est de grandeur naturelle, en chêne, recouvert de lames de cuivre doré, garni de cabochons et de pierres dont plusieurs ont été enlevées. On conserve aussi deux émaux byzantins en forme de panneaux, ayant pour sujet, l'un un Christ, l'autre la Vierge. Le prieur de Saint-Nectaire nommait à la cure avant 1789. — *Le prieuré.* Dom Estiennot dit qu'il fut fondé (vers l'an 1100 ?) par Eparchius de Saint-Nectaire et soumis à l'abbaye de la Chaise-Dieu. En 1500, il y avait trois moines. C'était un bénéfice régulier. Le prieur de Saint-Nectaire était curé primitif de la paroisse. Les bâtiments du prieuré étaient adossés à l'église du côté sud; il n'en reste plus de traces. Simon de Beaulieu, archevêque de Bourges, le visita en 1286. Noms de quelques prieurs : R. de Saint-Didier, 1257 ; R. du Broc, 1260 ; B. de Besse, 1292 ; Guy de Volcon, 1320 ; B. de Saint-Nectaire, 1344 ; B. de Fage, 1420 ; P. de Rochefort, 1460 ; J. de Montaigut, 1463, Guillaume Mas, 1480-1503 ; il fit faire le maître-autel actuel et le buste de saint Baudime ; A. de Flageac, 1512 ; G. de Chariel, 1525 ; J. Chandron, 1600 ; P. Ludaire, 1612 ; A. Rigaud, 1619 ; Jean Charriel, 1626-1630 François Golfert, prieur commendataire, 1659-1662 ; F. Bernin, 1693 ; P. de Cormon, 1699 ; de Valmont, 1700 ; J. Marcellot, 1716-1730 ; R. Gillot, 1750 ; Bidaut, chapelain aux Tuileries, 1788. *La chapelle* : romane, dans le cimetière, près de l'église ; elle servait d'ossuaire. — En haut du village, belle croix du xve siècle. — *Le château.* Forteresse protégée par des tours, bâtie sur le mont Cornadore, tout près et au nord de l'église et détruite en 1827. Nous en donnons le dessin. On en voit à peine quelques ruines. — *Les seigneurs.* Louis de Saint-Nectaire, seigneur de Saint-Nectaire, connétable d'Auvergne en 1231, laissa : Bertrand, seigneur de Saint-Nectaire en 1284-1286, qualifié comptour en 1276 ; celui-ci eut : Casto, seigneur de Saint-Nectaire en 1307, marié à Guyonne de Peyre, dont : Bertrand, seigneur de Saint-Nectaire en 1331, marié, en 1302, à Dauphine de Breon, dont : Casto, dit Tripier, marié, en 1339, à Oudine d'Allègre, dont : Bertrand, seigneur de Saint-Nectaire, marié, en 1365, à Jeanne de

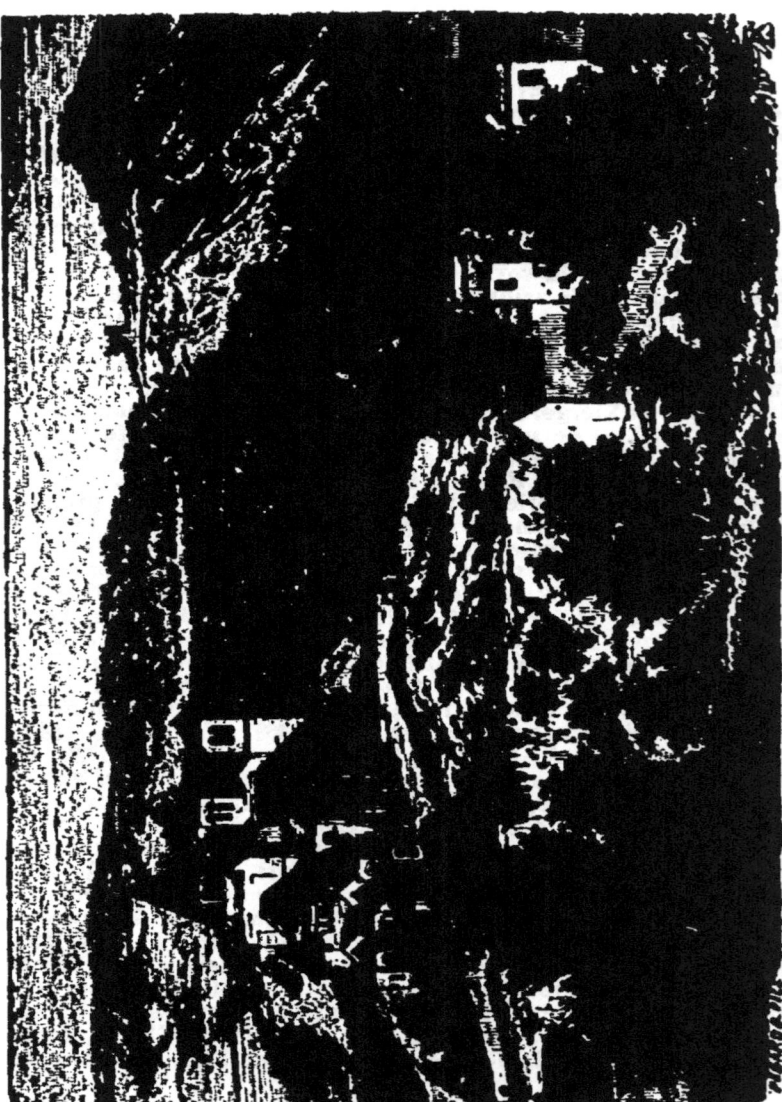
ÉGLISE DE SAINT-NECTAIRE (RENTACRÈE)

Lespinasse, dont : Armand, seigneur de Saint-Nectaire, en 1415, marié, en 1389, à Algaye de Montmorin, dont : Antoine, seigneur de Saint-Nectaire, de Clavelier, Grolière, marié, en 1435, à Antoinette de Montmorin, dont : Antoine, seigneur de Saint-Nectaire en 1488-1510, marié à Marie d'Allègre, dont Nectaire, bailli des montagnes d'Auvergne, seigneur de Saint-Nectaire, Valbeleix, marié, en 1522, à Marguerite d'Etampes, dont : 1° François, qui suit ; 2° Magdeleine, mariée, en 1543, à Guy de Miremont, seigneur de Saint-Exupery ; elle se distingua par sa valeur dans les guerres de religion, et fut surnommée l'Amazone du temps. François de Saint-Nectaire, seigneur de Saint-Nectaire, gouverneur de Metz, bailli des montagnes d'Auvergne, épousa Jeanne de Laval. Il eut : Henri, ministre d'Etat, lieutenant-général, mort en 1662, marié, en 1594, à Marguerite de la Chastre, fille de Claude, maréchal de France, dont : Henri, seigneur de Saint-Nectaire, maréchal de France, duc et pair (1665), gouverneur de Metz, etc., mort le 27 septembre 1681 ; il avait épousé Mageleine d'Angennes ; rendit foi-hommage au roi pour Saint-Nectaire et Valbeleix, et laissa : Henri-François, seigneur de Saint-Nectaire, duc de la Ferté, lieutenant-général, mort en 1703, marié, en 1675, à Marie-Gabrielle-Angélique de la Mothe-Houdancourt, fille de Philippe, maréchal de France. Il ne laissa que des filles. La tradition dit que cette famille est de la maison de saint Nectaire et cette famille portait : *D'azur, à 5 fusées d'argent, accolées en fasce*. La terre de Saint-Nectaire passa à la maison de Crussol. Elle fut vendue à M. de la Garlaye, évêque de Clermont, mort en 1776, et après lui, possédée par M. Guérin. — *Foires.* En 1536, le roi François 1er créa deux foires à Saint-Nectaire : la première le 14 septembre, la seconde le 28 mai. — *Biographie.* De Saint-Nectaire (Henri), né au château de Saint-Nectaire en 1573, fut nommé ambassadeur en Angleterre, en Savoie. Il mourut en 1662 avec la réputation d'un grand politique. L'abbé *Dubois (Ant.)*, né à Farges près de Saint-Nectaire, en 1754, assassiné en 1836. Curé de Saint-Nectaire (1813-1836) ; érudit ; naturaliste ; aida l'abbé Delarbre dans sa *Flore d'Auvergne*.

V. Dulaure. *Description de l'Auvergne* 1780, p. 313. — J. Audigier, *Hist. d'Auvergne.* 1686. — Dom Estiennot, *Antiquitates in diocesi Claromontensi benedictino.* — Baluze, *Miscellanea*, *Visite de Simon de Beaulieu*. — Chabrol, *Cout. d'Auvergne*, t. IV, p. 549. — *Origines de Clairmont*, par Savaron, édition de 1662 ; *la généalogie de la maison de Saint-Nectaire*. — Mss. *Crouset*, à la bibl. de Clermont. — L'abbé Forestier, *L'église et la paroisse de St-Nectaire*, 1878, in-12.

Histoire des eaux thermales. — Les Romains avait un établissement à Saint-Nectaire-Bas, sur l'emplacement des Bains Romains. Voici ce qu'on lit dans un mémoire manuscrit attribué

au docteur Pénissat (1750) et adressé à M. Douniol, médecin à Besse :
« Les eaux de Saint-Nectaire doivent en partie leur renommée à feu MM. Lafont, père et fils, médecins de la ville de Besse, docteurs de la faculté de Montpellier, lesquels, vers 1680, les firent connaitre. Ces eaux qui n'étaient bues, jusque-là, que des personnes des alentours commencèrent à être prises par ceux auxquels ils les conseillèrent et leurs bienfaits furent si grands qu'elles acquirent une grande réputation, de façon, qu'au printemps et en automne, Saint-Nectaire devint assez fréquenté, surtout par les gens de la Haute-Auvergne, du Limousin et de la Limagne. » A cette époque, il n'était fait usage que de la source appelée du *tambour* (à cause des gaz qui s'en dégageaient avec grand bruit). Cette source est celle qui se trouve dans les Bains Romains.

Etablissements thermaux. — 1° A Saint-Nectaire-Haut. L'ÉTABLISSEMENT DU MONT-CORNADORE. Bel établissement construit, en 1828, complètement aménagé et agrandi depuis. 30 cabinets de bains avec vestibules. Douches dans chaque cabinet avec appareil d'irrigation à températures graduées. Il est alimenté par les deux Sources chaudes ; l'une marquant $+ 41°$, 79,200 litres en 24 heures, (c'est la *Source du Mont-Cornadore*) ; l'autre, $+ 43°$, 151,000 litres en 24 heures (*Source du Rocher*). La Source minérale froide sert à refroidir le bain sans évaporation de l'eau chaude. La *Source intermittente* $+ 33°$ et 1^{r}400 acide carbonique est spécialement réservée aux injections vaginales, dont on fait grand usage au Mont-Cornadore. (La seule spéciale en France.) Tous les appareils de douches et pulvérisations existent dans l'Etablissement. Le service balnéaire se fait sans avoir recours à aucune pompe ni mécanique ; les Eaux arrivent directement des griffons dans les baignoires.

Les sources minérales de l'établissement du Mont-Cornadore sont nombreuses et abondantes ; leur température varie de +8 à 43°, ce qui permet de les utiliser à l'état naissant. L'analyse y a constaté une moyenne de 7ᵍ50 de sels alcalins, à base de soude, de chaux, de lithine, de magnésie, de mercure, de zinc et de fer, ainsi que de l'arsenic en quantité très sensible. Ce sont, à tous égards, des eaux extrêmement remarquables (Docteur Constantin James). C'est au point que M. Gubler a pu dire que *Par leur composition, leur température et leur abondance, elles sont le type le plus accompli qui puisse être signalé comme parallèle aux Eaux d'Allemagne* (Société d'hydrologie de Paris). Elles sont le plus puissant médicament contre les engorgements de la matrice, les leucorrhées atoniques, l'état lymphatique des adultes, et tout particulièrement des enfants (Docteurs Vernière et Bazin). Ce qu'elles offrent surtout de véritablement unique comme eaux thermales, c'est la Source Rouge, ainsi nommée pour la couleur des dépôts qu'elle forme. Le petit pavillon devient le rendez-vous de tout un essaim de charmantes jeunes filles et mères, heureuses d'y retrouver les couleurs, la fraîcheur, la force et la santé, que leur avaient enlevés la chlorose et l'anémie (Constantin James). Cette eau agira d'une manière efficace, soit dans les anémies par déperdition d'origine anoxémique, dyspeptique, ou par épuisement nerveux, soit dans les anémies diathésiques (lymphatisme, scrofule, arthritis) ou toxiques (saturnines, syphilitiques, palustres), soit dans les anémies complexes des convalescents, soit dans la chlorose (G. Sée. *Du sang et des anémies*, Paris 1867). — OBSERVATIONS CONCLUANTES : En 1849, le docteur A. Vernière comparait ces Eaux à du Sérum du sang. L'éminent professeur Gubler a appelé l'attention sur les sels de fer, de chaux, de potasse, de soude, de magnésie, que contiennent ces Eaux. Ces sels s'y trouvent comme ils sont dans le liquide sanguin.

A température peu élevée, très riches en gaz acide carbonique, les Sources Rouge et du Parc doivent être placées au premier rang au point de vue de l'art de guérir (docteur Rotureau). Très agréables à boire, elles se conservent parfaitement transportées. *Digestives, apéritives, diurétiques*, elles conviennent spécialement aux Anémiques, aux Lymphatiques, à la Diathèse scrofuleuse ; elles se prescrivent contre les Gastralgies, les dyspepsies, la gravelle, les maladies du Foie, la Goutte, etc. Chez les femmes, les jeunes Filles et les Enfants, leur efficacité est assurée (Docteur Péan). — MALADIES DES FEMMES : On peut promettre la guérison ou notable amélioration, dans les cas de flueurs blanches, de menstruation difficile, tardive, peu abondante, irrégulière, d'engorgement péri-utérins, suites de couches, de méthrites chroniques, ulcérations gonflements et granu-

lations du col, d'ovarites chroniques et même de tumeurs fibreuses.
« C'est sans doute à la propriété qu'elles offrent de régulariser les
« fonctions utérines qu'est due la confiance que leur accordent
« beaucoup de femmes qui viennent leur demander la fécondité.
« L'espérance qu'elles fondent sur leur vertu n'est réellement pas
« chimérique ; bon nombre de femmes, restées longtemps stériles,
« sont devenues mères après une saison passée à la station et ce
« résultat n'a rien qui soit fait pour surprendre » (Docteur Vernière).

2º L'ÉTABLISSEMENT BOETTE. Remonte à 1824. Ce magnifique établissement a été édifié entièrement, récemment, avec grand luxe et ne laisse rien à désirer. C'est un vrai monument d'architecture, admirablement situé, dans la vallée, près d'excellents hôtels. Son eau thermale produit les mêmes effets thérapeutiques que celle de l'établissement des Bains romains (ci-dessous), employée à la même température. La source Boette, à raison de son plus haut degré de chaleur, est conseillée aux malades pour lesquels une température plus élevée est jugée utile, à Saint-Nectaire Bas. (Voir aux ANNONCES.)

3º L'ÉTABLISSEMENT DES BAINS ROMAINS OU MANDON. Les Romains utilisèrent sa source; car on a trouvé des antiquités gallo-romaines (que j'ai vues) : Vases en poterie samienne, etc. 12 baignoires en béton, 10 cabinets de bains, dont 4 avec douches descendantes. Appareils destinés aux injections vaginales.

Les Sources. — 1º *source du Mont-Cornadore* (79,200 litres en 24 heures, température $+ 41°$); 2º *source du Rocher* (151,000 lit. en 24 heures ; $+ 43°$); 3º *source du Parc* (7,200 l. en 24 h., $+ 19°$); 4º *source Rouge* (35,000 l. en 24 h., $+ 22°$); 5º la *grande source Boette* (432 hect. par jour, $+ 44°$); 6º la *petite source Boette* (317 hect. par jour, + 40°); 7° la *grande source Mandon, bains romains* (864 hect. par jour, + 37°); 8° la *source Coquille* (25 lit. par minute); 9° la *source Pauline* 432 hect. + 34° (cette dernière inutilisée).

ÉTABLISSEMENT THERMAL BOETTE (A SAINT-NECTAIRE BAS)

Vertus curatives des eaux. — Les eaux de Saint-Nectaire sont classées parmi les carbonatées mixtes. Le docteur

Durand-Fardel, à l'exemple de Bazin, en a fait des chlorurées bicarbonatées. M. Rotureau les catégorise parmi les eaux hyperthermales, pollymétalliques fortes, carboniques moyennes ou fortes. Gubler les range parmi les eaux médicales naturelles prologéiques normales. Leur composition les disent lithinées, alcalines, chlorurées, martiales et arséniquées (*Docteur Gourbeyre-Imberdis*, inspecteur des eaux). Ces eaux, somme toute, comptent parmi les plus précieuses du massif central de l'Auvergne. Elles sont bonnes, surtout, pour les maladies des femmes (engorgements périutérins, tumeurs, restes de l'ovaire, végétations, ulcérations, granulations du col, aménorrhée, fleurs blanches, stérilité); maladies des enfants (faiblesse, lymphatisme, croissance difficile, chlorose), scrofules sous toutes les formes; rhumatismes, goutte atonique, maladies de la peau; maladies nerveuses, hystéries, paralysies, névralgies (sciatique surtout); affections chroniques du tube gastro-intestinal; albuminurie; anémies; maladies des os (fractures anciennes, caries); maladies des yeux et des paupières; affections catharrhales des fosses nasales (ozène), des oreilles; certains cas de surdité. Il a été institué à Saint-Nectaire (établissement du Mont-Cornadore), d'après les conseils du docteur Gagnon, de Clermont-Ferrand, un traitement particulier pour les maladies des yeux.

Traitement. — C'est ici que, plus que jamais, nous répéterons : choisissez un bon médecin. M. le docteur Gourbeyre, médecin inspecteur de Saint-Nectaire, a publié, en 1880, une étude savante intitulée : *Eaux médicales naturelles du Mont-*

CASCADE DES GRANGES

Cornadore, à Saint-Nectaire-le-Haut (Résumé des actions physiologiques et thérapeuthiques).

Promenades. I. Curiosités, à Saint-Nectaire, savoir : Les sources incrustantes ; les grottes du Mont-Cornadore, remplies de concrétions (stalactites) ; grottes de Châteauneuf (ruines informes d'une forteresse, ancien fief à la famille Saint-Nectaire) ; le *dolmen*, le plus remarquable du Puy-de-Dôme.

II. Cascade et dolmen de Saillant ; Puy d'Eraigne. La Couze fait, là, un saut au-dessus d'un immense barrage naturel. Le *Puy d'Eraigne*, à sommet conique, gros prismes basaltiques. C'est à 3 kil. et, à l'est de Saint-Nectaire. George Sand a décrit la cascade de Saillant dans son beau roman de *Jean de la Roche*.

III. Cascade des Granges. L'une des plus belles de l'Auvergne par sa masse d'eau et ses abords. Formée par la Couze. Le village des Granges s'appelait, jadis, *Longue-Roche*. Il fut détruit. La cascade est à 3 kil., au midi de Saint-Nectaire.

IV. A Verrières (D.). Sur le bord de la Couze (prendre l'omnibus). Château féodal du XIIIᵉ siècle (habité par des paysans ; belle porte gothique, à ogive, avec armoiries ; plafond peint avec blasons). Immense pyramide de lave scoriacée *(dyke)*, dite *roche longue*.

V. A Montaigut-le-Blanc, Champeix. Prendre l'omnibus pour y descendre. Magnifiques ruines féodales à Montaigut-le-Blanc (D.) ; ruines de l'enceinte du bourg (XVᵉ siècle) ; église romane, A Chazoux, près de Montaigut, monument celtique. A Champeix (D) ruines du château, pont ancien, église Sainte-Croix.

VI. Sachapt. (ou *Sapchat*) (sa source ; sa vallée). Dans cette vallée, le Tartaret a laissé des traces volcaniques que l'on dirait d'hier. 3 kil. au S.-O. de l'église de Saint-Nectaire (820 mèt. d'alt.).

VII. Plateau de Sauvagnat, Puy de Mugère. Vue étendue. Sauvagnat est à 3 kil. de l'église de Saint-Nectaire, au N.-O. (94 mèt. d'alt.)

VIII. Au Château de Murol, au Lac Chambon. Les ruines féodales de *Murol* (D.) sont splendides. Près de Murol, le *Tartaret*, cratère qui semble à peine refroidi. De Murol, au beau lac *Chambon* (D.). 800 mèt. d'alt. Près du lieu de Chambon, dans le cimetière, belle chapelle sépulcrale, du XIᵉ siècle. Monument hist. (D. le mot Chambon) ; plus loin, la *dent du Marais*, immense rocher.

IX. Au Mont-Dore et a la Bourboule. Après Murol, on passe par la pittoresque route (qui monte beaucoup) à *Besse* (D.), puis les bois de la Chanaux, de l'autre côté de la montagne, à la descente. (Magnifique excursion.)

VUE DE CHAMPEIX

X. AU PIC DE SANCY, A LA CHAPELLE DE VASSIVIÈRES, AU LAC PAVIN, A BESSE. A cheval (passer par le Mont-Dore) (Voir p. 93). Monter au pic de Sancy (1,886 mèt.) (le point le plus élevé de la France), descendre à Vassivières (D.); de là, au lac Pavin (V. p. 115), à Besse (D.). De Besse revenir à Saint-Nectaire par Saint-Victor, Murol. — On peut aller directement par la route (en voiture) à Besse et au lac

CHATEAU DE MUROL.

Pavin et aux grottes si curieuses de Jonas (V. Jonas, au Dictionnaire).

XI. LE VERNET, SAULZET-LE-FROID, LE LAC D'AYDAT, COURNOL, OLLOIX. Il faudrait passer, d'abord, au Vernet, chef-lieu de comm., appelé aussi Le Vernet-Sainte-Marguerite, parce que la patronne de la paroisse est sainte Marguerite. On y voit une église du xᵉ siècle; la fontaine Sainte-Marguerite. De là, à Saulzet-le-Froid (D); descendre à d'Aydat (D.), pour voir son lac; revenir par Olloix (D.), restes de la commanderie de Templiers puis de l'ordre de Malte; continuer à Cournol (D.), où il y a une allée couverte druidique, la plus belle de l'Auvergne. Ceux qui voudront faire une moins grande excursion pourront se contenter d'aller à cheval, visiter Cournol (je recommande Cournol et sa belle allée couverte).

XII. LUDESSE, SAINT-SANDOUX, SAINT-SATURNIN, SAINT-AMANT-TALLENDE. A cheval ou en voiture. Aller à Champeix. Route de ce point par Ludesse (D.); pierre branlante; plus loin, on doit visiter un peu à dr. de la route *Saint-Sandoux* (D.) où il y a, dans le parc,

VILLAGE ET LAC D'AYDAT

du château de *Travers*, l'un des plus beaux prismes basaltiques de l'Auvergne. On descend à Saint-Saturnin (D.); *Saint-Amant-Tallende* (D.).

XIII. A ISSOIRE. En voiture, directement, par Champeix; ou en omnibus jusqu'à Coudes et, de là, chemin de fer jusqu'à *Issoire* (D.).

EAUX MINÉRALES EXPLOITÉES

Le département du Puy-de-Dôme, outre ses stations thermales, possède des eaux minérales un peu partout. Voici la nomenclature de celles qui sont exploitées. ARDES. Dans les environs, source de *Chabetoul*. Etablissement, 121 lit. à la minute + 11°. 12 baignoires. — BEAULIEU. Eaux très gazeuses + 12°. — COUDES, 2 sources. Bonnes contre l'anémie, la chlorose ; peu exploitées. — COURPIÈRES. Petit établissement au Salet. — ENVAL. Recueillies dans une très petite construction. Eau de table utilisée aux environs contre les maux de l'estomac. — GIMEAUX, 5 sources (4 captées et exploitées). Belles incrustations. — JOZE. Diverses sources. — LES ROCHES. Près de Chamalières et de Clermont. + 19°, 50 litres par minute. Eau acidulée, saline, ferrugineuse. — NÉBOUZAT (source inexploitée) excellente ; près du moulin de la Gorce. — PONTGIBAUD. Au N., eau de Château-fort, à M. le comte de Pontgibaud (très gazeuse). — PROMPSAT. Exploitées. Légèrement ferrugineuses, lithinées et phosphatées. — SAINT-DONAT. Usage en bains. Très peu exploitées. — SAINT-PRIEST-DES-CHAMPS, 7 sources faiblement exploitées. Bonnes contre l'anémie. — SAUXILLANGES. Usage en bains, en boisson. Peu exploitées. — THIERS. Eaux ferrugineuses. Faible exploitation.

GRANDES PROMENADES GÉNÉRALES

ITINÉRAIRES DU DÉPARTEMENT

☞ *Abréviation importante* : (D.) signifie *voyez le Dictionnaire* final de ce guide. — Nous devons dire, ici, que ce guide est terminé par un important chapitre, c'est-à-dire un *Dictionnaire historique et archéologique* des localités citées, comprenant les curiosités et renseignements divers.

Itinéraire 1. DE CLERMONT-FERRAND AU SOMMET DU PUY DE DÔME (12 kil.) Pour aller au puy de Dôme (D.) Il faut prendre un bon landau à 2 chevaux. Pendant l'été, l'école de tir d'artillerie interdit la circulation de la route de la Baraque au puy de Dôme, de 1 h. et demie à 4 h. Il faut donc calculer en conséquence ses heures. On passe à la Baraque, d'où l'on aperçoit le puy orgueilleux dans toute sa splendeur.

Arrivé au col de Ceyssat, on laisse sa voiture ; on monte à pied, dans le chemin en lacet (2 kil 5.) En haut du puy, il y a un véritable *restaurant* (prix raisonnables), installé par le gardien de l'observatoire et on trouve, là, un *télégraphe public*. — Si l'on se rend à pied au puy de Dôme, on peut y aller par la vallée de Villars ou la vallée de Fontana. (Il faut être robuste). On peut, enfin, s'y rendre par la grand'route qui passe à la Baraque.

Itinéraire 2. A LA FONTAINE DU BERGER, AU PUY DE PARIOU, AU PUY DE CÔME. Total (aller seulement) 11 kil. — On part de Royat ; on arrive à la Baraque ; là, on prend à dr., la route de Pontgibaud. On aperçoit, à g., *Orcines* (D.). On s'arrête, ensuite, à la fontaine du Berger, *(auberge)*. A côté, le campement de l'école de tir (pendant l'été). On aperçoit le *puy de Pariou* (élevé de 1210 mèt), que l'on doit gravir par un petit sentier, presqu'en face de la brèche par laquelle est sortie la lave. Ce puy possède un cratère (le plus beau de l'Auvergne) de près de 200 mèt. de profondeur. Du Pariou, on va au Puy de *Clierzou*, remarquable par ses grottes d'où, jadis, on extrayait la domite. (Se munir d'une lumière, pour voir les grottes). Du Clierzou, on va au puy de Côme par un bois de noisetiers. Le puy est en partie boisé. Le sommet a deux cratères. La voiture doit attendre à la fontaine du Berger, à moins qu'on ne préfère continuer en voiture, passer le défilé des Goules, prendre à g., dans la plaine des Goules, la route d'Herment et aller en voiture jusqu'aux pieds du puy de Côme ; alors, en passant, sur ce chemin, près du puy de Côme, on voit les restes d'une ancienne ferme qui appartint jusqu'en 1789, au bénédictins de Saint-Alyre, lesquels, possédaient aussi le puy de Côme.

Itinéraire 3. DE CLERMONT-FERRAND A AIGUEPERSE. — Chemin de fer de Clermont à Aigueperse. 29 kil. Trajet en 3/4 d'heure. — On sort de la gare de Clermont, en apercevant Montferrand (D.) et les belles casernes d'artillerie. La première station est *Gerzat* (D.) ; la deuxième la ville de *Riom* (D.), que l'on peut visiter en quelques heures. Les autres stations sont ensuite *Pontmort* (D.) ; sur la gauche, on aperçoit le château d'Aubiat (D.) ; au-dessous, le château de Mons (D.) ; enfin, *Aigueperse* (D.).

A 5 kil. au Nord d'Aigueperse, on peut aller visiter le beau château de *Villemont* (D.). On trouve des voitures particulières à Aigueperse. On sort d'Aigueperse; on monte la côte. A dr. *Montpensier* (D.). On aperçoit la butte sur laquelle s'élevait jadis le célèbre château féodal, chef-lieu du duché de Montpensier. Plus loin, après la descente, on tourne à g. dans un bon sentier. On aperçoit le château de Villemont avec ses tours, dans la plaine.

D'Aigueperse, on se rend aussi aux châteaux d'*Effiat* (D.), 6 kil. et de *Randan* (D.) en voiture particulière. On sort d'Aigueperse, à dr. par la route de Randan. A 3 kil. 1,2, on tourne à g. dans le chemin qui conduit à Effiat. D'Effiat, on se rend par un sentier de traverse à la route de Randan. A 8 kil. *Bas et Lezat* (D.) à 13 kil. *Randan* (D.).

Bifurcation A. DE RIOM A THIERS (par Ennezat, Maringues). — Route de voitures. Service de correspondance jusqu'à Maringues (20 kil.). On traverse la belle plaine de la Limagne et, après 10 kil., on entre à *Ennezat* (D.).

☞ D'Ennezat, on peut aller à *Thuret* (route), au nord (D.).

A 13 kil. de Riom, *Entraigues*, (D.) à droite de la route; à 16 kil. *Saint-Laure* (D.); à 20 kil. *Maringues* (D.).

Route de Maringues à Joze (D.), (environ 6 kil.).

De Maringues, il y a aussi une route pour *Randan* (D.).

De Maringues, on se rend à *Lareine* (24 kil. de Riom) (D.); ensuite, aux Minaux; puis on traverse la Dore et on finit par descendre dans la vallée de la Durolle, où l'on trouve la route de Clermont à *Thiers* (D.).

Bifurcation B. DE RIOM A MONTAIGUT-EN-COMBRAILLE, NÉRIS ET MONTLUÇON. — Route de 77 kilom. On passe à (4 kil.) *Saint-Bonnet* (D.); ensuite à DAVAYAT (D.). On laisse à g. THEIHHEDE (3 kil.), *Prompsat*, à g. (2 kil.) eaux minérales; et, à dr. *Beauregard-Vendon* (D.). En avançant, on trouve *Rouzat* (établissement thermal) (Voy. p. 116); à 11 kil. *Combronde* (D.). Aux environs, l'ancien couvent de Chavanon (D.).

☞ Sur la route de Combronde à Aigueperse, *Saint-Myon*, eaux minérales (V. p. 140); *Artonne* (D.).

On passe, ensuite, à 2 kil. de *Montcel*, (à g.) (D.). Ensuite, on aperçoit à 2 kil. à dr., le château de *Joserand* (D.); 22 kil. *Saint-Hilaire-la-Croix* (D.); à g., les ruines du château féodal de *Montespedon* (D.); 25 kil. *Saint-Pardoux* (D.).

☞ Route de Saint-Pardoux à Ebreuil, 10 kil.

On passe à (30 kil.) *Pouzol* (D.) à dr. On descend à la Sioule en apercevant, à g., les magnifiques ruines féodales de *Château-Rocher* (D.) 34 kil. *Pont de Menat*, pont sur la Sioule, dans des gorges sauvages. 36 kil. 1/2. A g. *Menat* (D.) 47 kil. *Saint-Eloy* (D.). Là, il y a une station du chemin de fer qui va à Montluçon à g. ou à Gannat; à dr. 51 kil. *Montaigut-en-Combraille* (D.). Plus loin, le village d'*Ars* (D.), à g. et, enfin à 8 kil. 1/2 de Montaigut, la limite du Puy-de-Dôme et de l'Allier d'où, à 69 kil., se trouve *Néris* (Allier), station thermale et, enfin, à 77 kil. *Montluçon*.

Bifurcation C. DE RIOM A CHATEAUNEUF, SAINT-GERVAIS, PIONSAT, MARCILLAT, NERIS, MONTLUÇON. — Il y a 2 services de voitures publiques à Riom pour Châteauneuf, Saint-Gervais, Pionsat. (Voyez page 15.) — A 1 kil. *Mozat* (D.). On aperçoit les magnifiques ruines féodales de *Tournoël* (D.); aux pieds, le château de *Crouzol* (D.); à dr. sur une montagne, le château féodal de *Chazeron* (D.). 6 kil. *Saint-Hippolyte* (Voy. D.); à g. une route de 2 kil. mène à la station thermale de *Châtelguyon* (Voy. p. 27); 7 kil. *Roche-Pradière*, hameau. En montant dans la vallée, on aperçoit toujours Chazeron de l'autre côté de la gorge. 13 kil. hameau des Greniers. 15 kil. 1/2. A dr. route de 6 kil. 1/2 qui va à *Charbonnières-les-Vieilles* (D.). Mais à 3 kil. on rencontre le château de *Rochegude* (D.) et à 4 kil. le hameau de Tazana, au bord du lac dit gour de Tazana. 17 kil. à dr. puy Chalard, montagne volcanique curieuse. 20 kil. *Manzat* (D.). 25 kil. *Vareille* sur la dr. *Saint-Angel* (D.). La route descend, ensuite, dans une gorge des plus pittoresques où serpente la Sioule et se trouve (31 kil.) *Châteauneuf*, station thermale (décrite page 15). 39 kil. *Saint-Gervais* (D.). 45 kil. *Goutières* (D.). à g. 47 kil. *Les Bouchauds*; 52 kil. *La Celette*; 54 *Pionsat* (D.).

☞ De Pionsat, route pour Évaux (Creuse).
De Pionsat, on prend, ensuite, un chemin vicinal au N.-O. On entre dans l'Allier. A 63 kil. on trouve Marcillat (Allier) château féodal à M. le comte de Durat, où il y a une collection d'antiquités romaines, de Néris (vases en terre noire et en poterie samienne (rouge), une statue de Cérès ou de matronne romaine, en pierre, assise; elle tient une corbeille de fruits et une corne d'abondance, une statuette de gladiateur, etc.). Ces antiquités proviennent de fouilles faites à Néris par feu M. le comte de Durat (père du propriétaire actuel). Marcillat est à 16 kil. de la station (chemin de fer) d'Évaux. Montluçon (Allier) à 86 kil.

Bifurcation D. DE RIOM A MOZAT, VOLVIC, PONTGIBAUD. — 1 kil. 1/2 *Mozat* (D.). Plus loin, à dr., la route de Saint-Gervais; à g. la route qui, par 7 kil., mène à *Volvic* (D.). Près de Volvic, entre le puy de la Bannière et le puy de la Nugère, se trouve la vaste coulée de laves appelée la *Cheire*, où l'on voit ces belles carrières de pierre de taille. Elles emploient plus de 900 ouvriers. La lave est bleu foncé et fort dure. A 1.500 mèt. au N. de Volvic, le château féodal de *Tournoël* (D.). Au N. au-dessous de Tournoël, le château de *Crouzol* (D.); près de Crouzol, au N. le beau ravin d'*Enval* (D.), dit du *Bout du Monde*, où il y a une jolie petite cascade et des eaux minérales froides. La route décrit des courbes, monte sur les plateaux, passe à dr. du *Puy de Louchadière* (1,200 mèt.), belle montagne volcanique. 20 kil. *Saint-Ours* (D.). Près de ce village, au territoire de Séranges, M. le comte de Montlosier trouva, en 1838, un bâtiment carré, gallo-romain, ayant 14 pièces et des objets divers (déposés au Musée de Clermont). 25 kil. *Pontgibaud* (D.).

Itinéraire 4. DE CLERMONT-FERRAND A THIERS. — Chemin de fer. 39 kilomètres. Trajet en *1 h. 40 ou 2 h. 15.* — On laisse *Montferrand* (D.), à g. La voie ferrée passe à *Bourdon*, belle sucrerie (D.). que relie un chemin de fer à la sucrerie de *Sarlièce* (D.) Aulnat station (D.)

☞ D'Aulnat, on va au puy de la Poix pour visiter la célèbre *source bitumineuse*. Cette source était connue très anciennement. C'est ainsi que, vers 1702, Paul de Caldaguès, chanoine de Montferrand publia un mémoire sur cette curiosité scientifique.

13 kil., Pont-du-Château, station (D.).

☞ Près de Pont-du-Château, le château de *Chignat* (D.) à M. de Chamerlat. Il se tient auprès, le 9 septembre, une foire célèbre à 10 lieues à la ronde. 16 kil. Vertaizon, station (D.).

☞ *Chauriat* (D.). A 2 kil. au S. de Vertaizon; *Beauregard l'Evêque* (D.). A 3 kil. à l'Est de Vertaizon. — Dans le voisinage de Vertaizon, *Bouzel* (D.) la tour féodale (en ruines) de *Courcour*, *Seychalles* (D.), le château de *Ravel* (D.)

Ensuite, à 25 kil. Lezoux, station (D.). — De Lezoux à Culhat (D.) (6 kil.), au N.-O. 35 kil. *Pont de Dore*, station. 37 kil. *Courty*. 39 kil. *Thiers* (D.).

☞ Excursion de *Thiers au puy de Montoncel*. (Il faut 5 h.; ascension à pied). On passe à Saint-Rémy (8 kil.) par l'ancienne route de Roanne ; ensuite, de Saint-Rémy, par un chemin de chars jusqu'au château de Paladuc (D.). De là, par des sentiers (2 h. 30 de chemin) jusqu'au puy de Montoncel. (1,202 mèt. d'alt.), Vue étendue sur les Alpes, dominées par le Mont-Blanc, (à l'E.); les monts du Cantal (au S.) les monts Dôme (au S.-O.), etc.

Itinéraire 5. DE THIERS A VICHY. — Chemin de fer. Distance : 38 kil. Durée du trajet 2 h. 15. — 4 kil. *Courty*, station, où l'on trouve la bifurcation de Thiers à Clermont. On aperçoit, de là, le château de *Barante* (D.). A g. *Dorat* (D.). 10 kil. *Noalhat* station (D.). 17 kil. *Puy-Guillaume* station (D.). 22 kil. *Ris-Chateldon*. Cette station dessert Ris (D.) et Chateldon. Ce dernier lieu est à 5 kil. (D.). (Omnibus 0 fr. 30 c.). 29 kil. Saint-Yorre. 38 kil. *Vichy*, la grande et célèbre station thermale, si connue.

Itinéraire. 6. DE THIERS A AMBERT. — En chemin de fer. Trajet en 2 heures 1/2 environ. — *Pont-de-Dore*. Station. *Courpière*. Station (D.). — Sur la g. de Courpière, route pittoresque (recommandée) pour *Vollore* où il y diverses curiosités (D.) : un château conservé et habité par M. Dumas ; une croix gothique sur la place, une église intéressante et, au-dessus de Vollore, le *puy de Chignore* (belle vue). — *Giroux*. Station. — [De Giroux, en passant par Augerolles (D.), il y a 14 kil. (il faut 3 heures) pour aller à l'*Ermitage de Perotine*, sur la limite des départements de la Loire et du Puy-de-Dôme. Tradition qui raporte que, vers 1600, un chevalier du Forez qui avait assassiné son seigneur, Thomas d'Urfé, vint faire pénitence sur cette montagne, dans une grotte, d'où il avait fait fuir deux chèvres ; de là, le nom d'ermitage de Perotine, c'est-à-dire la pierre aux chèvres. Plus tard, les évêques de Clermont y firent élever une église ogivale et des bâtiments, donnés, par Massillon, pour maison de campagne, à des missionnaires. Il ne reste de l'église que le portail et le chœur ; la maison d'habitation sert de ferme. *La montagne de l'Ermitage*, dont le sommet est à plus d'un kil. de cet ancien couvent, atteint 1,306 mèt. d'alt. Vue splendide. Par temps clair, on voit le mont Blanc. — Dans les environs d'Augerolles, ruines des châteaux féodaux de *la Faye* (D.) et de *Fréderille* (D.).] — Après avoir passé Augerolles, *Meymont*, où le pont, appelé *pont du diable* (une seule arche) a ses légendes, mines de plomb-argentifère, abandonnées vers 1759. *Olliergues*. Station (D.). *Vertolaye*. Station (D.), on trouve, après Olliergues *Job* (D.), *La Tourguyon* (D.), et la *Forie*, papeteries remontant, dit-on, au temps des croisades, les plus anciennes de l'Auvergne. — Enfin *Ambert*. Station (D.).

Itinéraire 7. DE CLERMONT-FERRAND A BILLOM, SAINT-DIER, AMBERT. — Chemin de fer. 25 kilomètres. Prendre le chemin de fer de Clermont à Thiers jusqu'à la station de Vertaizon où il y a un embranchement (voie ferrée) de Vertaizon à Billom. — A 9 kilom. de Vertaizon, Billom (D.).

☞ Les environs de Billom sont remplis de belles ruines féodales. Il faut voir celles de *Montmorin* (D.) à 3 kil. au S.-E. Dans la même direction, mais un peu plus loin, le château conservé de *Seymiers* (D.); *Busséol*, ruines féodales (D.), 9 kil. au S.-O. (route de Saint-Julien-de-Coppel); les ruines de *Turluron* (D.).

☞ Route de Billom au Cendre (intéressante) (V. *Bifurcation A, de l'itinéraire 11*).

Continuons l'itinéraire pour Ambert : à 3 kil. de Billom, à dr., château de la *Peyrouse* (D.); puis à g. sur une hauteur, *Eglise-neuve, près de Billom* (D.); à 7 kil., un peu sur la gauche de la route, *Mauzun*, belles ruines féodales à visiter (D.), sur le sommet d'un pic basaltique (659 m. d'alt.); à dr. de la route, *Estandeuil* (D.) à 3 kil.; *Saint-Dier* (D.), à 17 kil.; plus loin, *Ceilloux* (D.), sur la g.; en avançant, croisement de routes; à dr., route de Vic-le-Comte (D.), à g., route pour Cunlhat (D.) à 4 kil.; on descend dans le bassin de la Dore; à 62 kil. de Clermont, *Saint-Amant-Roche-Savine* (D.). On voit, ensuite, à dr. *Le Monestier* (D.); on descend à *Ambert* (D.).

Itinéraire 9. De Clermont-Ferrand a Tulle. Par : 1° le chemin de fer; 2° la grand'route nationale.

1° Par le chemin de fer.

La voie ferrée passe à *Royat*, station (voir, page 117); à *Durtol*, station (D.); à *Volvic*, station (D.); à *Vauriat*, station (D.), où l'on voit quelques puys pittoresques de la chaîne des monts Dôme : à *Saint-Ours*, station (D.); on aperçoit à dr. le clocher de *Chapdes-Beaufort* (D.); on arrive à *Pontgibaud*, station (D.); *Roziers-sur-Sioule*, station (D.); à g., sur la côte, le château féodal de *Bonnebaud*, curieux, bien conservé (D.); *la Miouze-Rochefort*, station où il y a deux auberges.

☞ A la station de la Miouze, à dr., route pour (25 kil.) Herment (D.). Voiture-correspondance du courrier à 7 heures 1, 2 du matin. Cette route monte, d'abord, une côte, et, en haut, l'on voit à dr. une cascade très peu connue des artistes et pittoresque (Beaux rochers autour). Elle passe à *Gelles* (D.); à dr. *Tracros* (D.) sur la hauteur et son rocher druidique; plus loin, à g. une *roche branlante* à *Mont-la-Côte*; plus loin, *Perol* (D.); à g., en haut de la côte, *Léclache* (D.) ruines de l'antique abbaye de cisterciennes (D.) *Prondines* (D.), *Sauragnat* (D.). On monte une côte rapide; sur la hauteur *Herment* (D.), puis *Verneugheol* (D.), à g. château de Barmontel (à M. le comte d'Autier); ensuite, *Giat* (D.).

A g. route de *Rochefort* (D.). Voiture-correspondance, le matin, à 7 heures 1,2. Près de la station de la Miouse, le château de *Rioux* (D.).

Bourgeade, station. On s'étonne qu'on lui ait donné le nom de *Bourgeade-Herment*. Il n'y a qu'une seule maison et Herment est à à 19 kil.! A la station de Bourgeade, route pour Herment, à 19 kil. (peu recommandée), par Tortebesse (D.).

Laqueuille, station (D.). Buffet. C'est à la gare de Laqueuille que se trouvent, dans la saison, les correspondances pour la Bourboule et le Mont-Dore (voir plus loin le chapitre intitulé : Bifurcation de Laqueuille à la Bourboule et au Mont-Dore). De Laqueuille aussi, route à dr. pour *Saint-Sauves* (D.), qui monte la côte de *Méjonesses* (D.) où, sur le sommet à g., route de *Latour d'Auvergne* (D.); à dr. route de Tauves (D.), Bort et Mauriac.

Bourg-Lastic, station (D.). A dr., la route va à Bourg-Lastic (D.), à *Lastic* (D.) et *Herment*, 19 kil. (D.). A g., la route se dirige à *Tauves* (21 kil.) en traversant la Dordogne (beau site pittoresque), puis Arèze (14 kil.) (D.). La route de Bourg-Lastic à Tauves laisse à dr. *Messeix* (D.) à 7 kil. Près de Messeix, *Bialon* tumulus (5 mèt. de haut, 70 mèt. de large, 80 mèt. de long.); au-delà de Bialon *Védrines* (D.), villa romaine où l'on a recueilli de nombreuses antiquités. Au S.-O de Messeix, *Savennes* (D.).

La *Celette* (Creuse), station. On y aperçoit un asile d'aliénés, important, que l'on peut demander à visiter. Il a remplacé un couvent de Cordeliers fondé, en 1448, dans une gorge sauvage. *Eygurande* (Corrèze), station, où l'on trouve l'embranchement du chemin de fer de Montluçon et Paris, à dr. et de Bort à g. Le chemin de fer va, directement, à Ussel et Tulle.

☞ D'Eygurande, on peut se rendre, par chemin de fer jusqu'à *Giat* (D.) où il y a un magnifique tumulus. De Giat à *Herment* (D.), en voiture, 10 kil. Excursion très recommandée.

2° Par la route nationale.

Cette excursion est intéressante. Prendre une bonne voiture à Clermont-Ferrand, qui doit valoir 25 fr. par jour. Pendant la saison thermale du Mont-Dore, il y, a, à Clermont-Ferrand, place de Jaude, un service régulier pour le Mont-Dore — La grand'route a été ouverte, vers 1735, par l'intendant d'Auvergne Rossignol.

De Clermont-Ferrand à *la Barraque* (D.). Là, on prend, à g. la bifurcation. On admire le puy de Dôme, aux pieds duquel on passe. 13 kil., *La Moréno* (D.) à 1.055 mèt. d'altitude. On descend, en apercevant les puys volcaniques des Dômes, à g.; le château d'Allagnat (D.), (à dr.).

☞ Bifurcation de route à g., allant à *Randanne* (D.), Clermont. A dr. à *Olby* (D.), la Miouze, et, de la Miouze, on monte à *Rochefort* (D.).
En continuant tout droit on arrive à *Pont-des-Eaux* 19 kil. (D.).

☞ Une excursion pittoresque, à 20 minutes de Pont-des-Eaux, est celle de la cascade de *Saliens*, qui glisse de 10 mètres de haut sur des gradins de lave, dans un cirque de rochers. Non loin de cette chute, *Nébouzat* (D.) ; à dr. de Nébouzat, *Auriéres* (D.).
Continuant la route, on trouve à g. *Saint-Bonnet près Orcival* (D.), à g., *Villejacques* (D.), à 21 kil. Dans la vallée, on aperçoit le château féodal de *Voissieux* (D.).

☞ Après Villejacques, on aperçoit à g., une route qui va à *Orcival* (excursion très recommandée) (D.), et, de là, à la *Roche Sanadoire* (D.), le lac de Guéry, le Mont-Dore. (V. page 94.)
En sortant de Villejacques, la route laisse voir à g. le château de *Paulagnat* (D.) ; le beau parc et le château de *Cordès* (D.). (Il faut absolument visiter Cordès qui est sur le bord de la route.) On monte à *Saint-Martin-de-Tours* (D.) ; on descend à *Rochefort* (D.) à 29 kil. La route monte de nouveau et descend. A dr. *Perpezat* (D.). On remonte. Splendide horizon de montagnes.

☞ A dr., route d'Herment (D.) peu recommandée, triste, par Tortebesse (D.).
On arrive, à 38 kil. à *Laqueuille* (D.). En bas de ce village, la route se bifurque : à g., route de Mauriac qui amène [embranchements passant à *Murat-le-Quaire* (D.) ou à *Saint-Sauves* (D.)] à la Bourboule et au Mont-Dore. A dr., on traverse le chemin de fer ; on passe au pont du Fraisse ; on monte une côte ; on aperçoit, à dr., la butte de *Préchonnel* (D.) ; on arrive (à 51 kil.) à *Bourg-Lastic* (D.). Un peu avant, à dr., route pour *Herment* (D.) qui est à 19 kil. De Bourg-Lastic. On va à Eygurande (Corrèze), où l'on trouve la voie ferrée de Tulle avec l'embranchement (chemin de fer) de Montluçon et Paris. D'Eygurande, la route va à Ussel et Tulle.

Bifurcation A. De Laqueuille a la Bourboule et au Mont-Dore. — Dans la saison thermale, les voyageurs trouvent, aux arrivées des trains, à la gare de Laqueuille, des voitures correspondances et des voitures à volonté pour la Bourboule, le Mont-Dore. Ils n'ont pas à se préoccuper de leurs bagages, s'ils ont eu le soin de prendre leurs billets, directement pour les stations thermales.
En quittant soit le village de Laqueuille (D.), (en supposant qu'on arrive en voiture de Rochefort), soit la gare de Laqueuille (si on

vient en chemin de fer), on passe par *Saint-Sauves* (D.) à 45 kil. de Clermont; on tourne à g. La Bourboule est à 5 kil. de Saint-Sauves; on y arrive par une vallée magnifique et très pittoresque. De la Bourboule au *Mont-Dore*, 7 kil.

☞ Une autre route tourne à g., avant d'arriver à Saint-Sauves (D.), passe à *Murat-le-Quaire* (D.), descend dans une côte d'où la vallée du Mont-Dore se présente très imposante. A dr., route de la Bourboule. En continuant tout droit, route qui mène au Mont-Dore.

Bifurcation 29. De Saint-Sauves a Tauves, Bort, Mauriac. — En quittant Saint-Sauves, on prend à dr. la côte de Méjanesse (D.). En haut, à g., route de *Latour-d'Auvergne*, (D.); mais à dr. route de *Tauves* (D.), à 54 kil. de Clermont. De là, on va à Bort et à Mauriac.

Itinéraire 9. De Clermont-Ferrand a Aubusson. — On peut suivre deux voies : 1° le chemin de fer de Clermont à Pontgibaud. On trouve au train du matin, à 7 heures, la correspondance pour Aubusson. 2° De Clermont à Aubusson, route de poste (que nous allons décrire), 91 kil. Excursion peu connue, intéressante.

Voici l'excursion par la route nationale : De Clermont à la Baraque 6 kil. et demi. A la Baraque (D.) on laisse à g. la route du Mont-Dore, d'Aurillac, de Tulle, à 796 mèt. d'altit. On passe à la *fontaine du Berger*; à côté, pendant l'été, se trouve le campement pour le *tir d'artillerie* dans la montagne, (il faut voir ces expériences de tir). On traverse les monts Dômes au col des Goules (959 mèt. d'altit.). On descend dans le passage des Goules, bordé de hautes pierres pour tracer le chemin, par temps d'abondante neige. A g. on laisse la route qui va, d'abord, à la Mouze, puis à *Herment* (D.), ensuite Giat; plus loin, à g. aussi, le château féodal, habité, des Roches (D.) et, à 22 kil., *Pontgibaud* (D.) où l'on trouve le chemin de fer qui va à g. à Ussel, Tulle, Limoges etc.; à dr. à Clermont-Ferrand.

☞ Aux environs de Pontgibaud, à dr., à 12 ou 13 kil. en suivant un chemin sur le bord de la Sioule, ruines de la *Chartreuse du Port Sainte-Marie* (D.); à g. le château de *Tournebise* (D.), l'ancien camp des *Chazaloux*, au S.-E., dans la Cheyre (v. au *Dictionnaire Pontgibaud*, pour ce camp curieux), à 1 h. et demie de marche (aller et retour).

La route, en sortant de Pontgibaud, monte à *Bromont-Lamothe* (D.), à 25 kil. de Clermont. On passe sur des hauteurs et l'on arrive à la Goutelle, d'où l'on descend à *Pontaumur* (D.) à 44 kil.

☞ De Pontaumur à *Herment* (D.) 21 kil., chemin de grande communication. On arrive aux pieds du monticule de *Chalus* (D.) puis à *Combrailles* (D.); on passe, ensuite, aux pieds du monticule du *Puy-Saint-Gulmier* (D.), à *Sauvagnat* (D.), et Herment (D.) — De Pontaumur à Saint-Gervais (route au N.-E., 27 kil.) par *Saint-Priest-des-Champs* (D.); à dr. de cette route, *Miremont* (D.) avec le beau château féodal moderne de *la Rochette* (D.) — De Pontaumur, autre route pour le *Montel-de-Gelat* (D.) à 12 kil., et 27 kil, *Auzances* chef-lieu de canton, petite ville de la Creuse (où l'on trouve le chemin de fer de droite qui va à Paris ; la voie ferrée va, à g. à Eygurande, puis à Tulle ou Bort.

La route, en quittant Pontaumur, laisse à g. *Condat* (D.) 57 kil. *Saint-Avit* (D.) A g. le château de *Valanges* (D.); plus au delà, à g. le château de *Châteaubrun* (D.). Après Saint-Avit, on laisse à g. la route pour Crocq (Creuse) et l'on passe du département du Puy-de-Dôme dans la Creuse. d'où, à 91 kil., on trouve *Aubusson*, chef-lieu d'arrondissement, célèbre par ses manufactures de tapis.

☞ de Saint-Avit, route pour *Giat* (D.) par *Tix* (D.) Le chemin de fer d'Eygurande à Montluçon passe, également, non loin des limites du département, sur le territoire de celui de la Creuse.

Itinéraire 10. DE CLERMONT-FERRAND AU MONT-DORE.

1° Par le chemin de fer de Clermont-Tulle (voir p. 165). — Route la plus expéditive et la moins fatiguante ;

2° Par Beaumont, Theix, Randanne, le lac Guéry.
— Route de voitures. 43 kil. Un landau ou une calèche doivent coûter 50 fr., de Clermont-Ferrand au Mont-Dore.

On passe à *Beaumont* (D.), puis à *Ceyrat*. (6 kil.), à g. de Ceyrat, splendides ruines féodales de *Montrognon* (D.), à *Saulzet-le-Chaud* (11 kil.) (D.); Theix (14 kil.) (D.). Sur la hauteur, à dr., *Saint-Genès-Champanelle* (D.).

☞ A dr. de Theix, une route vient de Clermont. Elle passe, en sortant de Clermont, à *Royat* ; monte la côte de Gravenoire; arrive à *Theddes* (D.), à 9 kil. ; à *Pardon* (D.), à 11 kil. Enfin, l'on passe devant le château de *Randanne* (D.). On arrive aux auberges de Randanne.

De Theix, la route monte à Fontfreyde (15 kil.) (D.). On aperçoit à dr., le magnifique puy volcanique de la Vache. (V. la gravure au mot *Randanne* du *Dictionnaire*). On entre dans un petit tunnel, taillé dans la pierre et intéressant. Après avoir monté la côte, on trouve à g. une bifurcation.

☞ La bifurcation de g. descend et va (1 kil.) à *Verneuge* et, de là, au *lac d'Aydat* (V. D. le mot *Aydat*) en 15 minutes. (Il faut le visiter). — Pour aller à *Cournol* (D.), il faut continuer la route qui descend à Saint-Amant-Tallende jusqu'à *Ponteix* (D.); là on aperçoit à g. les ruines féodales de *Montredon* (D.) et, à dr. *Cournol*, à 3 kil. où l'on voit une rare et magnifique *allée couverte* celtique, longue de 10 mèt., large de 3, haute de 2. On y a trouvé des haches en pierre et une hache en bronze. *Olloix* (D.) est à 3 kil. au S. de Cournol. Il y a 2 pierres branlantes, traces de voie romaine, croix du Moyen-Age (croix de Cézeyre). On doit revenir à Randanne ou bien, en continuant la route à Ponteix, on descend à *Saint-Saturnin* (D.) *Saint-Amant-Tallendes* (D.) La bifurcation de dr., du haut de la côte de la Cassière, mène aux auberges de *Randanne* (relais). On aperçoit, à dr., le *château de Randanne* (D.) On rejoint la route qui va à Nebouzat, Olby, la Miouse à dr. On voit *Aurières* (D.) et son clocher à g. On prend la route de g. On passe près de divers puys volcaniques (le puy de la Taupe 1086 mèt. et le puy de l'Enfer). Celui-ci à un petit lac près de son sommet (999 mèt. d'alt.) dit *Narse d'Espinasse*. A 25 kil. *Espinasse*, hameau avec des auberges; à g. *Saulzet-le-Froid* (D.) Plus loin, l'auberge de *Servières* (D.) On monte. Dans la vallée, à dr., *Orcival* (D.) On passe près de la *Roche-Sanadoire* (D.) qu'on laisse, à dr. et de la Roche Tuilière; au lac Guéry. (Il y a, là, une auberge). Plus loin, la route de *Murol* (D.) et *Saint-Nectaire* (D.) à g. On entre dans une superbe vallée, bordée de hêtres, de sapins, dans les bois de la Chaneau; à dr., le puy Gros (1482 mèt). On arrive au Mont-Dore que l'on aperçoit dans la vallée. Le spectacle est majestueux.

3. Par la Baraque, Laschamps, Randanne.

On monte la côte de la *Baraque* (D.) On passe à la *Font-de-l'Arbre* (8 kil.), où l'on aperçoit les ruines féodales du château de *Montrodeix* (D.) On prend à g. la route de *Laschamps* (à dr. la route va à Rochefort) (D.) On voit *Saint-Genès Champanelle* à g. (D.) à 6 kil. à g., également, *Beaune* (D.) On passe devant les puys volcaniques de la chaîne des Monts-Dôme et, notamment, le puy de la Vache (1170 mèt. d'alt.) [Voir le mot *Randanne*, au *Dictionnaire*]. 21 kil. *Randanne* (D.) On trouve, alors, la route de Randanne au Mont-Dore (ce lieu est distant de 23 kil.)

4. Par Coudes ou par Issoire.

Chemin de fer jusqu'à Coudes; et, de Coudes, en voiture par Saint-Nectaire, Murol, Diane. Ou bien : chemin de fer jusqu'à Issoire, et, d'Issoire, en voiture par Champeix, Saint-Nectaire, Murol, Diane. Ce chemin est très pittoresque, mais un peu long.

Itinéraire 11. De Clermont-Ferrand a Issoire et Brassac. — Chemin de fer, 54 kil. Excursion fort pittoresque.

On passe à *Sarlièves*, station (D), à 8 kil. *Le Cendre* (D.) station, 2 kil. On laisse, à gauche, du Cendre, *Gondole* (D.) où l'on croit que César a établi son camp pendant le siège de Gergovia. Les *Martres-de-Veyre*, station (D.), 5 kil. *Veyre* (D.) est à 2 kil. et demi sur la droite; c'est le chef-lieu de canton; *Monton* (D.), gros village, est bâti en amphithéâtre sur le puy de Monton (585 mèt.) à dr. de la route; surmonté, depuis 1869, d'une Vierge colossale en pierre (21 mèt. de haut) œuvre de Belloc, artiste nantais. A l'extrémité de Monton, des habitations sont creusées, anciennement, dans la montagne. Au S.-E. de Veyre, le puy de *Corent* (D.)

☞ De Veyre à Saint-Amant-Tallende (D.) et Saint-Saturnin. (D.), par un chemin vicinal. A dr., la grand'route et le chemin vicinal conduisent (5 kil.), au sud, à *la Sauvetat* (D.), excursion recommandée; à 7 kil. ensuite, à Plauzat (D.) Avant de prendre le chemin vicinal pour la Sauvetat, on peut continuer par la grand'route; à dr. Authezat (D.), et, plus loin, la tour de *Montpeyroux* (D.); de Montpeyroux, on peut descendre, par la même route, à la station de *Coudes* (D.)

Après avoir passé les Martres, à g. plateau de Saint-Martial avec chapelle (en ruines) à ce saint; aux pieds, des eaux thermales ferrugineuses; la principale source est celle du *Tambour*, nommée ainsi parceque le gaz acide carbonique, produit, en sortant, un bruit comme le tambour (sources inexploitées). On voit, ensuite, le puy de Saint-Romain, aux pieds *Saint-Maurice* (D.); au bas de la montagne, près d'une chapelle de *Sainte-Marguerite* et dans le lit de l'Allier, se trouve le petit *établissement thermal de Sainte-Marguerite* (Page 140). On arrive, ensuite, à la station de *Vic-le-comte* (à 3 kil. des Martres). Vic-le-comte (D.) est éloigné de 4 à 5 kil. (Chef-lieu de canton intéressant.)

☞ Voir aux environs de Vic-le-comte : 1º (à 5 kil. au N.) les ruines féodales de Busseol (D.); 2º (à 3 kil. au S.) les belles et importantes ruines féodales de *Buron* (D.), à 300 mèt. au dessus de l'Allier. — De Vic-le-comte, une route de voitures même à Latour-d'Auvergne et à Tauves, par Besse (fort pittoresque). Elle passe à *Coudes* (D.), *Neschers* (D.), *Champeix* (D.); arrivé à Champeix, on prend la grand'route qui va à *Saint-Dierry* (D.), à *Besse* (39 kil. de Vic-le-comte) (D.); de là, à *Picherande* (D.); *Latour-d'Auvergne*

(D.), à 63 kil. de Vic-le-comte et, enfin, par la petite route de g. (après avoir dépassé *Saint-Pardoux*), à Tauves (D.), 76 kil. de Vic-le-comte. C'est une grande excursion.

On passe, après Vic-le-Comte, à Coudes, station (7 kil.) (D.).

☞ De Coudes, on se rend en voiture aux eaux thermales de Saint-Nectaire (25 kil.), par Champeix, (8 kil.) Montaigut-le-Blanc. Il y a, aussi, une route de Coudes à Vic-le-comte (4 kil.) A 3 kil. et demi de Coudes, vallon où l'on voyait l'abbaye cistercienne *du Bouchet* ou de Vauluisant (D.); sur la g. de l'Allier, *Sauvagnat* (D.); la tour en ruines et le village de *Saint-Yvoine* (D.). Au S. de Saint-Yvoine, le hameau de la Ribeyre; plus au S. encore, le plateau de *Cros-Rolland*, où les troupes royalistes battirent les Ligueurs commandés par le comte de Randan (1590); plus loin, à dr., la tour féodale de *Boulade*, qui servait pour le péage sur l'Allier.

Issoire, station, à 35 kil. de Clermont (D.) Buffet. En sortant d'Issoire, on aperçoit, sur la g. le château de *La Grangefort* sur un monticule (D.); à dr., *Le Broc* (D.); à g., le château de *Beaurecueil* (D.) Le *Breuil*, station (44 kil.) (D.) En face du Breuil, à g., on aperçoit le monticule de *Nonette* (D.) et les ruines de son château féodal. *Le Saut-du-Loup*, station, hameau. A dr. (1500 mèt.) *Beaulieu* (D.), où l'on voit les ruines de 2 châteaux féodaux. A g., un pont suspendu sur l'Allier. On passe à dr. aux mines de charbon de *la Combelle* (D.) les plus importantes de la vallée de l'Allier; à dr., aussi, *Auzat-sur-Allier* (D.) avec ruines féodales de son château.

☞ A 4 kil. N. d'Auzat, *Mailhat* (D.), avec curieuse église.

A g., *Jumeaux*, chef-lieu. de canton (D.), A 54 kil. de Clermont, *Brassac-les-Mines* (D.), station, bassin houiller exploité par 4 compagnies avec 1200 à 1500 ouvriers. Il produit 160,000 tonnes par an. Un puits de ces mines a 325 mètres. A dr. de Brassac, *Charbonniers* (D.) à 4 kil. mines de houille, tumulus, antiquités romaines découvertes. Le chemin de fer passe du Puy-de-Dôme dans la Haute-Loire, en dehors de notre cadre.

Bifurcation A. Du Cendre a Billom. — De Clermont-Ferrand au Cendre, chemin de fer (V. page 171). Ensuite, du Cendre, route de voitures. *Correspondance* pour Billom qui est à 14 kil.

On laisse, à dr., le château de *Ribeyre*; plus loin, à g. *Cournon* (D.). On traverse l'Allier sur un pont suspendu. A 4 kil. Perignat-ès-Allier (D.) à dr., à 2 kil., *Saint-Georges-ès-Allier* (D.), où il faut aller visiter la curieuse porte de l'église (du x.iie siècle); ensuite, Billom (D).

— **Bifurcation B.** Du Cendre a Saint-Amant-Tallende et

SAINT-SATURNIN. — De Clermont-Ferrand au Cendre, chemin de fer (V. p. 171). Au Cendre, on trouve un *omnibus* pour *Saint-Amant-Tallende* (à 10 kil.) (D.), et, de Saint-Amant, on va, facilement, à *Saint-Saturnin* (D.) voir la belle église et le château féodal conservé.

Bifurcation C. DE COUDES, A SAINT-NECTAIRE, MUROL ET LE MONT-DORE. — Chemin de fer de Clermont-Ferrand à Coudes (Voir p. 171) 24 kil. 1/2. On trouve, à Coudes, à 7 h. du matin, pour Saint-Nectaire ; 1° un omnibus pour Saint-Nectaire-Bas correspondant avec le train ; 2° des voitures (Hôtel Saint-Pierre) ; 3° à 7 h. du matin, l'omnibus de l'établissement du Mont-Cornadore (3 fr.). De Coudes à Saint-Nectaire, 2 heures. A la station de Coudes, on trouve, à la même heure, une diligence pour Besse. On laisse Coudes (D.). Après 3 kil., on voit le château de *Lavaur* (D.), *Chadeleuf* (D.), tous deux sur la g. On arrive à Neschers (5 kil.) (D.); ensuite, à *Champeix*, 13 kil. (D.), à *Montaigut-le-Blanc*, 15 kil. (D); plus loin, à dr. la tour féodale de Mont-Rognon, bien conservée (qui servait d'observatoire); du même côté, *Grandeyrol* (D.); *Verrières*, à dr. (D.), *Saillans*, à g.; enfin, à 25 kil. Saint-Nectaire. De Saint-Nectaire, au Mont-Dore, par Murol, on consultera l'itinéraire que nous donnons ci-après *(Bifurcation D. d'Issoire à Saint-Nectaire Murol et le Mont-Dore).*

Bifurcation D. D'ISSOIRE AU MONT-DORE (par Murol). — Route de voitures, 31 kil. Il faut louer un landau, à Issoire. Excursion magnifique à faire, soit du Mont-Dore, soit d'Issoire.

On passe dans la vallée de la Couze. A g., le puy de *Solignat* (D.) élevé de 858 mèt.; à 5 kil. Perrier (D.), avec diverses grottes habitées; à l'O. de Perrier, rocher pyramidal avec la tour féodale de *Maurifolet* (D.); plus loin, à dr. *Pardines* (D.), à g. *Meilhaud* (D.), l'important château féodal de *Saint-Cirgues* (D.), *Chidrac* (D.), *Saint-Vincent* (D.), près de Saint-Cirgues. On arrive à *Champeix* (D.)

☞ De *Champeix*, on peut aller par une route, à *Olloix* (9 kil.) (D.), en passant près d'un menhir en grès (4 mèt. de haut) et à *Ludesse*, 3 kil. (D.) où se trouvent 2 pierres branlantes.

De Champeix à *Montaigut-le-Blanc*, 3 kil. (D.) Il faut y visiter, les ruines féodales d'un important château et une église romane. (734 mèt. d'alt.); dolmen à 3 kil. du village. En avançant plus loin, à dr., sur des rochers, la tour féodale bien conservée, de Mont-Rognon; à dr., un chemin mène, à dr., à *Grandeyrol* 1 kil. (D.); à g., Verrières, où l'on visite la curieuse *Roche-longue*, le pont romain (D.); ensuite, à 24 kil. d'Issoire, *Sdillans*, magnifique cascade, de 7 mèt. de haut, formée par la Couze (D.), *Saint-Nectaire*, avec ses établissements thermaux, sa magnifique église romane (D.); *Sachapt* (D.) 9 kil. de Saint-Nectaire. Murol (34 kil. d'Issoire), avec son merveilleux château féodal, en ruines (D.), sur un cône basaltique de 929 mèt. d'altitude.

☞ On peut de Murol faire une belle excursion au sommet du Tartaret, au lac de Chambon, à la chapelle sépulcrale du village de Chambon (D.), à la vallée de Chaudefour.

On monte, ensuite; on laisse, à g., au dessous, le hameau de *Diane* à 1,300 mèt. d'altitude (D.) Arrivé au point culminant du col (vue splendide; on passe entre le puy de la Tache et celui de la croix Morand (à dr.) et l'on rejoint la route de Clermont au Mont-Dore, par Randanne (4 kil. de ce point au Mont-Dore).

Bifurcation E. D'ISSOIRE A BESSE, A LATOUR-D'AUVERGNE ET LE MONT-DORE. — Grande excursion; mais très pittoresque. Il faut louer une voiture à Issoire.

D'Issoire à Champeix (V. précédemment p. 173). De Champeix à la bifurcation de la route de Saint-Nectaire, à Montaigut-le-Blanc (V. précédemment p. 173). Après Montaigut-le-Blanc, on passe par une côte rapide, (4 kil.); à g. château et village de *Clemensat* (D.) On voit, ensuite, à g., *Creste*, avec ses ruines féodales, (D.) 27 kil. *Saint-Dierry*, sur la g., avec château féodal habité (D.) : A g., on aperçoit le château de *Coteuge* (D.), *Saint-Pierre-Colamine* (D.), où il y a un dolmen; les grottes très-curieuses de *Jonas* (D.), 39 kil. Besse (D.). De Besse, à la bifurcation de la route de Bort, entre Picherande et Saint-Donat, 18 kil. On laisse à dr., sur un monticule, la chapelle de Notre-Dame de Vassivières (D.) qu'il faut voir en passant; à g. à une petite distance, le *lac Parin*, merveille de la France (V. p. 115) que l'on doit, absolument, visiter. On va à Picherande (D.); on laisse à dr. *Chastreix* (D.), et l'on arrive à *Latour-d'Auvergne* (D.) A partir de Latour-d'Auvergne, il y a 2 routes, fort pittoresques l'un et l'autre, pour le Mont-Dore, 1° la route qui descend à Saint-Sauves, puis la Bourboule, le Mont-Dore (plus longue); 2° la route de Latour par les plateaux et les bois de pins (que je conseille; plus courte).

Bifurcation F. D'ISSOIRE A AMBERT (par Sugères). — En voiture, 57 kilomètres.

On passe un pont sur l'Allier, à 3 kil. d'Issoire. *Orbeil* (D.) 3 kil. 1/2. *Chauffour* 4 kil. 1/2; à g., le château féodal (en ruines) d'*Ibois* (D.); *Flat* (D.) 6 kil.; *Aulhat* 7 kil. (D.). 8 kil. 1/2, à g., route à Saint-Babel (3 kil. 1/2) (D.) ; à dr. (4 kil. 1/2) à *Sauxillanges* (D.). Suivant tout droit, on arrive (à 12 kil.) à *Manglieu* (D.). 17 kil. *Sugères* (D.); plus loin, à dr. *Brousse* (D.); plus loin, encore, à g., les ruines féodales de *Montboissier* (D.) (un chemin de 4 kil. y conduit). 23 kil. à dr., *Auzelles* (D.); 31 kil. (25 kil. 1/2 d'Ambert) carrefour ; on suit la route de droite qui va à *Saint-Amant-Roche-Savine* (D.), puis Ambert (D.).

Bifurcation G. D'ISSOIRE A AMBERT (par Sauxillanges). — Route de voitures. 52 kilomètres. Excursion recommandée ; préférable à la précédente.

D'Issoire à *Parentignat* 4 kil. (D.); sur la dr. et sur la hauteur, le château féodal moderne, habité, de *La Grangefort* (D.). 5 kil., *Varennes* (D.). On fait le tour de la butte d'*Usson* (D.), qu'il faut visiter, où il y a les ruines du château féodal, un *Musée* privé, créé par feu M. le vicomte Victor de Matharel (mort en 1885). 12 kil. *Sauxillanges* (D.). En sortant de Sauxillanges, en face de *Saint-Quentin* et de son manoir féodal, on prend la route qui va à *Condat* (D.), à 24 kil., en apercevant *Egliseneuve des Liards* (D.) à 2 kil. à g., où il y a une église romane avec beau clocher du xve siècle. De Condat, on va à *Echandelys* (D.), à 24 kil. ; puis à *Saint-Eloi* (D.), à 32 kil. Ensuite, on arrive (à 36 kil.) à une bifurcation ; on tourne à g. ; on arrive à *Saint-Amant-Roche-Savine* (D.) qu'on laisse à g.; là, à 40 kil., on trouve la route de Billom à Ambert (V. précédemment, p. 164, itinéraire 7).

Bifurcation H. D'ISSOIRE A ARLANC (par Saint-Germain-l'Herm). — Route de voitures. 47 kilomètres. On trouve, à Issoire, une voiture-correspondance pour Saint-Germain-l'Herm. Elle part le matin à 7 heures 1/2. Cette correspondance va aussi de Saint-Germain-l'Herm à Arlanc.

On sort d'Issoire et l'on passe l'Allier sur un pont suspendu (droit de passage 0 fr. 05 par personne). A 2 kil., on voit à g., la tour féodale de *Boulade* (qui servait pour les péages sur l'Allier), les curieux terrains ravinés par les eaux et qui prennent des formes architecturales. 4 kil. *Parentignat* (D.); à dr., sur un monticule, le beau château moderne (genre féodal) de *La Grangefort* (D.); on laisse, à g., la butte d'Usson ; à dr. *Les Pradeaux* (D.); sur la rive droite du ruisseau de L'Eau mère, se trouve le village de *Chargnat*, qui était, au moyen-âge, une ville (D.). 7 kil., *Saint-Rémy-de-Chargnat* (D.). Plus loin, à dr., chemin qui va à *Auzat-sur-l'Allier* (D.) (6 kil.), par *Bansat* (D.); *La Monlgie* (D.), *Mailhat* (D.). On gravit des côtes. 20 kil., le *Vernet-la-Varenne* (D.). Au N., à côté du bourg, le château féodal de *Montfort* (D.).

☞ Au N.-E. de Vernet-la-Varenne, le curieux château féodal de *Chaméane* (D.) (il faut une demi-heure en voiture pour s'y rendre; une heure à pied).

En quittant le Vernet, on monte de fortes côtes, et, à 28 kil., *Saint-Germain-l'Herm* (D.), perché sur éminence.

☞ Dans les alentours de Saint-Germain-l'Herm, à 6 kil., les ruines du château de *la Fayette* (D.); à 4 kil. au N.-O. *Fangonnet* (D.) où naquit, dit-on, le célèbre calviniste Anne du Bourg.

En quittant Saint-Germain-l'Herm, on trouve 2 routes : à dr. celle qui va à la Chaise-Dieu (Haute-Loire), à 23 kilomètres de Saint-Germain-l'Herm, où l'on voit la belle église abbatiale et les ruines de l'abbaye (excursion un peu longue) et, à g., un chemin vicinal qui décrit de grands lacets dans les montagnes, laisse à dr. *Saint-Bonnet-le-Bourg* (D.); passe (à 9 kil.) à *Saint-Bonnet-le-Chastel* (D.), laisse encore à dr. *Novacelles* (D.), puis, à g., un chemin vicinal ; la route se dirige tout droit et l'on descend à *Arlanc* (D.) (à 17 kil. d'Issoire).

☞ D'Arlanc, une magnifique route, toute droite, dans la vallée, mène à *Marsac* (D.), puis à *Ambert* (D.) où l'on trouve le chemin de fer pour Thiers, Clermont-Ferrand, etc.

Bifurcation I. Du Breuil a Ardes (par Saint-Germain-Lambron). — Voiture de correspondance. 14 kilomètres. La correspondance pour Ardes part, le matin, à 7 h. 45 et, le soir, à 2 h. 30. Omnibus pour Saint-Germain-Lambron.

On passe, à 2 kil. 1/2, à *Saint-Germain-Lambron* (D.).

☞ A 3 kil. au N.-O. de Saint-Germain-Lambron, les ruines du château féodal de *Chalus* (D.); plus loin, dans cette direction, au N.-O. le curieux château, conservé et habité, de *Villeneuve* (D.) (excursion très recommandée aux archéologues); plus loin encore, même direction, *Vodable* (D.), ancienne capitale du Dauphiné d'Auvergne.

La route continue entre le château de *Couzance* (D.), à dr. et *Collanges* (D.), à g. Ce dernier est situé sur le versant septentrional de la montagne basaltique de *Montcelet* (D.) où il y a les belles ruines d'un château féodal. Sur le versant occidental de Montcelet, *Saint-Gervazy* (D.); près de là, au hameau d'Unsac, on voit la *grotte des Fées* (grotte druidique) (aujourd'hui découverte), formée de 8 pierres et longue de 4 mètres. *Madriat* (D.), à dr. de la route. On monte à *Ardes* (D.).

MAISON OÙ NAQUIT BLAISE PASCAL, EN 1623
(à Clermont-Ferrand, passage Vernines ; telle qu'elle était en 1834)

DICTIONNAIRE HISTORIQUE
ET ARCHÉOLOGIQUE
(PUY-DE-DOME)

Nota-Bene. J'ai publié un *Dictionnaire historique du Puy-de-Dôme*, gr. in-4°, de 380 pages : Il donne l'histoire de plus de 3,000 localités de ce département. Malheureusement, ce beau et important volume est cher et fort rare ; mais on peut le consulter à la Bibliothèque de Clermont-Ferrand.

Abréviations. (Ar.) veut dire chef-lieu d'arrondissement ; (Cant.) veut dire chef-lieu de canton ; (Com.) veut dire chef-lieu de commune.

Aigueperse. (Cant.). *(Aquæ sparsæ).* Ancienne capitale du duché de Montpensier. Églises : 1° Notre-Dame ou du Saint-Sépulcre. Mon. hist. classé ; remarquable ; chœur et transept du xiii° siècle ; tour du clocher élevée vers 1306. Cette église s'écroula (1727) ; rebâtie en 1734. Passion sculptée sur bois (xv° s.) ; 2 tableaux des peintres italiens Andrea Mantegna et B. Ghirlandajo. Au transept, curieuse chapelle du xv° s., élevée, en 1416, par Pierre de Nesson, officier du duc de Berry (charmante porte). 2° *Sainte-Chapelle.* Mon. hist. classé ; bâtie (1475) par Louis de Bourbon, comte de Montpensier ; 2 beaux ventaux de porte et 2 statues de marbre : 1° celle de Saint-Louis (xv° siècle), (portant par erreur le collier de Saint-Michel) et 2° celle de la reine Blanche, sous les traits de la Vierge. Cette chapelle fut érigée en collégiale (1475). Le

PORTE DE LA SAINTE-CHAPELLE
(Aigueperse)

fondateur y fut enterré (1486), ainsi que ses fils Gilbert (1501) et Louis (1501). Prises de la ville : En 1370, par Bernard de Ventadour, comte de Montpensier; en 1500, par Charles de Valois, comte d'Auvergne; en 1591, par le duc de Nemours. Le comte d'Auvergne reprit la ville (1592) et la taxa à 3,660 livres. Celle-ci dans l'impossibilité d'y satisfaire, il fit arrêter 8 bourgeois des plus aisés qui furent vendus à des marchands. Le roi Louis XI a passé à Aigueperse (1465); Charles VIII, en 1490; Charles IX, en 1566. En sortant, vieille habitation ornée de 3 ogives. La tradition dit que c'est la maison où naquit le chancelier de l'Hospital). *Biographie : Pierre de Nesson*, poète, (1415);

LE MARÉCHAL DE MARILLAC   LE CHANCELIER DE L'HOSPITAL

Michel de l'Hospital, chancelier de France, né, dit-on, à Aigueperse, en 1503 ou 1504; *Louis de Marillac*, maréchal de France, décapité, en 1632, né à Aigueperse.

☞ A l'O. d'Aigueperse, sur la hauteur, le château féodal de *la Roche*, où l'on dit aussi que naquit, en 1503 ou 1504, le chancelier de l'Hospital.

Allagnat (Com.). *L'église*. Vestiges romans, dans le chœur. *Château féodal*, conservé; (habité par M. Culhat de Chamond).

Ambert 7,625 habit. (Ar.). Ancienne capitale de Livradois. Etymologie : 2 mots celtiques; *Am*, autour, *Bert*, montagne. *Église paroissiale* : Longueur 41 mèt. Mon. hist. classé. En style fleuri, ogival. (Une fois achevée, sera la 2ᵉ du département par sa perfection). 32 colonnes, à l'intérieur, de 60 pieds de haut, 8 chapelles de chaque côté. Commencée, en 1471; terminée en 1518, d'après 2 inscriptions en gothique, sur le trumeau de la porte du midi; une 3e, sur le mur.

Le clocher, (forme carrée) est très beau; achevé en 1550. Au sud de l'église, portail greco-romain de la chapelle des pénitents. Ville prise, en 1577, par le célèbre huguenot Merle; en 1591, pendant la

ÉGLISE D'AMBERT

Ligue, par le capitaine Basset; en 1592, par le duc de Nemours. Le célèbre chef de contrebandiers, Louis Mandrin y arriva, (12 octobre 1754), à la tête de 120 hommes. Après avoir obligé M. Lussigny, entreposeur du bureau de tabac, à lui compter 1,000 écus, il se retira. Charte de commune, (1239). Agrégée (1588) aux 13 anciennes villes de la Basse-Auvergne. Peste en 1606, 1631. Le *château* : Quartier de la Confrérie. (rue du Château); placé sur une mothe; démoli depuis longtemps. Terre avec le titre de baronnie. Ville fortifiée (xiiie siècle). On refit l'enceinte (en 1439-1463). 3 portes. En 1762, on détruisit les remparts; on traça des boulevards sur les fossés. En 1762, construction du pont sur la Dore pour le chemin royal de Clermont. *Commerce, Industrie.* Fort importants, jadis, pour le lin, le chanvre, les pièces de jarretière à la fougère, les rubans, les camelots, le fil bleu, les dentelles de fil (façon de Flandres et d'Angleterre). On exportait, d'Ambert, le plus beau et le meilleur papier d'Europe. La première édition de Molière fut imprimée sur du papier d'Ambert. L'Espagne, le Portugal, les îles d'Amérique commerçaient avec Ambert. *Biographie : Jean des Moulins*, né en

ANDRÉ IMBERDIS   L'ABBÉ GRIVEL

1510, célèbre médecin ; *André Imberdis,* né en 1810, mort en 1876, magistrat, littérateur savant (auteur de l'*Histoire des guerres religieuses en Auvergne*) : *Pierre Madur*, savant jésuite († en 1611); *Thomas Madur*, jésuite, théologien (1662) ; *Michel Rolle*, († en 1719) célèbre algébriste ; *Jean Micolon*, (1657-1693) mathématicien ; l'abbé *J. Micolon de Blanval*, érudit (1730-1790) ; *C. M. Micolon du Bourgnon*, maréchal-de-camp, mort en 1819; l'abbé *Th. Imarigeon du Vernet*, mort en 1796, auteur, en relation avec Voltaire ; *A. Saurade*, religieux minime (1728-1772), mathématicien distingué ; *Vimal-Flouval*, député aux États généraux (1789); *l'abbé Grivel*, (1800-1866), bon prédicateur, auteur d'un excellent ouvrage sur Ambert *(Chroniques du Livradois)*; le conventionnel *Maignet* (1758-1834).

Ardes. Ville (CANT.). 1,400 habit. *Radiatum* (911). *Eglise.* Du xiii⁰ siècle ; maître autel de 1634. Chapelle de la Recluse (existante). Dans le cimetière, joignant l'église, belle croix (xvᵉ siècle). Couvent de Récollets jusqu'en 1789 (les bâtiments existent). La paroisse a pour patrons Saint-Dizaint et Saint-Adrier. Saint-Dizaint fut l'un des premiers évêques de Saintes. On croit que son corps fut porté à Ardes par le prêtre Adrier, à l'époque des ravages des Normands (xᵉ siècle). En 1577, l'élection d'Issoire transférée à Ardes (supprimée en 1648). Prévôté établie à Ardes, en 1781. *Château.* Démoli en 1633, qualifié *palais*; flanqué de grosses tours ; au midi, porte double, ferrée, solide (il reste des bases de tours). Ville jadis fortifiée ; agrégée (1588), aux treize anciennes de la Basse-Auvergne. En 1338, charte de privilèges. *Biographie : Julien Date*, musicien de la reine Margot, à Usson (1600) ; *Et. Luzuy*, jésuite savant (1567-1640).

Arlanc. Ville. (CANT.). On a, toujours, distingué le bourg et la ville. Atelier de monnaie (époque mérovingienne) *Eglise du Bourg* : De transition ; fondée par Hugues Maurice de Montboissier, dit le Décousu (920) La paroisse a, parmi ses 2 patrons, Saint-Mary, né dit-on, au lieu de Champeyre, près d'Arlanc, martyrisé au bourg d'Arlanc. *L'église de la ville* : bâtie en 1558. En 1754, le célèbre Mandrin passa à Arlanc. En 1563, les Huguenots prirent ce lieu. En 1589, il était fortifié (quelques restes de l'enceinte). Ville agrégée aux 13 anciennes de la Basse-Auvergne (1588). On y faisait, jadis, beaucoup de dentelles noires ; ce commerce y fleurit encore. Le *château féodal* : vendu nationalement ; démoli pendant la Révolution. *Biographie : F. Bonnefoy*, (1599-1678), jésuite, auteur : l'abbé *P. Boyer*, (1677-1755), oratorien, auteur ; *P. C. J.-B. Bracard-Veyrières* (1804-1861), professeur à l'École de droit, à Paris, député ; *T. Bracard* (1803-1869), député.

Ars (COM.) Eglise du (XIVᵉ siècle). Restes d'un aqueduc gallo-romain.

Artonne. *Vicus arthonense* (VIᵉ siècle) ; ce nom viendrait de ce qu'il y avait un autel à Jupiter tonnant *(ara tonantis)*. Dans le bas de la ville, au S.-E., cimetière gallo-romain. Saint-Martin, évêque de Tours (mort en 400) vint visiter, à Artonne, le tombeau de Sainte-Vitaline, alors en vénération ; le roi Thierry, qui venait entreprendre le siège de Clermont, campa dans des prairies au dessous du bourg (532). Atelier de monnaie (époque mérovingienne). Ville agrégée aux 13 anciennes de la Basse-Auvergne (1588). Restes des fortifications de la ville (une porte, tours à canardière). Eglise fondée au milieu du XIe siècle, réparée aux XIIIe et XIVe. Chapitre de chanoines (fondé en 1018); suprimé en 1789.

Aubiat. (Com.) Magnifique église romane reconstruite, récemment, aux frais de feu M. Martha-Becker, comte de Mons, et de M. le

CHATEAU ET ÉGLISE D'AUBIAT

comte de Bonnevie de Pogniat, son gendre. Elle a une belle sonnerie; horloge publique à 3 cadrans, etc. Il y avait, à Aubiat, le fief de Lavort avec château-fort (au S.-O.): aux de Lavort (1377), de Bonnerie (1550-1789). Sur l'emplacement de ce château, a été rebâti (XIXe siècle), le château actuel, à M. le comte de Bonnevie de Pogniat (il renferme des objets d'art, des antiquités, une précieuse bibliothèque héraldique.)

Aubière. (COM.) Etymologie : *Albiera* (lieu planté de peupliers). Près du pont et de la route de Clermont, menhir triangulaire, en basalte (? mèt. de haut). Au terroir de Lachaux, découverte d'un buste de Mercure, en pierre, de grandeur naturelle. Église du XIVe siècle ; clocher moderne. *Château féodal*, détruit ; grande forteresse avec donjon carré ; Revel en donne un beau dessin (1450). Des pluies extraordinaires inondèrent Aubière ; des maisons s'écroulèrent (1329).

Augerolles. (COM.) Église mon. hist. classé (fin du XIIe siècle). Curieuses boiseries ; l'une avec danse macabre portant :

Je vais d'un pas égal saisir les empereurs,
Les papes, les rois, maîtres et territeurs.
Ma faux se lève partout et ce sable dira
A quel jour, à quelle heure tu passeras.

Belle maison de la Renaissance. Mines de plomb aux environs (exploitées vers 1680).

Aulhat. (COM.). *Seigneurs : d'Aulhat* (1284); *de Fontanei* (1450-1618), *de Besse de la Richardie* (1618-1789).

Aurières. (COM. depuis 1874). *Aureyra* (1263). Église moderne ; a remplacé une chapelle romane. *Château fort* (détruit); au centre du village. Il avait un gros donjon octogone, entouré de fossés profonds et un pont-levis (en face de l'église). Pris par l'armée de Philippe-Auguste (1213). Rendu au Dauphin (1229) à condition qu'il serait démoli et non rebâti avant 3 ans. Fief titré baronnie. Foire renommée dite de la Saint-Barthélemy (26 août); existait dès 1803. *Biographie : Antoine Hugon* (1784-1848), habile docteur-médecin, auteur sur son art.

Authezat. (COM.). Près de la route d'Issoire, découverte (1833), d'une tête de Mercure en grès et d'une statue de Cérès (au musée de Clermont). Église du XIVe s.; tour carrée. Jadis, grand pèlerinage sous le nom de Notre-Dame. Le chef-lieu du fief d'Authezat était la tour de Chalus-lès-Bussières, (voisine).

Auzat-sur-Allier (COM.). Ruines du château féodal dit de *cocu*, au N. du bourg.

Auzelles (Com.). *Biographie* : Le P. Gaschon, missionnaire, né en 1732, mort en odeur de sainteté à Ambert (1815).

Avèze (Com.). Église, belle sonnerie ; cloche de 1511.

Ayat (Com.). Église du xvᵉ s. *Biographie* : L. C. A. comte de Beaufranchet d'Ayat (1757-1812), général, qui assista comme chef d'état-major de l'armée de Paris à l'exécution de Louis XVI ; L. C. A. Desaix (1768-1800), illustre-général, tué à Marengo.

CHATEAU DE BANSON (PRÈS DE COMBRONDE)

Aydat (Com.). Le *lac* d'Aydat, belle nappe d'eau, que le roi Charles IX visita, le 31 mars 1566. (825 mèt. d'altitude). 4 kil. de tour ; profond de 13 à 20 mètres ; sur le lac, petite île de Saint-Sidoine.

(Voyez p. 158.) On croit que la villa d'*Avitacum*, à Sidoine Apollinaire, était placée sur ce lac. Le bourg a pour patron Saint-Sidoine. Tradition qui prétend que ce grand évêque de Clermont fut enseveli dans ce lieu. Dans l'église, à (4 mètres de hauteur), pierre destinée à supporter un reliquaire ou une châsse avec ces mots (caractères du xie siècle) : *Hic sunt duo innocentes et sanctus Sidonius*. Eglise avec linteau de porte remarquable. Maison de Templiers qui disparut lors de l'abolition de l'Ordre (1309). (On en voit des restes). De 1309 à 1789, elle appartint aux chevaliers de Saint-Jean-de-Jérusalem.

Bansat (Com.). L'église (xie s.); fortifiée.

Banson, près de Combronde. Gracieux château féodal (à M. le baron Léon des Aix). Il a appartenu aux de Fretat de Chirat puis aux des Aix (V. p. 183.)

Barante. Château moderne (à M. le baron de Barante). La terre de Barante est entrée (en qualité de seigneurie), en 1619, dans la famille du propriétaire actuel (Brugière de Barante), originaire de Thiers. Le château renferme une belle bibliothèque qui a servi au célèbre baron de Barante, né à Riom, de l'Académie française (mort en 1866, au château de Barante) auteur de l'*Histoire des ducs de Bourgogne*, des objets d'art et une chapelle romane élevée sur les dessins de M. Mérimée.

Nous devons citer, parmi les objets de curiosités de ce château : un buste de Mme la baronne de Barante, née de Montozon, par Bosio ; un grand portrait d'elle, en pied ; un portrait de M. le baron Prosper de Barante, par Girodet ; un portrait au pastel, de Latour ; deux vases de la manufacture impériale de Russie (genre Sèvres), offert par l'empereur Nicolas ; des potiches de vieux Japon ; une pendule Louis XVI, en biscuit de Sèvres, représentant Diane en chasse, un bloc de malachite de Russie, provenant des mines de M. Demidoff, des portraits de famille (toiles) ; une tête de Narcisse sculptée en marbre, par de Bay et un buste en marbre du baron Claude-Ignace de Barante (mort en 1866).

Bas et Lézat (Com.), c'est-à-dire Bas près de Lézat. Eglise reconstruite en 1848.

Beaulieu (Com.). Eglise (xive siècle). Vers 1390, Louis de Courcelles, chevalier, seigneur de Beaulieu, eut ce fief confisqué Il avait enlevé une jeune hollandaise qui passait avec son mari pour aller à Notre-Dame du Puy. La confiscation fut levée, en 1462. *Biographie* : Jean du Vernel, dit le Camus de Beaulieu, seigneur de ce lieu, capitaine de Poitiers, premier écuyer du roi Charles VII, grand maître de son écurie, assassiné (1426).

CHATEAU DE BARANTE

Beaumont (Com.). *Curiosités.* 1° Eglise de Saint-Pierre, ancienne chapelle abbatiale et paroissiale (XIIe siècle); clocher carré moderne. Quelques dalles tumulaires avec les noms des abbesses. Porte de l'église avec deux morceaux de ferrure romane. 2° Eglise dédiée à Notre-Dame de la Rivière, dite aussi de Notre-Dame de Beaumont, au bas et au sud du bourg (xɪᵉ siècle); tour carrée en ruines, percées de baies romanes assez belles; paroissiale jusqu'en 1734. L'*Abbaye* : Monastère de femmes, de l'ordre de Saint-Benoît, fondé par le comte d'Auvergne Genès, en 665 ou 670; vendu nationalement. (Restes d'une grande partie des bâtiments; à des particuliers). Ce bourg était fortifié en 1589 (il reste quelques parties de murailles; petite porte de ville, dans le bas, au sud).

Beaune. Village. Château fort; important (détruit); pris par Philippe-Auguste (1213). Il fut rendu (1229) au Dauphin d'Auvergne.

Beaurecueil. Château féodal (tours) conservé; (à M. Tixier).

Beauregard-l'Evêque (Com.). Bien nommé à cause de sa belle vue. Découverte, en 1789, entre le bourg et l'église des Minimes, d'un temple romain (statue en pierre avec une tête barbue; on croit qu'elle représentait Jupiter; des tronçons de colonnes; des médailles du Bas-Empire); urnes cinéraires, des moules à poterie. Eglise reconstruite aux xvɪɪɪᵉ et xɪxᵉ s. *Couvent des Minimes:* Placé au sud du bourg. Fondé (1560) par Guillaume du Prat, évêque de Clermont qui lui donna sa Bibliothèque, divers tableaux de l'école flamande (ils ont disparu en 1793). Cet évêque y fut enterré. Supprimé à la Révolution. A Beauregard, château fort confisqué au Dauphin d'Auvergne par Philippe-Auguste, donné (1212) par ce roi à l'évêque de Clermont. Depuis, jusqu'en 1789, les évêques de Clermont l'ont conservé; c'était leur résidence d'été que reconstruisit l'un d'eux (1489). Il était rempli de meubles curieux. Les évêques Guillaume du Prat (1560), Antoine de Saint-Nectaire (1584), Gilbert de Veyny-d'Arbouse (1682), l'illustre Massillon (1740) y moururent. Le roi Charles VII y vint visiter l'évêque Gouge de Charpaigne (8 juin 1440). Il fut vendu nationalement; démoli (1797); un pavillon du château existe. Pendant la Ligue (1598), les habitants de Beauregard, ligueurs, étant sortis pour faire une procession armée, furent surpris par les royalistes près de Changarand et 45 furent massacrés. Beauregard fortifié; (restes des vestiges de l'enceinte).

Beauregard-Vendon (Com.). Eglise (xɪxᵉ s.). En faisant des fouilles (1839), pour une source ferrugineuse, on a trouvé une piscine romaine de 4 m. de long.

Besse (Cant.). Cette petite ville était fortifiée; l'enceinte bâtie de 1406 à 1449. 3 portes : de l'Horloge, de Bessoux et de l'Admirat. Il y avait 6 grosses tours rondes à l'enceinte (restes d'une partie de ces vieux remparts) et, notamment, la porte de ville qui supporte l'horloge et le beffroi, tour carrée (xve siècle), couverte en plomb ouvragé. (V. page 116). Vieilles maisons des xve et xvie siècles. Maison du xve siècle, dite le *château de la reine Marguerite* (belle voûte en haut de l'escalier). La tradition dit que la reine Margot y est venue ; c'était un logis des seigneurs de Besse. A la mairie de Besse, magnifique terrier de la terre de Besse, manuscrit rédigé au nom de Catherine de Médicis, dame de Besse. (Armes de la reine sur la reliure). Charte de commune et privilèges (1270). Ville agrégée aux 13 anciennes villes de la Basse-Auvergne (1588). — *Biographie: Jean de Preysson*, savant avocat, auteur (1548); *Michel Coyssard* (1547-1623), jésuite, savant auteur ; *J.-Jos. Chalière*, né en 1656, bénédictin, érudit.

Billom. Ville (CANT.). A 1.000 pas, grosse pierre dite *pierre des fées*. Voies romaine de Clermont à Lyon. Eglise de Saint-Cerneuf (collégiale jusqu'en 1789), dédiée à Saint-Cerneuf, martyr (l'un des premiers diacres de Saint-Austremoine) Mon. hist. classé ; remarqua-

GUILLAUME DU PRAT (FONDATEUR DU COLLÈGE DE BILLOM)

ble, chœur et crypte du xie siècle ; grille de fer du chœur (xiie siècle) ; nef du xiiie siècle. 2 mausolées en marbre blanc : 1° celui de Hugues Aycelin, dit le cardinal de Billom, mort en 1297, enterré (1298) dans l'église des Jacobins de Clermont ; 2° celui de Gilles Aycelin, archevêque, chancelier de France, neveu du précéd. mort en 1318. Le chapitre collégial de Saint-Cerneuf existait sous Charlemagne ; ce prince lui envoya, dit-on, son buste en vermeil et une lettre [le Grand d'Aussy vit le buste et la lettre, 1787]. Cette église célèbre par le culte du précieux sang de J.-C. conservé dans une fiole de cristal, enchassée d'argent avec cette inscription : *Hoc in vase manet anguis quo vincitur anguis*. Tradition que ce sang avait été rapporté de la Terre-Sainte par Durand Albanel, chanoine; détruit en 1793. Le même chanoine avait donné un morceau de la

LE CARDINAL H. AYCELIN   Mgr CROIZIER

vraie croix, enfermé dans une croix de vermeil portant son nom. Divers opuscules ont été publiés sur le précieux sang, de Billom (1619, 1645). Eglise de Saint-Loup (xve siècle) ; voûtes refaites vers 1835 ; clocher moderne. En 1280, cette église était dans un bourg entièrement séparé de Billom. Charte de commune à Billom dès 1190. Ville entourée, jadis, de portes et d'une enceinte. Le beffroi (du xvie s.) existe (avec cloche de 1577). Sous la Ligue, la *sainte union* y fut jurée (1589). Peste, en 1581. Jadis, nombreuses tanneries et teintureries. Université (les classes étaient autour de l'église de Saint-Cerneuf, place des écoles). Une bulle, de 1445, lui donna une Faculté de droit civil et canonique. Le chapitre de Saint-Cerneuf la dirigeait. Guillaume du Prat, évêque de Clérmont, fonda le beau collège de Billom et en donna la direction aux jésuites (1555).

Saint François Régis y professa (1628). Les Jésuites y restèrent jusqu'en 1762; ils y revinrent (1826-1828) et comptèrent jusqu'à 200 élèves. Dans la chapelle, reliquaire du XIIIe siècle. *Biographie : Hugues Aycelin*, dit le *cardinal de Billom*, né au château voisin de Montaigut-Listenois, mort en 1297, cardinal (1288). *J. Pereyret*, né vers 1590, doct. en théologie, official, grand vicaire, professeur au collège de Navarre (Paris); l'abbé *Poisson*, chapelain de Louis XV; *F. Picot-Lacombe* député (1791); *A. Huguet* député (1789); *J. F. Croizier*, né en 1757, évêque de Rodez († en 1855).

Blanzat. (Com). Eglise. (La foudre fracassa son clocher et tua 4 personnes en 1711). Bourg jadis fortifié. Gaspard le Loup, ligueur, seigneur de Blanzat, y soutint un siège dans le château contre les royalistes et fut obligé de se rendre (1590).

Bonnebaud. Château féodal (XIVe s.) conservé (à M. Collier). Bâtiments entourant une cour centrale; chambre des gardes. Pris (1591) par les royalistes. Jean de Langeac, évêque de Limoges, sei-

CHÂTEAU DE BONNEBAUD

gneur de Bonnebaud, mort en 1541, y fit exécuter de belles boiseries qui se trouvent au château voisin de Pontgibaud.

Bourdon. Grande usine (sucrerie). Fondée par feu M. le duc de Morny, député du Puy-de-Dôme. Ce mot est le patois de *Bosredon*. Domaine qui a reçu le nom de ses anciens maîtres (les *de Bosredont*), auxquels il appartenait, au xvıe siècle. Il passa aux de Pierrefitte (xvııe s.).

Bourg-Lastic (Cant.). Appelé *Le Bourg* (1253-1510); ensuite, le nom actuel (dès 1510), à cause de son voisinage avec le village de *Lastic*. Eglise, fin du xıe siècle et commencement du xııe). Elevée, probablement, par les moines du Port-Dieu qui possédaient un prieuré dans ce lieu. Portail sud fort beau (torsades entrelacées, dents de scie, tores). *Biographie: François Desortiaulx*, né en 1662, curé d'Angoulême, de Versailles, de Sédan, mort en 1725, en odeur de sainteté; refusa l'évêché de Clermont.

Bouzel (Com.). *Buxonis* (xe siècle); *Bouzeix* (1064). Eglise romane. Cette terre fut donnée (1064) par un comte d'Auvergne au prieuré de Moissat qui l'a conservée jusqu'en 1789.

Brassac. (Com.). Eglise (xıe siècle). *Château ancien*, (à M. de Leygonie de Pruns, marquis d'Apchier). Le roi Lothaire s'y arrêta avec la reine Emma, sa femme (982). *Mines de charbon*: Très importantes. Très anciennement connues. Exploitées, dès 1520, de temps *immémorial*; appartenant aux seigneurs de Brassac. MM. du Croc de Brassac les ont vendues, en 1838, à une société, qui a cédé ses droits, à M. Schneider. En 1753, le commerce des charbons de Brassac s'élevait, déjà, à 50,000 écus par an. *Biographie: Etienne Feuillant*, né en 1768, directeur de journaux, député, mort en 1810.

Bromont (Com.). Au N.-E., au lieu dit la Ribeyre, on a trouvé, en 1826, un champ de sépultures gallo-romaines. Ce bourg porte aussi le nom de *Bromont-la-Mothe*, parce que, tout auprès, se trouvait le château de *la Mothe*, (chef-lieu d'une vicomté) qui n'est tombé en ruines que pendant la Révolution. Eglise. Partie du xıe s. Agrandie (xıııe s. et 1841). La cure actuelle, vaste bâtiment, ancienne maison des Reboul, seigneurs du Chariol, originaires de Bromont.

Brousse (Com.). Eglise. (3 nefs; xıe s., avec remaniement du xvıe s.) Elle dépendait de l'abbaye de Manglieu, avant 1789.

Buron. Château féodal ; ruines imposantes. On en connaît 2 anciens dessins : L'un de 1552 (Biblioth. de l'Arsenal, Paris), l'autre de 1780 environ (Biblioth. Nat., estampes, topographie, Puy-de-Dôme). Un capitaine de ce château, Hugues de Faydides, s'en empara, pendant la ligue. On fut obligé de lui céder, pour le rendre, la terre de Sainte-Yvoine (1594). Ayant été abandonné à la Révolution, ce château est tombé de vétusté. Voici des vers de 1552, le concernant :

CHATEAU DE BURON, DANS LE LOINTAIN (Sur le premier plan, St-Yvoine)

Je suis Buron, roche très haute,
Point ne double la balerye
Pas n'ay paour d'estre prins d'assault
Semblablement par mynerie
Ne craingts point l'artillerie
Coupts de canon ou de bombardes
Tant suis d'une maçonnerie
Que de canonyers je nay garde

Terre qualifiée baronnie, puis comté. *Seigneurs* : comtes d'Auvergne (1371-1530), Catherine de Médicis, reine (1560), de Sarlans (1560), d'Oradour (1590-1640), de Gironde (1614-1731), d'Assé, de Verdonnet (1789).

Busséol. Etymologie : *Buscus* ou *Boscus* (petit bois). Château féodal (sur un rocher). Il y reste les débris d'une chapelle, des pans de mur et un escalier fort étroit. Le roi Charles IX y coucha, le 28 mars 1566. C'était l'une des forteresses du dernier comté d'Auvergne. Vers de 1559 :

> *Je suis Busséol près de Billom,*
> *Je vois du pays largement :*
> *Je vois Racel, Joze, Bulhon*
> *Et Verbyzon pareillement,*
> *Montmorin, Mozun Clairemont,*
> *Mercurol, Couppeil et Buron*
> *Le Crest aussi semblablement*
> *Et le chastel de Mont-Reddont,*

Seigneurs : comtes d'Auvergne (1170-1500); la reine Catherine de Médicis († 1589); la reine Marguerite de Valois, (1590); Charles de Valois, comte d'Auvergne (1606); de Frédeville (1608-1760); de Mâcon (1760-1789). Le comte de Randan, ligueur, pilla le village de Busséol (1589).

Cebazat (Com.). Découverte d'urnes lacrymatoires en verre; champ d'inhumation; urnes cinéraires. Eglise (XIe s.); chœur du XIIIe; porte de l'O. avec porche en bois (XVe s.). On élisait jadis, dans cette église, des femmes marguillières. Le Parlement déclara cet usage abusif (1600) Fanal (XIIe s.); jadis dans le cimetière (placé dans la toiture d'une maison qu'il domine). En 1581, la peste étant à Riom, le présidial se réfugia à Cebazat. Lieu fortifié (1589). Porte de ville avec l'horloge actuelle. En 1591, Cebazat occupé par les Ligueurs. En 1593, G. de Montmorin, seigneur de Saint-Hérem, fut tué en le défendant contre les Ligueurs. *Biographie* : *Guillaume Marico*, gardien des cordeliers de Montferrand. En 1245, il sauva cette dernière ville menacée de surprise.

Ceilloux (Com.). Dans l'église, chaire en pierre (curieuse). Berceau de la maison du Bourg qui compte un chancelier de France († 1538). Son père était notaire royal à Ceilloux.

Ceyrat (Com.) Eglise. (Traces d'architecture romane). En 1349, charte de privilèges aux habitants de Ceyrat. Le roi François Ier leur accorda le droit de se clore de murs, fossés, tours (1540).

Chabanne, comm. de Paslières, à mi-route des stations de Puy-Guillaume et Noalhat (ligne de Vichy-Thiers). Château à M. Maurice de Pommereau. Sur le bord de la Dore. Élevé, vers 1830, par le comte de Chabrol de Crouzol, ministre de la marine, qui y mourut le 4 oct.

CHATEAU DE CHABANNE

1836. Il passa à son second fils, le vicomte Victor, mort en 1867 et Mme de Pommereau, sœur de ce dernier, en hérita ; elle mourut, en 1870, laissant ce château à son 5e fils, M. Maurice de Pommereau qui, en 1872, transforma l'habitation en lui donnant l'aspect actuel.

Chadeleuf. (Com.). Eglise (XIII° siècle). *Biographie* : Cl. Sourtiat, carme (1711-1771), auteur satirique.

Chalus. Près Saint-Germain-Lembron. Eglise romane (ancienne chapelle du château, XI° siècle). *Château féodal.* Revel en donne le dessin, en 1450. Il en reste des ruines (intéressantes). *Seigneurs* : de Chalus (967-1667), Villers (1667), Gioux (1671-1689), Raudot (1689), Dufour de Villeneuve (1689-1789).

Chalus ou Chaslus. Comm. de Combrailles. Sur le monticule, ruines du château féodal (élevé au XII° s.) qui a pris son nom d'une illustre famille noble ; démoli en 1601 ; Claude Le Groing, qui en était seigneur, s'étant compromis pendant la Ligue.

NARTHEX DU VIII° SIÈCLE
(Eglise de Chamalières).

Chamalières. (Com.) Appelé *Césarée* (VII° siècle) *Cameleria* (995). *Eglise.* Romane ; intéressante. Elevée au VII° siècle, par le comte Genès. Il reste un curieux narthex de cette époque avec des colonnes peintes et imitant le marbre cipolin vert. Reconstruite sur les fondements primitifs. Avant 1789, on y voyait le tombeau de Sainte Thécle, vierge, martyre, convertie par saint Paul, tombeau placé extérieurement et conservant ses reliques. On le découvrit (1684), avec une lame de plomb, portant en caractères du VII° siècle : *Hæc sunt reliquiæ beatæ Thæclæ virginis et martyris quæ Iconii orienda fuit de hinc vero a Paulo apostolo converso Seleuciam requievit.* Petite châsse émaillée (XII° siècle), donnant le martyre de Sainte Thécle. *Château féodal* (démoli en 1633). Il en reste un énorme pan de mur (XII° siècle), en pierre de taille, à l'O. de l'église. Une autre tour carrée (existante), en face de Montjoli, porte le nom de *tour des Sarrasins.* Ci-contre, un dessin de Revel, de Chamalières ; à droite, le château féodal ; au centre l'église.

Sur la place, arbre de la liberté (1793). Il y avait, dès 1368, une papeterie à Chamalières. On y en comptait cinq au XVII° siècle. Il n'y en a plus qu'une.

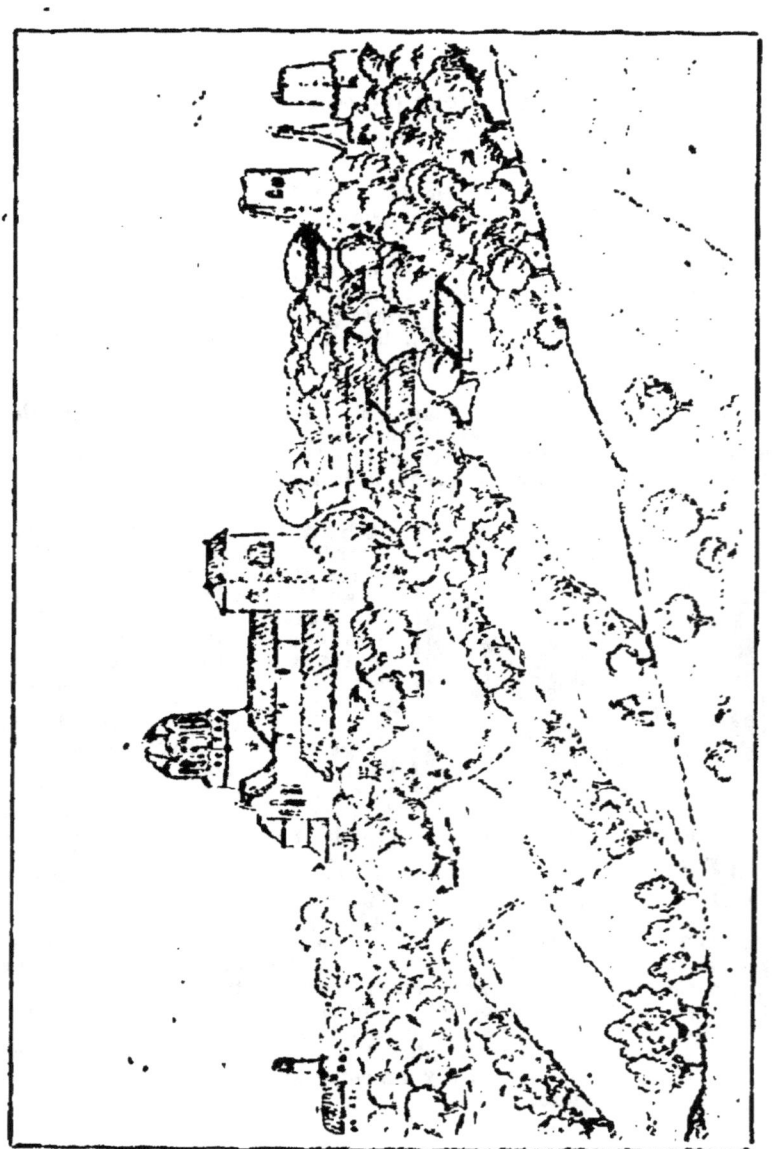

CHAMALIÈRES EN 1150.

Chambon. (Com.) Le *lac* : Belle nappe d'eau. On a dit que le lac d'*Avitacum*, dont parle Sidoine Apollinaire, était ici ; mais c'est celui d'*Aydat* (V. p. 158).

Menhir triangulaire entre Chambon et Besse (surmonté d'une croix). Église romane (XIe siècle). Croix gothique avec inscription sur la

CHAPELLE DE CHAMBON

place. *Chapelle sépulcrale* : Monument hist. classé ; au milieu du cimetière (chapelle sépulcrale des seigneurs du lieu), curieuse : circulaire (7 m. 21 de diam. à l'extérieur ; 8 croisées ; 6 colonnes à l'intérieur, voûte sphérique).

CHATEAU DE CHAMÉANE

Chaméane. Etymologie : *Casa Meano* ou *mediana*. Église : nef romane ; chœur du XVe siècle. *Château féodal* (à Mme la comtesse della Torre). Forteresse bien conservée. En partie du XIIIe siècle ; remaniée à la Renaissance. Diverses tours, donjon carré, élevé, échauguettes, machicoulis à la partie supérieure. Grille de fer, défendant la porte d'entrée ; fossés protecteurs. Dans l'intérieur, superbe plafond du XVe siècle, à caissons. Chartrier, dans une tour avec porte de fer ; intact. *Seigneurs* : du Drac (1260), de Bréon (1361), de Tinières (1361-1477), de Foix (1477-1592), d'Aphier (1592-1621), du Floquet (1621-1672), Boyer de Saunat (1672-

1700), de Chabannes-Pionsat (1700-1746), Causse (1746), de Chabrol (1747-1789).

Champeix. (Cant.) Non loin, restes de constructions appelées *Temple des Fées*; auprès, on voit un menhir. Eglises : 1° Saint-Jean, dans l'enceinte du château sur le sommet du monticule; 2° Sainte-Croix, en bas de la ville; paroissiale. (On dit quelle a servi à des moines camaldules); maître autel en bois sculpté (remarquable) dû à Sureau (vers 1730). Ancien pont. Le *château féodal*. Sur un monticule escarpé. Le dessin ci-dessous, de G. Revel, en 1450, en donne une idée.

CHAMPEIX EN 1450

Ce château, bâti, sans doute, par les comtes d'Auvergne, au XII° siècle, assiégé, sous Louis XIII pendant la Fronde (1632) fut démoli, (1633) par ordre de Richelieu. Il en reste peu de ruines. La terre de Champeix fut le chef-lieu du marquisat de Tourzel, érigé au commencement du XVIII° siècle. *Biographie : A. G. Monnet*, (1734-1817), inspecteur général des mines, auteur savant et fécond; le baron C. *Mannay* né en 1745, évêque de Trèves, puis de Rennes.

Chamonat. (Com.) *Cannonacus* (995). Eglise romane (modifiée). La *commanderie* : (Bâtiments fortifiés situés en dehors du bourg, avec chapelle). Il en reste une grande partie. Vendue en 1793 : ba-

MAISON HABITÉE PAR DELILLE (à *Chanonat*)

bitée par des paysans. A l'origine, ce fut une commanderie de templiers, jusqu'en 1309, quelle passa aux chevaliers de Saint-Jean de Jérusalem (Malte). Le *prieuré* dépendait de celui du Port-Dieu (Limousin); bâtiments attenants à l'église; vaste corps de logis fortifié, vendu nationalement (habité par des paysans). Maison du XVe siècle, avec portes à ogive, où fut élevé le célèbre poète Delille; (il y résida, dans sa jeunesse).

Chapdes-Beaufort. Eglise romane. En 1728, grande épidémie.

Charbonnière. Non loin, tumulus de grande dimension. Découverte, dans ce lieu, d'objets gallo-romains. Voie romaine. Eglise avec inscriptions (1285) à la mémoire de Beraud Ongre, chevalier. L'ordre de Malte avait, ici, un petit château, chef-lieu d'une commanderie. Le chevalier de malte qui en était titulaire avait droit, dès le XVe siècle, de faire ouvrir toutes les mines de charbon placées aux alentours (exploitées, actuellement, avec grands avantages).

Charbonnières-les-Vieilles. (Com.) *Seigneurs :* de la Chalm 1263-1291), de la Roche (1345), le chapitre cathédral de Clermont 1294-1345).

Chargnat. *Carniacum* (931). Ce lieu était, jadis, important. Les rédacteurs des Coutumes d'Auvergne l'appellent *ville* (1510). Atelier de monnaie à l'époque mérovingienne.

Chartreuse du Port Sainte-Marie. Cette chartreuse fut fondée, dit-on, en 1147, par deux seigneurs du voisinage, Guillaume et Raoul de Beaufort, frères, chevaliers, seigneurs de Beaufort et de Miremont. On raconte que l'un d'eux étant à la chasse vit saint Bruno qui lui apparut et lui ordonna de bâtir un monastère de son ordre à l'endroit où avait lieu la vision. Peu de temps après, ce seigneur ayant rencontré des chartreux, il leur donna le terrain qu'il lui avait demandé à condition que si l'aîné de sa famille tombait

CHARTREUSE DU PORT SAINTE-MARIE EN 1789

dans la pauvreté ce monastère serait tenu de le loger, de le nourrir, de l'habiller et lui entretenir un cheval et deux lévriers. Un tableau, conservé à la grande chartreuse de Grenoble, indique la date de fondation en 1219 ; mais elle est fautive car, en 1173, le prieur de la Chartreuse du Port Sainte-Marie fut chargé de faire rendre à

Henri, roi d'Angleterre, ses belles-filles. Le nom de ce couvent vient de ce qu'il était placé comme dans un *Port* ; on ajouta le nom de *Sainte-Marie* en vocable. Au XIIIe siècle, il reçut d'importantes donations. Le prince Alphonse, frère de saint Louis, accorda l'autorisation d'acquérir des bois à une lieue à la ronde (1240). Séguin de Badafol, capitaine de routiers anglais, mort à Riom, lui légua un drap d'or, 200 livres, et y fut enterré (1374),

Parmi les prieurs : Antoine de Bonnevie (1363) ; Pierre Sarde, général de son Ordre (1554-1566) ; Christophe Gerle, député du Clergé aux Etats généraux de 1789 ; il seconda Robespierre lorsqu'il fit proclamer, par la Convention, l'existence de l'Etre-Suprême.

Nous donnons (p. 201) la vue du monastère d'après un tableau de 1789, conservé à la grande chartreuse de Grenoble. Ce couvent présentait un rectangle de 200 mètres de long sur 100 mètres de large, ayant, aux quatre coins, des tours de guet et entouré d'une muraille crénelée soutenue par des contreforts. Il y avait un cloître, dix-huit cellules, chacune avec un petit jardin, suivant l'usage des chartreux. La chapelle, fut rebâtie en 1716 ; une petite chapelle, qui lui était attenante, avait été élevée (1438) par ordre du maréchal de La Fayette, pour servir à sa famille. On voyait dans cette chartreuse : en entrant, une tour carrée, dans laquelle était l'horloge ; à gauche, le logis servant pour les hôtes ; à droite, les cuisines, le réfectoire ; enfin, près de la maison du prieur, une vieille tour circulaire, dans laquelle on conservait les archives et surmontée d'un colombier. En 1791, le couvent comptait vingt moines, lorsqu'il fut vendu nationalement et démoli peu après. Il en reste de belles ruines (la tour des archives), les caves, les cellules des chartreux ; tout cela au milieu des ronces.

DOM C. GERLE

RUINES DE LA CHARTREUSE

Chastreix (Com.). *Castrensis* (1060). Eglise (XIIIe s.).

Châteaubrun. Château de grand style, reconstruit récemment (genre féodal). Dans le bois, immenses réservoirs modernes, en forme de cuviers (curiosité et utilité) construits par le propriétaire actuel.

UNE PORTE DU CHATEAU DE CHATEAUGAY (1420)

Seigneurs : de Chalus (1269-1614), de Villelume (1614-1710), d'Autier (1710-1789). En 1792, M. Veleatte vendit la propriété à M. Peyronnet; Mlle Blanche Peyronnet, sa descendante, a épousé M. le vicomte de Cressac, propriétaire actuel.

Châteaugay. Appelé Bigoche, puis *Châteaugay* (en 1385). Le château féodal : Elevé, en 1382, par Pierre de Giat, chancelier de France; achevé en 1430. Parfaitement conservé. Grand et haut donjon carré (80 pieds de haut, 162 marches), attenant à un corps de logis; deux énormes tours circulaires. Fermé de trois côtés par un fossé de 20 pieds de large; à l'est, ravin. Trois portes crénelées. Un

CHATEAU DE CHATEAUGAY (ÉTAT ACTUEL)

dessin de G. Revel (1450) donne une idée de la place. Bel escalier à trois pans conduisant de la terrasse dans une petite cour; là, l'entrée du donjon, celle de la tour triangulaire (donnant accès aux appartements). Voyez, page 203, le dessin de la porte principale, en beau style gothique, avec le blason des de La Queuille, croix penchée (1420 environ); chaque côté, les armes d'alliances. La *Grand'salle*, longue de 42 pieds. On y voyait une cheminée ornée d'une chasse, et des peintures polychromes; une table de chêne supportée par six lions (la cheminée a été vendue en 1866; la table cédée par la commune, en 1808, 100 fr. seulement!) Les murs des appartements lambrissés d'épaisses boiseries ou recouverts de tentures. Plafonds à caissons, à tympans, à voussures. Sur la porte du donjon, armes *mi-parti de la Queuille, mi-parti du Peschin*. Une vaste salle dans les cinq étages. Vue splendide du sommet. Ce château, vendu nationalement (1793), appartient partie à la commune et partie à des particuliers. Le cardinal de Richelieu, passant (1629) en vue de Châteaugay, s'écria : « Quelle belle résidence; j'envie le sort de ceux qui y habitent » ! Le maréchal de la Tour-d'Auvergne (père de Turenne) se cacha dans cette forteresse, en 1571, fuyant la colère du roi. *Seigneurs* : de Vigoche (1269-1303); de Giat (1369-1420), de la Queuille (1420-1789). *Biographie* : J.Cl.-M., comte de la Queuille, né dans ce château en 1712, député aux Etats-Généraux, commandant en chef de la coalition à Coblentz (1792).

Château-Rocher (Le vrai nom est *Blot*). *Le Château féodal* : chef-lieu de la baronnie de Blot. Edifice imposant, du XIII° siècle, élevé par les Bourbons (Ruines magnifiques). Dès 1780, cette forteresse était abandonnée et délabrée. La cuisine était en forme de rotonde (XIII° siècle), surmontée d'une voûte sphérique ayant une ouverture circulaire, au centre, pour la fumée. *Seigneurs-propriétaires* : les Bourbons, seigneurs de Bourbon-l'Archambaud (en 1100-1243) dont un cadet prit le nom de Blot (1218); les de Chauvigny (1213-1789).

Chateldon (Cant.). *Castrum Otonis* (1200). Environ 2000 h. Ville assez importante au moyen âge. Le dicton portait : *Chastel Oudon, petite ville à grand renom*. Restes des anciennes fortifications (porte de ville) ; le beffroi, tour carrée du XIII° siècle. *Maison sergentale*, construite en bois (1480 environ), servant à loger les bas officiers de la justice locale, les sergents, huissiers et archers du bailli. *L'église* : Ancienne chapelle du couvent des Cordeliers, fondée en 1463. Restes de sculptures à la partie ogivale du portail ; trois nefs. Tableaux sur toile (bonnes copies des grands maîtres italiens représentant les Pères de l'Eglise). Chaire intéressante [en bois sculpté, commencement du XVII° siècle]. *Le château* : Masse imposante recouverte de vieux lierres. Au milieu de la cour, vaste citerne. Combles du château curieux (On dirait la carène renversée d'un navire). Maisons des XIII°, XIV° et XV° siècles. Fief qualifié baronnie (1789).

Chauriat (Com.). *Eglise*. Monum. hist. classé (XIII° siècle) ; partie romane ; chapiteaux curieux. Statue en bois (intéressante) ; une chaire en bois (à examiner). A 100 mètres environ, autre église dédiée à sainte Marie, convertie en grange en 1793 (du xiie siècle); servait au prieuré de bénédictins de ce lieu. Dans l'église paroissiale actuelle, une châsse de sainte Marcelle (1372) et une pierre tombale avec ces mots : *Cy gist Pierre Escot, le plus bel homme de France*. Le roi Charles VII écrivit au maréchal de la Fayette de faire fortifier Chauriat. *Biographie : Cl.-Ant. Rudel du Miral* (1719-1807), député.

Chavanon, com. de Combronde. Pierre branlante, dite *cœur branlant*, ou *roche romaine*, très mobile, au-dessus de l'ancien couvent. Monastère de Grandmontains, fondé en 1246, supprimé en 1770. Chapelle romane.

Chazeron. Château féodal bien conservé (au marquis de Si-

CHATEAU DE CHAZERON EN 1450 (CÔTÉ DE L'OCCIDENT)

nety). (On le laisse visiter). Du xive siècle, avec grand donjon carré (très élevé). Voici le dessin de Revel (1450). On entre dans l'intérieur par un perron. Au premier, appartements meublés à la Louis XIV ; portraits des seigneurs de Chazeron ; chambre d'honneur ornée de tapisseries à verdure ; lit à baldaquin, garni de tapisseries à la main, alternant avec des bandes de velour noir. Chambre ronde, avec tapisseries les plus anciennes, bien conservées (Deux représentent les jardins d'Armide avec leurs palais.) Dans l'alcove du fond, superbe tap..serie (L'Astrée). Chambre à coucher, où l'on voit des portraits historiques ; François de Monestay, comte de Chazeron, seigneur de Chatel-Guyon, lieutenant-général, gouverneur de Brest, mort en 1697, et de son père, Gilbert, gentilhomme de la chambre du roi. (Pour la vue actuelle du château, voy. page 36.) *Seigneurs* : d'Autier (1225-1376), comtes d'Auvergne (1376), de Chazeron (1376-1611), de Monestay (1611-1789). Depuis 1789 (propriétaires) ; de Brancas, ducs de Céreste (l'un d'eux épousa une de Monestay de Chazeron, morte en 1859, la dernière de son nom); de Sinety [1859-à ce jour].

Chidrac. (COM.). *Eglise*. Léguée (1015) aux bénédictins de Sauxillanges.

Chignat. Château moderne (à Mme de Chamerlat). *Siniacum* (1003). En juillet 1552, le seigneur de Pont-du-Château obtint du roi de transférer, dans ce bourg, la foire qui se tenait à Chignat le lendemain de la fête de N.-D. de septembre. Les lettres du roi ne furent pas mises à exécution ; car cette foire, célèbre en Auvergne, se tient encore en septembre, le même jour.

Clémensat. (COM.). Seigneur : le Marquis d'Allègre (1730).

Collanges. (COM.). Découverte de la tête d'une figurine (ve siècle). *Eglise* : Edifice roman ; dans l'intérieur d'un château fort. Le *château*, forteresse ancienne, flanquée de tours, était entouré de fossés. On y arrivait par un pont-levis et une porte fortifiée.

Combrailles. (COM.). Eglise (XVIIe s.). *Château* : Elevé, en 1615, par Gabriel de Bosredont ; acheté, en 1873, par un paysan et démoli en partie par lui (comme trop grand !); trois pavillons carrés, au sud. *Biographie* : *Jean de Bosredont de Ransijat*, commandeur de l'Ordre de Malte, né au château de Combrailles, en 1741, signa la capitulation de l'île de Malte (1798); y joua un grand rôle ; † en 1812.

Combronde. (CANT.). Grégoire de Tours l'appelle (vi^e s.) *Opidum Candidobrome* ; non loin, pierre branlante ; un dolmen. Cimetière découvert (1845), au quartier des Lignières, avec des médailles romaines. Voie romaine (des vestiges). Monastère (le premier, dit-on, établi en Auvergne) fondé en 506. Eglise. (XIe siècle); trois nefs. Bourg fortifié, en 1495-1589; agrégé aux treize anciennes ville de la Basse-Auvergne (1588). Le *château* : Vendu nationalement. Sert d'hôtel de ville ; le plafond d'une salle porte les armoiries des alliances de la famille de Capony qui avait Combronde en fief.

Condat. (Com.). Cant. de Pontaumur. Eglise en partie romane. Beau clocher. A l'E., *château du Mas* ; aux de Montrognon (1491-1683), de Larfeul (1698-1789). Ce château est encore possédé par cette dernière ancienne famille.

Condat. (Com.). Près de Montboissier. Eglise romane, mon. hist. classé.

Cordès. *Château féodal* (XVe siècle). Deux tours circulaires à l'orient, dont une renferme un puits profond et l'autre la prison (bien

CHATEAU DE CORDÈS (VU DE L'EST).

conservée), avec une ouverture circulaire pour y descendre les criminels Porte d'entrée du château du côté de l'occident avec une antique grille de fer ; à côté, donjon à pans coupés avec clocheton et cloche d'alarme. Vaste et magnifique salon rempli d'objets d'arts [belle toile : portrait de femme, par le célèbre François Bouchet]. *Seigneurs :* de Chaslus (1268-1659), d'Allègre (1659-1733), ducs d'Harcourt (1733-1750), Grangier (1750-1789). En 1873, la baronne Grangier de Cordès a vendu ce château à M. Martha-Becker, comte de Mons, mort en 1885, dont la fille unique a épousé M. le comte de Bonnevie de Pogniat. Le parc du château de Cordès (beaux hêtres) est très pittoresque. Le *jardin* (carré, en terrasse), qui précède le château, grande curiosité (on le laisse visiter). Les énormes charmilles taillées avec soin, plantées par Le Notre, sous Louis XIV, sur un dessin de ce grand artiste. On conserve au musée de Clermont les instruments de jardinage dont il s'est servi. (Vers 1695.) Jets d'eau dans la prairie.

VUE DU CHATEAU DE CORDÈS (DANS LE LOINTAIN, CÔTÉ DU NORD)

Coleuge. Ancien château (à M. de Riolz). *Costheugol* (1382) Seigneurs : de la Tour d'Auvergne (1327-1391), de Langeac (1441-1550), de la Mer de Matha (1550-1584), de Nozières (1584-1789).

Coudes. (Com). Aux environs, tuiles à rebords, restes d'amphores, urnes cinéraires, lampes, moulin à bras (époque romaine). Tradition que ce lieu s'appelait *Diana*. On montre, en effet, entre Coudes et Neschers, à 2 kil., un emplacement ou se trouvait, dit-on, un temple en l'honneur de Diane. On y a trouvé des fondements antiques, des fragments de vases de bronzes, des médailles de Faustine. *Époque mérovingienne*: En 1759, le savant abbé Lebeuf fit un

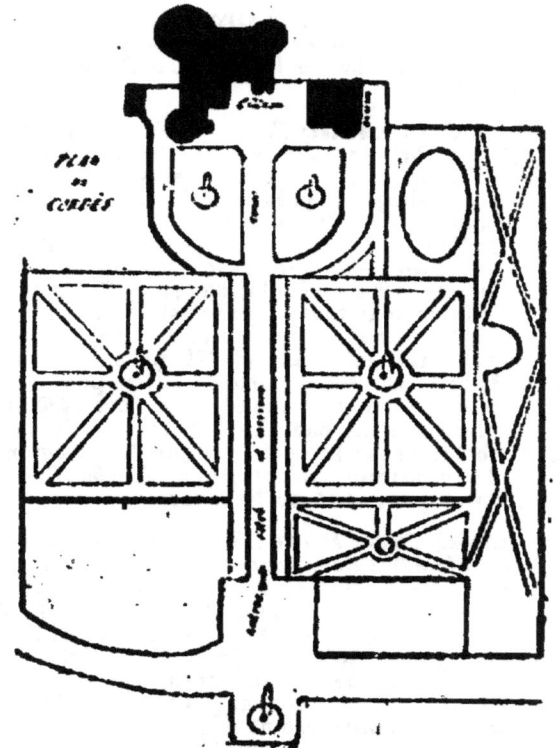

PLAN DES JARDINS DE CORDÈS (V. p. 209).

voyage en Auvergne. Il en rapporta cinq inscriptions en marbre blanc, trouvées à Coudes (de 512, 527, 538); il les présenta à l'Académie des Inscriptions. L'abbé Croizet, savant curé de Neschers, en découvrit deux autres, l'une de 512, en l'honneur de Palladius; l'autre du diacre Bardarius *(Musée de Clermont)*. En 1590, les Clermontois qui allaient au siège d'Issoire incendièrent Coudes.

Courmel. A l'est, au terroir de *la Grotta*, allée couverte druidique. (10 mètres de long, 3 mètres de large). On y a trouvé des haches en pierre et une hache de bronze. Un château féodal existait dans ce lieu en 1281.

Cournon. (Con.) *Chrononensis* (VI° siècle), *Cornon* (1790). Antiquités romaines (urnes, briques à rebord). Palladius, gouverneur du Gérandan, enterré à Cournon, lieu de sa naissance. Découverte de son épitaphe, près de l'église, sur un marbre blanc; (de 571, au musée de Clermont). *Eglises*: 1° l'ancienne collégiale (existante). Romane. Il y avait un monastère (vi° s.); détruit par les Normands (xi° s.), sécularisé (1182). 2° Eglise de Saint-Hilaire (existante.) Paroissiale jusqu'en 1665. En 1240, charte de commune aux habitants de Cournon. En 1455, Louis XI permit de fortifier le bourg. En 1631, peste. Ancien pont sur l'Allier, emporté par une inondation, vers 1430; il fut remplacé par un bac. Les *châteaux* : Il y avait deux forteresses; l'une à l'évêque de Clermont; l'autre à un laïque. *Biographie*. *L'abbé Croizet* (1767-1850), savant paléontologue, curé de Neschers.

L'ABBÉ CROIZET

Courpière. (Cant.) *Curta Petra* (1337). L'église: (en partie romane). Prieuré de bénédictines, fondé vers 1130; supprimé à la Révolution. En 1248, Alix de Bocestor, religieuse de ce couvent, fut enlevée par le seigneur de Vollore, de la maison de Thiers. Cette affaire fut terminée par une sentence arbitrale. Le roi François Ier, passa à Courpière (9 juillet 1533). En 1567, F. de Saint-Nectaire et le sieur de Poncenat, chef des Protestants, ayant été battus, en Forez, les fuyards de leur armée furent poursuivis à la porte de la ville par les habitants de Courpière et noyés (plus de 40). En 1589, ce lieu était fortifié. En 1612, Pons d'Aurelle, seigneur de Terreneyve, fut anobli pour avoir nourri Courpière dans une grande famine. En 1788, les députés de 22 paroisses s'assemblèrent dans ce bourg pour les Etats-Généraux. En 1790, partie de Courpière détruite par les inondations de la Dore. *Biographie : Robert du Four*, évêque de Sisteron (1400-1436). *Ant. Canque*, magistrat, auteur (vivant de 1598 à 1603).

Couzance ou Cousance. Château féodal, à M. Trioullier. Seigneurs : de Bouillé (1525-1550), de Bourdeilles (1666-1729), de Pons de Frugières; de Juin (1789).

Creste. (Cox.) Près de là, bataille contre les Anglais, dans un lieu désigné encore sous le nom de *la bataille*. En 1368, un titre parle de « *l'oratoire de Corbertoyrade et de la bataille de Saint-Dier, près du chastel de Crestes.* »

CHATEAU DE CROPTES

Croptes. Château féodal, comm. de Lezoux, l'un des plus gracieux, des mieux tenus et des plus artitisques de l'Auvergne. Il a appartenu, fort longtemps, aux de Montrognon. La dernière de Montrognon de Croptes fut l'aïeule de Mlle de Blumenstein, qui a institué, pour héritier de ce château, M. le Comte de Roquefeuil, son neveu, d'une illustre et antique maison, propriétaire actuel.

Crouzol. Beau château moderne (bâti par feu M. le Comte de

CHATEAU DE CROUZOL

Chabrol de Volvic, préfet de la Seine, mort en 1843), avec un vaste parc parfaitement tenu, tracé avec goût Il appartient à M. Boudet de Bardon, ancien maire de Riom, ancien conseiller général du Puy-de-Dôme, lettré et érudit. Ce château renferme des tableaux sur toile de diverses écoles, des objets d'art, une bibliothèque de livres d'art, d'histoire, d'archéologie Les touristes et les artistes sont assurés de trouver bon accueil auprès du châtelain, intelligent et aimable, de Crouzol. *Seigneurs* : de Montrognon (1260). Valeix (1789).

Culhat. (Com.) Dans le cimetière, lanterne des morts, de forme ronde, terminée par un cône renflé, élevée de 4 mètres (xiiie s.). Le bas sert de charnier. Eglise romane ; (xie siècle); cordons à damier, en style romano-byzantin. Culhat, d'abord dépendance de la commanderie voisine des Templiers de la Foulhouse, passa (1309), lors de l'abolition des Templiers, aux chevaliers de saint Jean de Jérusalem et à leur commanderie de Montferrand.

Cunlhat (Cant.). *Cuticiacus*. Cette terre, après avoir été donnée (ve siècle) par Avitus à la cathédrale de Clermont, lui resta jusqu'en 1259. En 1357, un chef de routiers anglais, nommé Stendor, prit Cunlhat. Prieuré fondé vers 970, par Hugues Maurice, dit le Décousu, seigneur de Montboissier, sous le vocable de saint Martin, avec des religieux de l'abbaye de l'Ecluse, en Piémont; il avait de grands revenus. Supprimé par la Révolution.

Davayat (Com.). Jadis, *Montautrayt*. Menhir, le plus grand du département (1 m. 66 c. de large, 4 m. 66 de h.). Le bailli de la baronnie de Vaux et Limagne y tenait ses assises. Sainte Flamine, martyre, patronne de la paroisse, née à Davayat, massacrée au iiie siècle. On montre la pierre où elle se réfugia. (C'est le piédestal d'une borne itinéraire romaine). En 1591, le sergent ligueur Laroche s'empara du fort de Davayat. En 1594, le capitaine Lafont s'en empara de nouveau.

Dorat (Com.). Eglise romane. Mon. hist. classé. En 1694, grande mortalité provenant de la disette.

Diane. Hameau le plus élevé du département (1335 mètres d'alt.)

Durtol (Com). De la paroisse de Saint-Cirgues, de Clermont, avant 1789. Erigé en paroisse (1802). Il y avait une léproserie, supprimée en 1675. Le *château* : du xviiie siècle. Flanqué de 2 tours rondes. (A M. Desayettes de Clerval)

Echandely (Com.). *Seigneurs* : de Bourdeille (1502), des Roys (1502-1789).

Effiat (Com.). Le *château*. Bel édifice, en partie conservé (style de la Renaissance). Bâti, vers 1627, par le maréchal d'Effiat. Beau portail d'entrée de la cour d'honneur. Vaste pièce d'eau, qui servait de fossé. Plaque de cheminée (aux armes du maréchal) au-dessus de la porte du château. Salle d'entrée : la belle cheminée ; les poutres et poutrelles du plafond (fort élevées, peintures du temps). Salon : la cheminée ; elle porte, dans un panneau, une belle toile (Thétis faisant forger les armes d'Achille) ; les tapisseries ; le portrait (du temps) de Gilbert Coëffier, lieutenant pour le roi au gouverne-

CHATEAU D'EFFIAT

ment d'Auvergne (père du maréchal) ; le portrait (du temps) du maréchal ; appartements du haut : trois lits Louis XIII (curieux), dont un du maréchal ; cheminée Louis XIII. Dans le jardin : la voûte d'une galerie ; les sources. L'intérieur du château était jadis, meublé richement, d'un mobilier historique (précieux), dispersé aux enchères (1856). Le musée de Cluny a acheté 3 lits à baldaquins, parmi lesquels celui du maréchal, une plaque de cheminée, les parchemins, titres et chartes concernant le maréchal et sa famille. En 1629, le cardinal de Richelieu, qui venait du Languedoc, coucha au château d'Effiat, où le reçut le maréchal d'Effiat. Là, il trouva le maréchal de Marillac et décida de déclarer la guerre de Savoie.

☞ Pour visiter le château d'Effiat, il faut demander une permission spéciale à son propriétaire, M. Hubert de Moroges, qui se montre, du reste, empressé et fort aimable envers les touristes.

Nous devons dire que M. Boucard s'étant rendu acquéreur du château d'Effiat (1844) a fait combler le grand bassin octogonal de la cour d'honneur, labourer le jardin, tracé par Le Nôtre, et vendre le parc en parcelles. M. Bartilliat, architecte, autre acquéreur, a démoli les bâtiments de construction récente. M. de Moroges, au contraire, a restauré de son mieux. *L'église.* Elevée sous Louis XIII, par le maréchal d'Effiat. Epitaphe du maréchal d'Effiat (mort près de Trèves, en Allemagne, en 1632) qui y fut enterré. *L'Ecole militaire.* D'abord collège fondé en 1626, par le maréchal d'Effiat, dirigé par les Oratoriens. Erigée en 1777, en école militaire. Supprimée à la Ré-

LE MARÉCHAL D'EFFIAT   CINQ-MARS

volution. *Biographie :* Antoine Coëffier, dit *Ruzé*, maréchal de France (né en 1581, au château d'Effiat, mort en 1632); Henri Coëffier, dit *Cinq-Mars*, né en 1620, au château d'Effiat, favori de Louis XIII, mort victime des vengeances du cardinal de Richelieu (1642); fils du précédent.

Égliseneuve. (Com.). *Égliseneuve sur Billom* (1099). Eglise (XIe siècle); remaniée au XIVe s.

Égliseneuve de Liards. (Com.). Sur le faite de la montagne, où l'on a trouvé des objets romains, était placée la villa romaine de Liards. L'église : édifice roman en partie; beau clocher (XVe siècle).

Ennezat. (Cant.). A l'ouest, tumulus, appelé la *mothe d'Ennezat* (12 m. de h.) détruit en 1851-1852. *Eglise.* Tradition qui prétend que l'église a succédé à un temple païen. Monument hist. classé ; style roman ; nef du xı^e siècle ; copié sur Notre-Dame du Port (à Clermont). Fondé, vers 1066, par Guillaume VI, duc d'Aquitaine, qui lui donna un chapitre collégial. Porte de sacristie (remarquable ; au Musée de Clermont) : du xııı^e siècle. Fresques curieuses, dans l'église. L'une occupe le bas du mur. On y lit :

> *Prya pour moi qui me regarde ;*
> *Qar tyel seras qual que tu tardes*
> *Fais bien tandis que tu vis*
> *Qar après la mort n'auras nuls amis.*

Un ange porte en légende : *Reguarda la grand pitié de nature humaine coment vient a destruction et forme vilayne.* En haut de la 2e fresque (jugement dernier, 1405), on lit : *Hic jacet d(omin)us Stephanus Harem, canonicus et rector istius eccl(esi)e et Antonia Borella, amita ejus ; et fecit fieri anno d(omi)ni MCCCC quinto* (1405). 3e fresque de 1420 ; (en haut, chasseurs portant un faucon, chiens courants, spectres, personnages, (le donataire et sa famille), on y lit : *Anno d(omi)ni MCCCCXX fecit fieri ; ha(n)c y(s)toria(m) d(omi)nus Robertus de Bassinhac, hujus eccle(sie) can(onicus) et Uriaci curatus ob rem incisem hic et in memoria ejus patr(is) et matris patrumq(ue) et sororum ejus ; rogat le ut fidelium aie requiescat in pace.* Les anciens comtes d'Auvergne avaient un palais sur un terrain dit le *Palais.* Guillaume III, comte d'Auvergne et de Poitou, y reçut serment de fidélité des seigneurs d'Auvergne (vers 955). Il y avait des Juifs (xıv^e siècle). On voyait (1368), dans un cimetière, des épitaphes en hébreu. En 1685, des orfèvres habitaient Ennezat. Ce lieu était qualifié vicomté. *Biographie.* A. *Perrat* qui (1824) se prétendit fils du roi Louis XVI ; *Cl. Redon* (1739-1820), député aux Etats généraux.

Entraigues. (Com.). *Eglise.* (xı^e s. remanié aux xııı^e et xve s. Assiégé et pris par les Ligueurs (1598).

Enval, comm. de Saint-Hippolyte. Croix (fin du xve siècle). Il y avait une tour dont Jean Alemard était seigneur (1577).

Estandeuil. (Com). L'église dépendait de la Chaise-Dieu avant 1789.

Fangonnet. *Biographie.* Ant. du Bourg, chancelier de France (1535), serait né dans ce lieu, au dire de l'abbé Faydit.

Feligonde. Château ancien (à M. Pellissier de Feligonde). *Seigneurs* : de Brion (1606) ; de Rondy (1610-1630) ; Pellissier (1635-1789).

Fiat. (Com.). (*Halacum*, xe siècle). Eglise intéressante à trois nefs (xive siècle). Château détruit (on en distingue le plan).

LE CHANCELIER ANT. DU BOURG (1535)

Fontfreyde. Presqu'à l'issue du tunnel de la route, découverte d'amphores, tuiles à rebord, poterie rouge (sépulture gallo-romaine).

Frédeville. *Château féodal* (il en reste des débris). Seigneurs : de Frédeville 1880-1760), de Mascon (1760-1789).

Gelles. (Com.). Voie romaine de Clermont à Limoges. Cimetière gallo-romain, avec des tombeaux en briques, médailles, vases, urnes funéraires. Cercueils en domite (époque postérieure). Eglise. (Style roman), remaniée. Barthélemy de Gelle, prêtre, étant sur le point de partir pour la croisade (1200), lui donna des revenus. *Prieuré*, aux bénédictins de Saint-Alyre ; supprimé en 1789 ; il avait, sur le bord de la route, à la tête d'un étang (desséché), un petit château orné de tours. *Biographie* : A. J. Roy (1773-1853), poète patois des plus spirituels. Son « *Tirage ou les sorciers* » (1836, 1re édition) est un vrai chef-d'œuvre.

Gergovia. Plateau, au sud de Clermont-Ferrand, 1,800 mètres de long, de l'est à l'ouest, et environ 600 mètres de largeur. Gergovia, en allemand *Ger-gau* ou *Wehrgau*, signifie canton des gens de guerre. Appelé, en 954, 955, 955, *Girgoia*; en 954, *Gergoia*. On a discuté, pour établir d'une manière certaine, où était placée la ville forte de Gergovia, capitale des Arvernes. Il est, aujourd'hui, reconnu qu'elle était située près de Clermont. Napoléon III, qui lui a rendu visite, s'est occupé de sa position stratégique. Gergovia était

A. J. ROY (POÈTE PATOIS)

fortifié, à la manière gauloise, au moyen de poutres et d'assises en pierres entremêlées. Les habitants le défendirent. L'armée de l'immortel chef gaulois, Vercingétorix, campait à l'entour, dans une enceinte que protégeait une redoute d'énormes pierres, haute de six pieds. Chaque jour les Romains étaient repoussés. César, ayant éloigné de la ville la plus grande partie de l'armée gauloise, par une attaque simulée sur un monticule voisin, donna le signal de l'escalade. Les échelles étaient dressées, quand les cris des femmes et des enfants rappelèrent Vercingétorix. Les Romains, pris en flanc, furent culbutés de la ville dans le camp gaulois. Le massacre fut affreux. César perdit 46 centurions et 700 soldats. Il arriva, pour couvrir la retraite, à la tête de sa 2e légion. Il abandonna alors le siège, et gagna le pays des Eduens. (49 avant Jésus-Christ.) Après la reddition d'Alésia et la soumission de Vercingétorix à César, la ville forte de Gergovia ne fut pas détruite et continua à être habitée par les Gallo-Romains, qui, à la longue, l'abandonnèrent, descendirent dans la plaine. En 1149, Guillaume VII, dauphin d'Auvergne, donna la montagne de Gergovia à l'abbaye de Saint-André. La charte de fondation parle des « *masures de l'antique Gergoria* »; En 1765, des fouilles ont mis à découvert un escalier à vis, des chevilles de fer, des carreaux en terre cuite, de la poterie romaine Au commencement du XVIII° siècle, le célèbre Jean Savaron avait recueilli la plupart des monnaies gauloises qu'on trouvait à Gergovia. On offre aux étrangers beaucoup d'objets venus, dit-on, de Gergovia; il faut se méfier de cette marchandise. Nous faisons des vœux ardents pour qu'une statue grandiose soit élevée, sur la montagne de Gergovia, à Vercingétorix!

Gerzat. (Com.). Bourg. Il y a eu un temple romain (les restes enlevés vers 1800.) Eglise. Style roman de transition. Clocher carré. A côté, dans le mur d'une maison, petit bas-relief en pierre blanche, représentant trois scènes de la Passion. Sur le mur d'un jardin, une pierre portant : *Dixme de Saint-Alyre* et, sur une seconde, servant de passerelle : *Dixme du chapitre cathédral*. Bourg fortifié en 1589. Assiégé, pris par les ligueurs (1590). En 1592, il y eut une entrevue, au sujet d'une suspension d'armes entre les royalistes et les ligueurs. Le musée lapidaire de Clermont possède une inscription (de 1280), trouvée à Gerzat, avec armoiries, concernant B. de Sabannaco (de Cébazat?) *Biographie* : *J.-B. Fleury* (1777-1843), savant médecin.

Giat. (Com.). Très beau tumulus, de forme arrondie, sur lequel poussent de gros hêtres. On l'appela (au moyen-âge) *la Mothe*. Le bailli y tenait ses audiences (1627). En 1783, M. de la Salle, capitaine de vaisseau, le fit fouiller. On y trouva des débris de vases de terre et un puits bâti jusqu'à 60 pieds de profondeur. A un quart de lieue au N., quelques polygones en terre, où l'on a trouvé de la mitraille en fonte. (Camp établi du temps de la Ligue?) Eglise romane reconstruite (1874). Dans le cimetière, on voyait une chapelle dédiée à Notre-Dame (mentionnée dès 1585), appartenant aux seigneurs du Ronzet. Elle est tombée en ruines après 1789. La porte (XIII° siècle) sert d'entrée au cimetière actuel. Terre avec titre de baronnie (1625-1789). Foires importantes; connues dès 1359.

Gondole. Le grand camp de César, formé lors du siège de

Gergovia était, dit-on, à Gondolle. On y voit, en effet, un grand campement triangulaire (appelé camp de César.) Le nom viendrait de *Gondolenus*, seigneur de Gondole, en 620, père de Saint-Priest, évêque de Clermont (que l'on croit né à Gondole). Il y avait, avant 1789, une église, possédant de nombreux objets d'art. Je possède un beau tableau sur bois, une madone italienne venant de cette église, érigée en paroissiale, vers 1540, à la demande du cardinal du Prat. Le *château féodal* (conservé, à M. Teillard); aux Escot (1199-1287), de Murols (1300-1425), de Chaslus (1430-1500), du Prat (1500-1581), de Brezons 1600-1677); Chardon (1695-1720), de Laire (1723-1746), Clary de Saint-Angel (1747-1789).

Goutières (Com.). L'église dépendait, dès 1165, de l'abbaye de Menat.

Grandeyrol (Com.). Eglise romane. Au sommet de la montagne, mur solide de 60 m. de long, sur 3 m. d'épaisseur, élevé pour former une redoute au village, (pendant la Ligue ?)

Herment. (Cant.) en latin *Hermencus* (1145). Etymologie deux mots celtiques : *ar* ou *er* (haut, élevé), *men* ou *man* (lieu) Chabrol

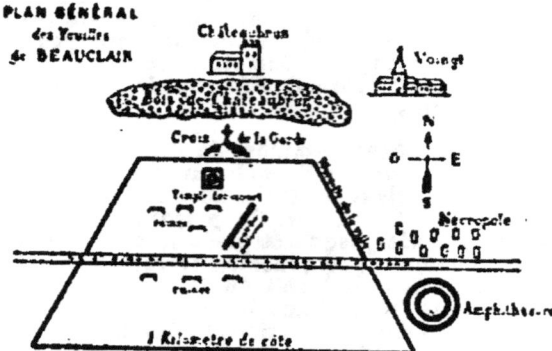

(Coutumes d'Auvergne) le fait venir d'*eremus* (désert). Tradition disant qu'*Herment s'appellait jadis Beauclair*; ceci s'explique parce que la ville gallo-romaine de *Beauclair*, près de Voingt (5 kil. d'Herment), que j'ai découverte et fouillée en 1882, où j'ai trouvé un

temple, avec de belles peintures murales, un grand aqueduc, un amphithéâtre, une nécropole, des vases, etc., fut détruite, en 266, par les hordes du roi vandale Chrocus et sa population fonda, depuis, Herment.

VASE GALLO-ROMAIN DES FOUILLES DE BEAUCLAIR
(Musée Tardieu).

Perché sur un monticule au milieu de vastes plaines, Herment offre une vue des plus étendues de la France. *L'église.* Monument hist. classé; 53 m. de long, 20 de large ; 3 nefs. Toute en pierre de taille. Élevée, en 1145, aux frais du comte d'Auvergne Robert III, seigneur d'Herment. Point trigonométrique (dans l'église) pour la méridienne de Dunkerque à Barcelone (1795) avec inscription (1811). Quelques pierres tombales conservées. Débris d'autels en pierre, avec armoiries; petit berceau de pierre (tombeau). Magnifique tableau sur toile, dû au pinceau du Guide, représentant Sainte-Radegonde, reine de France foulant l'amour (côté droit du chœur). Chapitre de chanoines fondé, en 1232, supprimé à la Révolution.

ÉGLISE D'HERMENT (CÔTÉ DU SUD)

Chapelle de N.-D. de Bonne Nouvelle, élevée en 1466, par Jean Robert, chanoine, réparée récemment (date de 1745, celle de la reconstruction, sur la porte d'entrée). Le *château féodal*, sur le sommet de la butte et des rochers basaltiques; élevé en 1140, par Robert III, comte d'Auvergne. Le donjon (carré) démoli en 1789. Ce château a disparu dans un incendie allumé par les Ligueurs (1592). Traces de fossés autour. Vestiges de murs et de blocs de maçonnerie du donjon. Herment a été chef-lieu de baronnie de 1370 à 1789. Charte de Commune et de privilèges (1267). Ville agrégée, en 1588, aux 13 anciennes de la Basse Auvergne. Fortifiée dès 1288. Enceinte de murs et fossés entourant la butte; démolie par les Anglais lorsqu'ils prirent la ville (1370). En 1435, on refit une clôture plus petite. Il y avait quatre portes. Le tout démoli vers 1690. On voit encore quelques traces de fossés. Ville prise en 1370, 1383 (par les Anglais) ; en 1432, par Pierre de Beaufort, vicomte de Turenne ; en 1588, par les Hugue-

CHŒUR DE L'ÉGLISE D'HERMENT

nots ; en 1592, par les Ligueurs. En 1465, pendant la ligue du bien public, les ducs de Bourbon et de Nemours assemblèrent, près de la ville, une armée de 6,000 hommes. En 1523, le connétable de Bourbon y coucha, lors de sa fuite. En 1638, Pierre de Besse, prédicateur du roi Louis XIII, ancien doyen du chapitre d'Herment, y a fondé une école gratuite (la rente s'en paye encore). Promenade des Murs, (rappelant l'enceinte de la ville), (panorama magnifique). Les illustres Arnauld, du Port-Royal, marquis de Pomponne, sont originaires d'Herment. *Biographie : Henri Arnauld* (1483-1564), notaire royal, châtelain d'Herment, reçut le connétable de Bourbon (1523); *Ant. Arnauld* son fils, (1500-1585), procureur général de Catherine de Medicis; l'abbé *J. B. Bouyon* (1760-1833), prédicateur, auteur. Au dessous d'Herment, à l'occident, ruines d'un couvent (détruit au xive s.), dont on voit encore les fossés pleins d'eau. On croit qu'il a été habité par des Templiers (supprimés en 1309). Je l'ai fait fouiller ; j'y

RÉSIDENCE ET MUSÉE DE L'AUTEUR

ai retrouvé les fondements d'une petite chapelle. *Musée Tardieu*. Fondé, par l'auteur de ce *Guide*, dans une ancienne habitation où il réside ; renferme des antiquités gallo-romaines (fouilles de Beauclair), des tableaux de diverses écoles, une collection (unique et de valeur) de 7,000 portraits gravés ou lithographiés sur Paris; un précieux portefeuille (broderie d'or, sur satin, armes de Savoie) provenant du roi de Sardaigne : Victor-Amédée III (1790), une bibliothèque, une chambre décorée dans le style François Ier, etc

Ce musée n'est pas public. Il faut écrire d'avance pour le visiter.

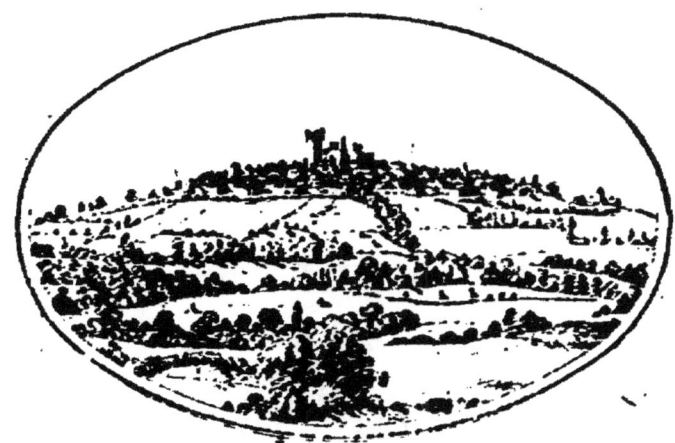

HERMENT AU XIV° SIÈCLE

Ybois. Le *château* existait en 1385. G. Revel en donne un dessin (1450). On possède un autre dessin de 1552. Démoli, en 1633, par ordre de Louis XIII. Il en reste des vestiges. Vers, de 1552 :

> *Je suis Ybois, très forte place,*
> *Où il croît de bon froment ;*
> *Car la terre y est bonne et grace.*
> *J'ai de bons vins et largement*
> *Poiz et febves pareillement*
> *Et tant de fruicts et de nourriture*
> *Que de l'argent semblablement*
> *Force prez et bonne pastures.*

La reine Marguerite de Valois, fugitive du château de Carlat, vint s'y cacher (1585). Seigneurs : d'Ybois (1292); comtes d'Auvergne, Catherine de Médicis ; Marguerite de Valois qui fit don de cette terre aux pauvres d'Usson (1605), *Eglise :* de transition (une seule nef).

Issoire. Ville. (AR.) *Ysiodorum* (vɪe siècle.) On a cru que le nom vient d'Isis, déesse, qui y était adorée et de Dorus, prétendu fils de Bituitus, roi des Arvennes. L'Etymologie serait aussi 2 mots celtiques : *Ysio* ou *Ycio*, lieu, *dorum*, rivière. En 1213, ville im-

ÉGLISE DE SAINT-PAUL D'ISSOIRE

portante, (la *Vie des poètes provinciaux*, dit : *Yssoiri que era un ric borg.)* Le dicton porte : A *Issoire bon vin à boire, bon pain à manger, belles filles à voir,* que l'on exprimait par ces quatre vers patois :

Puë mœ aurœ ni puë cœure
Ne Izont pas tourty d'Essoeyre
Ni par de beun ri bieure
Et de dzenta fille reyre.

Vers 1780, découverte d'urnes antiques, chargées de caractères romains, (au fauboug du Pont). *Eglise de Saint-Paul.* Paroissiale. Monum., hist. classé (56 mèt. de long, 16 m. 60 de large), l'un des plus complets et des plus beaux du département. Type de l'école romano-byzantine auvergnate. Edifiée par Gilbert, premier abbé du monastère d'Issoire; consacrée en 938, par Bernard, évêque d'Auvergne.

Abbaye de bénédictins, fondée en 938, supprimée à la Révolution. Vue

PAUL II ARDIER
(1590-1672)

LE BARON GIROT DE LANGLADE
(1782-1856)

de cette abbaye dans le *Monasticon gallicanum* (fin du XVIIe siècle). Au VIe siècle, école célèbre. Saint Louis passa à Issoire, (254); Philippe le Bel s'y arrêta (1285); le roi Louis XI y vint (1465) François Ier y entra (1533); La religion de Luther s'y introduisit en 1540 En 1547, Jean Brugière, luthérien, y fut arrêté et brûlé vif (1547). En 1564, la peste y fit périr 2,400 personnes. Le capitaine Merle, chef des religionnaires prit Issoire (1575) Le duc d'Alençon (frère du roi Henri III) avec les ducs de Guise, de Mercœur, etc., et 10 pièces de canon, 2000 Suisses, vinrent pour reprendre la ville qui fut prise et soumise à toutes les horreurs d'un massacre et du pillage. On plaça une colonne au milieu des débris fumants avec cette inscription : *Icy fust Issoire !* Les murs d'Issoire furent rasés, puis relevés en 1578. Le comte de Randan, ligueur, s'empara de ce lieu et le pilla (1589). Les habitants de Clermont le reprirent (1590). Charles de Valois, comte d'Auvergne, le surprit ; la citadelle fut rasée (1595). En 1629, le cardinal de Richelieu y passa. En 1631, peste. Charte de commune (1270). Vers 1490, Austomoine Bohier avait fait bâtir l'Hôtel-de-Ville, ainsi que le beffroi, orné d'une horloge. On voit peu de restes de l'enceinte de la ville. *Biographie* : *Ant. du Prat* (1463-1535), chancelier de France ; *Thomas du Prat* (1488-1528), évêque de Clermont ; *P. Antony*, né vers 1185, jurisconsulte ; *Jean Barillon*, secrétaire du chancelier du Prat (1515), auteur d'un journal manuscrit ; *G. Haini* (1807-1873), musicien, chef d'orchestre de l'Opéra de Paris ; *Ant. Bohier* (1460-1519), cardinal ; *Thomas Bohier*, frère du précéd. général des finances en Normandie, né vers 1465, mort en 1523 ; *Guy Moranges*, ministre protestant à Genève (1560) ; *Paul II Ardier*, né vers 1590, mort en 1672, président en la Chambre des Comptes (Paris) ; *J.-B. Brès*, romancier (1760-1817) ; *Aug. Bravard*, paléontologue (1828), le baron *H.-J. Girot de Langlade* (1782-1856), député, pair de France, etc.

Job. (Com.). *Jo* (950) Etymologie de Jupiter (*Jovis*)? Au S.-E., roche de la Volpie, où les fées, dit-on, opéraient des miracles. Eglise du xve s., 3 nef. *Château* (à M. de Hautpoul) ; dans le parc. jet d'eau (hauteur prodigieuse).

Jonas. *Curiosité.* Visiter les grottes de Jonas, que l'on dit avoir été habitées primitivement, à l'époque celtique et, en 1309, par les Templiers, l'année de la destruction de leur Ordre : On y voit une chapelle, des appartements nombreux, taillés dans le roc ; etc. : *Chapelle* : donnée (1223) à l'abbaye de Chantoing, à Clermont, *Château* : Taillé dans le roc (Il en reste des ruines).

Joze (Com.). A 4 ou 5 kilomètres, vers le sud, la rivière de l'Allier met à nu, (1824), les restes d'un grand temple gallo-romain (bases d'une colonnade). On croit que ce temple était dédié à Jupiter ; de là, le nom de *Joze (Jovis)*. En 1826, les eaux de l'Allier laissèrent visibles des massifs énormes de maçonnerie, des pierres taillées, des portions de voûte, des vases en terres cuites. Une nouvelle crue couvrit ces débris. Les plus grosses colonnes recueillies ont 0 mèt. 66 ; les chapiteaux sont d'un travail soigné. (Recueillis, en 1826, dans le jardin de M. Jaladon.) *Château féodal* : Vaste et fort beau ; démoli vers 1780. [peu de vestiges] *Biographie* : Là, naquit, en 1555, *Henri de la Tour d'Auvergne*, maréchal de France, premier duc de Bouillon, père de Turenne ; mort à Sédan en 1623. (V. son portrait p. 229.)

Jozerand (Com.). *Château féodal* ; construit de 1450 à 1500. Bien conservé (au comte de Chabrol, ancien député, dont le père y a fait d'intelligentes réparations). Nic. de Nicolay dit que c'était une belle maison seigneuriale (en 1569). A l'intérieur : Bahuts, lustres flamands ; une très belle chaire venant du monastère de Vic-le-Comte ; des faïences italiennes du xvie siècle ; plusieurs beaux meubles venant de Basville (château des Lamoignon). *Seigneurs* : De Giat (1382-1456) ; de la Quenille (1450-1500) ; de Rochefort-d'Ailly (1569-1772) ; de Champflour (1780-1789).

CHATEAU DE JOZERAND

Jumeaux. (Cant.) Eglise ; clocher élevé en 1831.

La Baraque. Origine de ce lieu : quelques années avant 1789, le chapitre de la cathédrale de Clermont voulut faire exploiter, près de la montagne du puy de Dôme, une carrière de pierres de taille. Il fit bâtir une maisonnette destinée aux ouvriers. Les carriers de Volvic, craignant que leur avenir ne fût compromis, forcèrent les ouvriers à renoncer à leur entreprise ; de sorte que lorsque Le Grand d'Aussy, en 1795, alla visiter le puy de Dôme, il ne restait que la maisonnette, à laquelle, par dérision, on avait donné le nom de *Baraque de la Cathédrale*. Le nom de Baraque est, depuis, resté à ce lieu. De nombreuses auberges y ont été construites.

La Barge, situé à 3 kilom. de Courpière. *Château féodal* : Des plus intéressants et des mieux conservés de l'Auvergne. Fossés de 16 m. de largeur et pleins d'eau qui l'enveloppent sur 3 faces ; tours isolées qui dessinent une première enceinte, avec hautes tours percées de meurtrières. Beaux arbres qui l'entourent dans un magnifique parc; la Dore coule auprès et rappelle ces vers, bien connus, de Chateaubriand.

Ma sœur, te souvient-il encore
Du château que baignait la Dore
Et de cette tant vieille tour
    Du more
Où l'airain sonnait le retour
    Du jour.

CHATEAU DE LA BARGE

Les plus anciennes parties du château, du XIIIe siècle. (Il en reste les 4 tours d'angle); Le château a été rebâti en 1517, comme l'indique une inscription. Voir la belle colonnade de cette époque ainsi que les galeries à balustres du 1er étage reliant le château à la chapelle. Celle-ci, élevée, en 1560, par les soins d'Etienne de la Barge, comte de Lyon, prieur de Sauviat, par J. Chassouneri, maître maçon d'Augerolles. Un tableau du temps représente le seigneur de la Barge faisant vœu de bâtir la chapelle. Dans cet oratoire, on voit des nervures armoriées et de bien précieux vitraux (de 1500 environ) représentant la famille de la Barge, (celle du propriétaire du château) savoir : Etienne de la Barge, abbé de Saint-André-les-Clermont ; François, son frère, seigneur de la Barge, chevalier de l'Ordre du roi ; Gabrielle des Essarts, sa femme ; Antoine de la Barge chevalier, seigneur de la Barge, et dame Charlotte de Rivoire, père et mère des trois précédents; Loys de la Barge, abbé d'Ydrac, comte de Lyon.

L'intérieur du château restauré avec goût : Grand salon Louis XV, avec plafond peint ; tenture de damas rouge d'une belle conservation. Tableaux de famille : marquis de Montmorin, gouverneur de Fontainebleau (mort en 1701) ; marquis de Montmorin, ministre des affaires étrangères (1787) ; marquis de Langeac, sénéchal d'Auvergne (1699-1741) ; marquis de Louvois (mort 1691), le maréchal d'Estrées (mort 1734) ; etc. Collection d'objets d'art ; souvenirs de famille, notamment : une pendule Louis XVI, portant, sur le cadran, le nom du marquis de Montmorin, maréchal de camp des armées du roi, etc. Véritable musée réuni par les soins intelligents de la châtelaine actuelle, la comtesse d'Aurelle de Montmorin-Saint-Hérem. *Seigneurs* : de la Barge : (1250-1652) ; de Cordebœuf de Beauverger-Montgon (1652-1711), de Montmorin (1711-1789).

La Celette (Com.). *Cella* (1118). L'église dépendait de l'abbaye d'Ebreuil. *Seigneurs :* de Durat (1566-1719).

La Chartreuse (V. Port-Sainte-Marie).

La Combelle. Mines de charbon les plus importantes du département. La première machine à vapeur, introduite dans le bassin de Brassac, y fut installée, en 1809, par M. Maurice Sadourny.

La Faye. *Château féodal ;* situé sur une crête fort pittoresque (il en reste une tour crénelée). *Seigneurs :* de la Faye (1294) ; l'Hermite de La Faye (de la famille de Bouillé du Chariol) de 1383 à 1527 ; Faye d'Espeisses (1570-1638), de Provenchères (1789).

Lafayette. *Château féodal* (détruit), [on en voit quelques vestiges.] *Seigneurs :* Motier de Lafayette (1250-1789) ; Famille qui a donné un maréchal de France sous Charles VII, qui aida à chasser les Anglais de la France et le célèbre général, marquis de Lafayette, qui a tant contribué à l'indépendance des Etats-Unis de l'Amérique. C'est lui qui fut le dernier seigneur de ce lieu, en 1789.

La Grangefort. *Curiosité.* (On laisse visiter avec permission spéciale). *Château moderne*, dans le style féodal du xive siècle, (à M. le vicomte Jean de Matharel). Donjon carré, machicoulis, tours circulaires, pont levis, etc. Il a été élevé par un homme distingué : feu M. le vicomte Victor de Matharel (mort en octobre 1885). Intérieur : Meubles anciens, portraits historiques, magnifique salle à manger en style gothique ; salons, ornés de peintures

CHATEAU DE LA GRANGEFORT

polychromes, notamment une splendide cheminée avec une inscription, rappelant, qu'en 1592, ce château fut pris et brûlé par les Ligueurs. Belle cheminée en bois sculptée (au 1er étage) avec le portrait (ancien) de la reine Marguerite de Valois ; chambre dite de Monseigneur de Pons, évêque de Moulins (mort en 1849), avec grand lit à baldaquin. La principale curiosité est le splendide lit en soie rouge, brodé d'or, doublé de soie blanche, à pentes, provenant du château de Villeneuve (V. ce mot), acheté 10,000 fr. François Ier y a couché en 1533. Tapisserie représentant Godefroy de Bouillon. Bibliothèque de livres d'art. *Seigneurs* qui ont possédé le château : d'Ambillon (1370-1445); de Pons de la Grange (1445-1789).

La Montgie. (Com.) *La Monge*, c'est-à-dire *la religieuse*. Avant 1789, de la paroisse de Mailhat. Érigé en paroisse au Concordat (1802). Le roi Henri IV permit de conserver les fortifications élevées autour de ce village pour le garantir des gens de guerre (1595); on voit les restes de cette muraille.

La Morême. *(Mort-Rayno).* C'est l'entrée dite *des bois*, sur la route nationale; à la réunion des paroisses d'Allagnat et de Laschamps. Il y avait une chapelle (établie au XIIe siècle), attenante à un bâtiment servant d'hôpital pour les voyageurs qui traversaient ce défilé infesté de brigands. Vers 1280, l'évêque de Clermont en fit don à l'hôpital de Saint-Barthélemy, qui la possédait encore en 1789. Chapelle et hôpital ont disparu depuis.

La Peyrouse. *Seigneurs :* de la Peyrouse (1310-1500); de la Fayette (1485); de la Barge (1617-1666). Depuis 1666, les seigneurs de la Barge. (V. ce mot)

CHATEAU DE LAQUEUILLE, EN 1820 (AVANT SA DÉMOLITION)

Laqueuille. Jadis *La Queuille.* (En patois) *La Cotha*, 1205-1285. Dans le langage patois pyrénéen, *La Cotha* signifie cabane de bergers. (Ce lieu était occupé, à l'origine, par des cabanes).

Eglise du xve siècle, remaniée au xixe ; érigée en collégiale (1492). La paroisse n'a été établie qu'à cette époque. (Antérieurement, elle faisait partie de Perpezat.) Le *château féodal* : Bâti vers 1200, par Aymon de Rochefort, qui reçut en partage la terre de Laqueuille. Il en existait encore des ruines importantes, en 1829. (Démolies depuis.) *Seigneurs* : de Rochefort, dès 1130, dont un cadet, Bertrand de Rochefort, prit le nom de *La Queuille* (vers 1283). Une héritière de La Queuille porta cette terre (en 1537) aux de Montboissier-Canillac qui gardèrent Laqueuille jusqu'en 1662 environ. Puis, viennent les de Chaudessolle (1670), de Lamoignon, de Langeac (1761-1789). En 1360, les Anglais prirent Laqueuille.

La Rocheblanche. (Com.) Jadis La *Roche Donezat* (1411). Grotte dite de César. On croit que c'est dans ce bourg que cet empereur y établit son petit camp, lors du siège de Gergovia. Eglise. D'abord petite chapelle. Paroissiale depuis 1570 environ. Le *château* : forteresse située au dessus du bourg, dans le lieu de Donnezat *(Donaziacum)*. J. Revel en donne le dessin (1450), qui indique que le bourg était fortifié ; mais la forteresse avait été rasée et 1392. En 1391, les routiers anglais s'emparèrent de ce château ; le roi envoya (1392), une petite armée, commandée par le maréchal Boucicaut qui le reprit.

La Roche-Sanadoire. *Rupes sonatoria* (1315), c'est-à-dire roche sonnante, parce que le rocher, qui compose cette montagne, est formé de *phonolithes*. Rocher basaltique, taillé à pic. Au xiiie siècle, il y fut établi le siège d'une prévôté royale ; on y bâtit, alors, un château imprenable pour y loger le prévôt. Cette prévôté comprenait 43 paroisses. Le château fut pris, après des prodiges de valeur, en 1375, par Louis II, duc de Bourbon, sur les Anglais, qui comptaient dans la place 80 capitaines et 300 hommes d'armes. Il fut alors rasé par ordre du duc. Froissart, dans ses *Chroniques*, raconte toutes les phases de ce siège. Au dessous du domaine de chez Barat, belle pierre branlante, de l'époque celtique, appelée *roche de Deveix*. La Roche-Sanadoire appartient à M. le comte de Bonnevie de Pogniat.

La Rochette. *Curiosité : Château féodal* (à M. Micolon de Guérines). Il y avait un château du xive siècle, qui a été remplacé, vers 1868, par feu M. Léon de la Farge, en une belle et vaste construction gothique, avec donjon carré. *Seigneurs* : de Miremont (vers 1260), de la Rochette (1337-1369), de Neuville (1457-1545), de Pauneveyre (1546-1730), de Combes (1762-1789).

La Sauvetat. *Salvitas* (1287). En 1833, au territoire de Guzara, découverte d'une statue de Cérès en grès. (Musée de Clermont) et, à côté, une tête de Mercure; dans le voisinage, ruines d'une villa. Église des XIII° et XIV° siècles, enfermée dans la forteresse. On y voit une Vierge assise, de cuivre massif et émaillée, d'un travail admirable, que fit faire, en 1319, Odon de Montaigut, grand prieur des hospitaliers en Auvergne; voici l'inscription qui l'indique: *Dominus Hodo de Montcaculo, hospitalarius, prior Alvernhie, fecit fieri hanc ymaginem ad honorem Beate virginis. Anno domini tricen-*

LOUIS II, DUC DE BOURBON (V. P. 235)

tesimo decimo nono. — *La forteresse*: Au milieu du village; fort curieuse; au centre, tour circulaire (XIII° siècle); plusieurs étages voûtés, servant de prétoire et de cachot. On ne pouvait y arriver qu'en traversant des ruelles, vrai labyrinthe, et après avoir franchi deux portes fortifiées. L'enceinte était défendue par des tours. Le tout existe, (vrai modèle). Le nom latin de *Salvitas*, donné à ce lieu, lui vient de ce que c'était un asile pour les criminels (charte de 1324). En 1440, pendant la Praguerie, le clergé et la noblesse de la Basse Auvergne, s'assemblèrent à la Sauvetat. En 1586, peste. *La commanderie* : Aux chevaliers de Saint-Jean de Jérusalem (plus tard Malte); existait dès 1324; dépendait de celle d'Olloix (V. ce mot) supprimée à la Révolution. *Biographie :* B. *Monestier*, né en 1717, jésuite.

Laschamps. *La Chalm* (1305). L'étymologie vient de la position de ce lieu au milieu des bruyères, que l'on appelait, jadis *La Chalm*. Eglise du xive siècle. *Seigneurs :* L'abbaye de Beaumont jusqu'en 1789.

Lastic. (Com.) depuis 1872. *L'église :* paroissiale, depuis le Concordat, était, avant 1789, une dépendance de la commanderie (Ordre de Malte) de Tortebesse, qui l'avait fait construire anciennement.

Latour d'Auvergne. (Cant.). Appelé de *Turre* (depuis le xe siècle). Berceau de l'illustre et puissante maison de la Tour d'Auvergne (dont Baluze a publié la généalogie). Les femmes portaient à leur tête, comme ornement, un cercle de cuivre appelé *serre-malice*, usage remontant, peut-être, à l'époque gauloise. Il a persisté jusque vers 1810, où mourut, à Latour, le dernier fabricant de ces ornements. *L'église :* chapelle seigneuriale, érigée en paroisse (1802.) On a élevé (1871), sur la montagne de Nazy, une chapelle à N.-D du Sacré-Cœur. Petite ville fortifiée dès 1380. François Ier permit d'en relever les murailles (1546). En 1588, elle fut agrégée aux 13 anciennes villes de la Basse-Auvergne. Charte de privilèges, confirmée en 1284. Chef-lieu d'une vaste baronnie. Le *château :* construction féodale très forte; sur des basaltes. Vaste panorama. Démoli (1625) comme dispendieux à entretenir. *Seigneurs :* de la Tour d'Auvergne (937-1518), de Médicis (1518), la reine Catherine de Médicis († 1589), de Valois (1589-1606), la reine Marguerite de Valois (1606), Louis XIII, roi; de Rochechouart (1620); de Broglie (1668-1786), de Caylus (1789). *Biographie :* Ant. *Allègre* (1500-1570), chanoine, auteur; *Michel Moulin* (1745-1811), député; *F. Boyer* (1738-1800), député. (V. p. 111).

La Tourgeyon. Château féodal (détruit). Avant 1789, on y voyait une église paroissiale et un hôpital. En 1685, il y avait des protestants.

Lavaure. Beau château, bâti en 1710, par Joachim-Joseph d'Estaing, évêque de Saint-Flour, mort en 1742, puis à son neveu, le marquis d'Estaing qui le vendit, en 1743, à Anne de Caldaguès, président à la cour des aides de Clermont dont la fille épousa (1753), Mathieu Rodde, seigneur de Vernières. Ce château passa à feu M. le baron de Romeuf. Il appartient à M. le vicomte de Chérisey.

qui a épousé la fille de ce dernier et qui est issu d'une des plus nobles familles de haute chevalerie de la Lorraine.

Le Bouchet, comm. d'Yronde. Abbaye de bénédictins. Appelée, d'abord, *Vauxluisant (Vallis lucida)*. Fondée (1192) par un

CHATEAU DE LAVAURE (V. P. 232)

comte d'Auvergne. La chapelle abbatiale était le Saint-Denis des comtes d'Auvergne. On y voyait leurs curieux mausolées, depuis celui du fondateur (1191). Au XVIe siècle, ces mausolées mutilés par les Huguenots. Baluze a donné la gravure (*Hist. de la mai-*

son d'Auvergne, de quelques-uns. Il reste des voûtes effondrées de cette abbaye, supprimée à la Révolution.

Le Breuil. (Com.) Vers 1210, le seigneur fit élever une chapelle au dessus du pont, il la donna à l'abbaye de Saint-André, (Clermont) qui en fit le chef-lieu d'un prieuré. En 1170, Revel a donné le dessin de ce bourg qui était fortifié. En 1571, le capitaine huguenot Merle fit prendre la cloche du village voisin de Saint-Remy de Chargnat, la fit transporter au Breuil et fondre pour

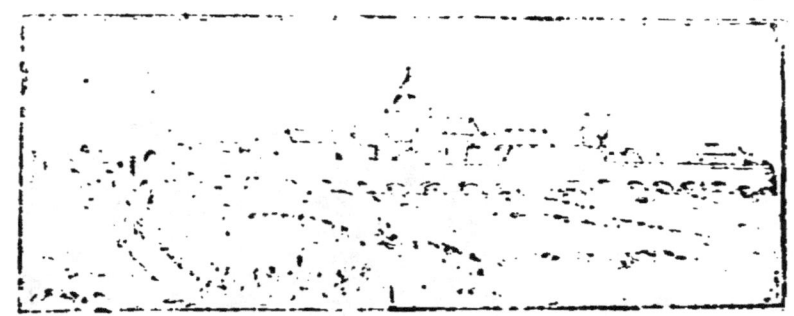

LE BREUIL, EN 1450

l'usage d'un canon. Vers 1400, le seigneur du Breuil enleva, par l'intermédiaire de ses valets, une jeune et jolie Hollandaise qui se rendait en pèlerinage à Notre-Dame du Puy. Le duc de Berry confisqua, alors, son fief.

CHATEAU DU BROC, EN 1450

Le Broc. (Com.) Le Mont-Pauline (xe siècle). Entre Lavor et le Broc, grand territoire appelé *champ de la bataille*, avec des médailles romaines. Chapitre de chanoines, fondé en 1516. Le roi Lothaire passa au Broc (982). Charte de privilèges aux habitants (1240). *Le château* : Construction féodale; donjon du XIIIe siècle; adjonctions du XIVe (beaux restes). Voir, ci-contre, le dessin de Revel (1450). Légende sur le laboureur Perret. Terre qualifiée baronnie. *Biographie : Jean du Bouchet* (1599-1634), historiographe et généalogiste célèbre ; auteur savant.

Le Cendre. (Com.). *Lissandrum* (ix° siècle). Dans les fouilles de l'église (1861), à 1 mètre de profondeur, antiquités romaines (vases en terre grise, un bois de cerf pétrifié, un instrument tranchant). Le roi Pépin (761), porta ses dégâts au Cendre.

Léclache ou **l'Eclache**. *Abbaye de Bernardines de Citeaux.* Fondée, probablement, vers 1140, par Robert III, comte d'Auvergne. En 1435, le roi Charles VII permit de fortifier le monastère, qui fut incendié en 1637. En 1645, les religieuses furent transférées à Clermont. Il reste quelques pans de murs. On y voit une petite chapelle (celle du monastère), diminuée de plus de moitié, avec de curieuses dalles tumulaires des abbesses. Croix gothique dans le village (xv° siècle). *Biographie : Louis de Léclache,* né vers 1620 ; il enseigna la philosophie avec succès ; auteur. Mort en 1671, à Lyon.

Le Monestier (Com.). *Monascola* (1232), c'est-à-dire petit monastère, nom qui lui vient de son prieuré de bénédictins dépendant de la Chaise-Dieu ; supprimé en 1789.

Le Montel de Gelat (Com.). *Montelium Degelatum* (1270) ou *Montel le Degelé.* L'église, suivant la tradition, aurait été bâtie par le seigneur du lieu, à la prière du pape Innocent VI, son frère (mort en 1362) ; édifice, en effet, du xiv° siècle. *Château féodal :* Il existe encore. Une tour a été ouverte, au xvi° siècle, et décorée de 2 belles croisées (style renaissance). Le connétable de Bourbon, fugitif de Chantelle, y passa (1523). Terre qualifiée baronnie avant 1789. Le marquis de Canillac, ligueur, incendia le Montel-de-Gelat (1590). *Biographie : G. J. Serstron de la Besse,* né vers 1760 ; à la fin du xviii° s., il se mit à la tête des royalistes d'Auvergne.

Le Puy-Saint-Galmier (Com.). Eglise romane. Clocher refait à neuf. Le *Puy* (montagne) ; *Saint Galmier,* serrurier, puis sous-diacre à Lyon (mort en 650) patron de la paroisse. Ces 2 mots ont formé le nom. Voile, de 1640, pour le calice et la messe, aux armes de l'abbesse de Saint-Genès, Charlotte de Villelume (curieux). Le *château.* Restes d'une tour en ruines ; dévoré par un incendie (1604). Le Donjon s'écroula de vétusté (1689). Il y avait 4 tours. *Sei-*

gneurs : De Chaslus (1303-1513), de Bosredont (1513-1789). Terre qualifiée baronnie (1600-1789).

Le Vernet-la-Varenne. Eglise remaniée au xiv° s. Sur la porte, linteau avec la main de Dieu qui bénit. Haras, créé, en 1791, (supprimé). Aux environs, mine de plomb exploitée dès 1751; au village de Pégut, mine de cuivre et carrière d'améthystes. Les Espagnols exploitaient les améthystes, mais, en 1784, les habitants des environs, s'imaginant qu'elles renfermaient un trésor, tuèrent les Espagnols. Un Belge, nommé Balat, a repris, récemment, cette exploitation au village d'Escout puis l'a abandonnée.

Les Martres de Veyre. (Com.). *Annoilium* (en 995) ou *Annoil*. En 1260, on l'appelait *Saint-Martial* (vocable de la paroisse). Aux pieds de Corent (1852), cercueil en chêne, à 2 m. 50 de profondeur, renfermant le corps d'une femme embaumé à la méthode des Egyptiens, avec un vase en argile, 3 monnaies de billon, des noisettes; cette femme, vêtue d'un schall passé au bras, avait un bracelet de cuivre ; ses pieds ornés de babouche; ensevelie, sans doute, par des Sarrasins (732). Pillé par le comte de Randan, ligueur (1589). Le duc de Nemours, autre ligueur, y fit camper ses troupes (1591).

Les Pradeaux (Com.). Fief démembré de Nonette (V. ce mot). *Seigneurs :* Rochette (1393), de Pons (1723-1789).

Les Roches. Château féodal (au comte de Reynaud de Monlosier) bien conservé (xve siècle); fossés ; tours à poivrière ; machicoulis. *Seigneurs :* de Meyronne (1222-1341), les dauphins d'Auvergne (1361), les Aymé ou Aimé (1361-1781), De Reynaud (1781-1789).

Lezoux (Cast.). *Liensannum* (vers 150). *Château Laudan* (iiie siècle), *Lodosum* (1212). Au N.-E., nombreux fours à poterie, gallo-romains, retrouvés en grande partie et fouillés par M. le docteur Plicque, médecin à Lezoux, qui a formé (à Lezoux) une magnifique collection de vases gallo-romains. On croit que saint Austremoine s'arrêta ici, en 253, en venant prêcher le christianisme. Il y fit, dit-on, un miracle et 2,000 personnes se convertirent; le temple dédié à Apollon fut renversé. Un atelier de monnaie (époque mérovingienne). L'église paroissiale de Saint-Pierre avec chapitre de chanoines supprimé à la Révolution (mentionné dès 1283). L'église de Notre-Dame (romane) vendue en 1793, sert de remise. Les Anglais prirent Lezoux (xive siècle). Charles VII permit de fortifier de nouveau la la ville (1445); déjà (1315) elle était entourée de murs ; il y existait une forteresse dès 1212. Restes d'une vieille tour féodale. En 1588, agrégée aux 13 anciennes villes de l'Auvergne. En 1592, les royalistes la prirent; reprise la même année par les ligueurs; ce qui donna lieu à la fondation d'une procession, dite de l'*assaut*, jusqu'en 1789. *Biographie* : *J. Sales*, jésuite (1556-1593), prédicateur, massacré par les huguenots; *Françoise Bony* (1684-1759), supérieure des sœurs grises à l'hôpital de Saint-Germain-en-Laye (sa vie publiée); *G. T. Dufresse* (1751-1815), évêque en Chine, martyrisé. [Sa cause pour la béatification introduite, 1843].

Ludesse (Com.). Auprès, restes de constructions gallo-romaines, dites *Maison des Fées*.

Madriat (Com.). *Maceriacum* (xi⁰ s.). Eglise romane (xi⁰ s.).

Mallhat. *Masliacum* (1096). L'église; du xii⁰ siècle; monum. hist. classé. Clocher remarquable. Bâtie, probablement, par les bénédictins de Sauxillanges, dont elle dépendait dès le xi⁰ siècle; paroissiale jusqu'en 1789.

Malauzat. *Biographie* : *Claude du Bourg*, né au château de ce lieu, en 1522, ambassadeur près de la Porte, surintendant de la navigation dans les mers du Levant.

Manglieu (Com.). *Magnus Locus* (959), c'est-à-dire lieu habité par *Magnus*. En 656, il s'appelait *Tudurnensis*. Médailles romaines. Eglise : Ancienne abbatiale. Monum. hist. classé l'un des plus remarquable du département. Intérieur de l'abside (xi⁰ s.). Porche (xii⁰ s.); portail (xiii⁰ s.); quelques parties du xv⁰. L'extérieur de l'abside paraît du viii⁰ siècle. Cuve baptismale fort belle; bénitier de marbre blanc; colonne antique de marbre; tombeau du xii⁰ siècle. Découverte (1527) du tombeau d'un abbé; le musée de Clermont possède le haut de la crosse qui s'y trouvait (xiii⁰ ou xiv⁰ s.). L'abbaye, l'une des plus anciennes (ordre de Saint-Benoît) en France. Elle a été chef d'ordre jusqu'en 1710. Fondée, dit-on, par un prêtre appelé *Magnus*, fondation favorisée par Saint-Genès, évêque. Par une charte du roi Pépin, elle devait être un lieu d'asile pour les criminels. Au ix⁰ siècle, ravagée par les Normands. Supprimée (1773) et ses biens réunis à ceux de l'Hôtel-Dieu de Clermont.

Massat (Cant.). L'église (reconstruite en 1872). On y voit de belles stalles en bois (xviie siècle), provenant de la Chartreuse du Port Sainte-Marie. *Biographie* : *François Delarue* (1788-1842) docteur-médecin à Paris, auteur savant.

LE DOCTEUR DELARUE

Maringues (Cant.). *Marengues* (1286). Etymologie : viendrait des marais qui l'entouraient, jadis. Eglise, mélange de style roman (le chœur) et de style ogival. Prieuré établi vers 1060, par saint Robert, fondateur de la Chaise-Dieu. Prêche pour les protestants, en 1603, avec un temple (supprimé en 1685). En 1566, la sénéchaussée de Riom vint à Maringues à cause de la peste. Charles IX, qui avait passé à Saint-Priest-Bramefant, y coucha (1566). Pris par les royalistes (1589). Charte de commune (1225). Jadis, beaucoup de tanneries (le commerce des cuirs se faisait avec Lyon). En 1789, les ingénieurs qui travaillaient à la carte de France furent pris pour sorciers ; on les poursuivit à coups de pierre. Le gouvernement envoya la maréchaussée pour les protéger. Chef-lieu de la terre de Montgascon. *Biographie* : le capitaine *Chappes*, royaliste, tué au siège de Lezoux (1593) ; *M. J. Baudet-Lafarge* (1765-1832), du conseil des Cinq-Cents ; *P. Andrieu* (1735-1809), député.

Marsac (Com.). *Marciacum* (xie s.). Etymologie celtique : *mar*, mare, croupissant ; *sac*, eau. Eglise (xve siècle). Peintures murales détériorées. Chapelle des Pénitents. En 1577, le capitaine Merle, chef des protestants, pilla Marsac, qui, déjà, avait été saccagé par les protestants, et qui le fut une troisième fois (1577) par le même Merle, lequel y brûla 120 maisons. Peste, en 1588. Des protestants y résidaient en 1685. Le célèbre Mandrin y passa (1754). *Biographie* : *B. N. Pacros*, membre du conseil des Cinq-Cents (1795).

Marsat (Com.). Le Père Sirmond et Savaron croient que c'est

Martialis où les légions de Jules César prirent leur quartier d'hiver. *Marclacensis* (VIe siècle). Eglise mentionnée par Grégoire de Tours (VIe siècle); refaite au XIVe siècle. Il reste un vieil usage (existant dès 1383) : Le jour de la procession de la Sainte-Amable (en juin), à Riom, la marguillerie de cette église fait porter une roue de fleurs naturelles pour acquitter un vœu à l'église de Marsat. Cette roue était, avant 1789, de cire blanche, et les habitants de Marsat devaient donner un repas à ceux qui la portaient. Le roi Louis XI, étant à Marsat, pendant la ligue du Bien public, avec son armée, y fonda un autel et une messe dans l'église. *Prieuré* de bénédictines existant dès 746 (il y a eu jusqu'à 60 religieuses, à l'origine). Supprimé à la Révolution. Le *château*. Rebâti richement sous François Ier; brûlé (1590) par les Ligueurs. Rebâti; démoli (1793).

Maurifollet. Près de Perrier. *Curiosité :* La *tour*, dite de *Maurifolet*, posée sur une masse de tuf isolé, résultat de l'érosion des eaux, doit son nom à *Morin Follet*, à qui elle a appartenu, primitivement. Morinot de Tourzel, seigneur d'Allègre, l'acheta (1403) avec le four banal et les maisons attenantes, situés à la roche de Perier, moyennant 50 écus d'or; le vendeur fut Jean de Chaslus, damoiseau, seigneur de Tours, qui la tenait de son père, Etienne, dit le Boyer, lequel l'avait acquise de noble Jean de Dorette, fils de Pierre.

Mauzun. *Maudunum* (1207). *Mozun* (1510-1790). *Dunum*, mot celtique (lieu élevé). *Château feodal*. Habitation d'été des évêques de Clermont; édifiée au XIIIe siècle. L'une des fortes places de la Limagne. Triple enceinte avec 19 tours. Le château proprement dit, flanqué de 4 tours, était carré. Démoli vers 1750. On y conserva alors quelques chambres pour les prêtres du diocèse que l'évêque de Clermont faisait enfermer en prison. Joachim d'Estaing, évêque de Clermont, y mourut en 1650. Robert d'Auvergne, évêque de Clermont, reçut Mauzun en don (1209). Jusqu'en 1789, on compte 33 de ses successeurs évêques qui ont possédé cette forteresse.

Mellhaud. L'étymologie vient de la situation au milieu des eaux. Eglise (XVe s.). Bénitier en marbre de 1512. *Château*. Bâti vers 1450; forteresse carrée, dont G. Revel donne le dessin (1450); entouré de fossés. Le maréchal d'Allègre (mort en 1733) fit commencer un nouveau château dont les plans et dessins se trouvent à Paris (Biblioth. nationale, estampes, topographie, Puy-de-Dôme). Ce nouveau château, entrepris d'une manière princière ne fut pas continué après sa mort; ce qui était commencé fut démoli. Le duc d'Alençon, frère du roi Henri III y coucha (1577). C'est là qu'il tint son conseil de guerre avant d'assiéger Issoire.

Mejanesse. Non loin, un dolmen. A Mejanesse, villa gallo-romaine. Petite forteresse féodale existant en 1240 ; démolie. Au lieu du Cheix, restes d'anciennes habitations en pierres sèches.

Menat. (CANT.). *Manathensis* (vie siècle). *L'église.* Mon. hist. classé (restauré de 1817 à 1819). Ancienne abbatiale ; érigée en

RUINES DU CHATEAU DE MAUZUN

paroisse, en 1802. (Avant 1789, Menat de la paroisse de Neuf-Église.) Édifice roman ; 3 nefs, (23 m. 50 de long, 3 m. 80 de largeur ;) chœur (fin du xive siècle) ; la tour du porche a été abattue vers 1825. *Abbaye.* Fondée en 538 ; d'autres disent 511 ; aux Bénédictins. Supprimée à la Révolution. *Biographie :* **Simon Bauer**, artiste sculpteur, du xviie s. L'église du Moustier d'Ahun (Creuse) conserve, de lui, les magnifiques boiseries du chœur.

Messeix. (Com.). *Mesces* (xie siècle). Au nord (terroir de la

Landine), cimetière gallo-romain. *Eglise* (xie siècle, remaniée au xive); portail du xiiie; à l'abside, croisée du xve s. Clocher du commencement du xixe siècle. Donnée (1060) par la famille de la Tour-d'Auvergne aux Bénédictins de Sauxillanges. Couvent de religieuses hospitalières de la Miséricorde de Billom, fondée en 1818, dans l'ancienne habitation de la Forest de Bulhon.

Miremont (Com.). *Miromons* (1150). Eglise romane; mentionnée dès 1147. *Château féodal :* En haut du monticule (quelques ruines). Rebâti par Jacques d'Albon de Saint-André, maréchal de France (1560); avait 5 tours. Seguin de Badafol, capitaine de routiers anglais, s'en empara et en fit son quartier général (1374). Terre titrée vicomté (1580-1789).

Mons. Château (habité par Mme Martha-Becker, comtesse de Mons). On y voit, dans le parc, une célèbre inscription en l'honneur d'Apollon, sur marbre blanc; celle-ci de forme *cubique*, provenant, dit-on, du temple gallo-romain de Wasso (en haut du Puy-de-Dôme) élevée par les Arvernes. Le château de Mons a appartenu aux de Mons (1490), Rigauld (1619-1660), Forget (1660-1789), au général Becker (mort en 1840), puis à son neveu, M. Martha-Becker, comte de Mons, mort en 1885.

Montaigut en Combraille. (Cant.). *Mons acutus* (1287). Jadis, on y fabriquait des armes à feu. *Château.* Il consistait (1569) en un donjon, quatre tours, le tout environné de fossés, de ponts levis. Il en reste des vestiges. *Eglise* romane; remaniée. Lanterne des morts dans le cimetière (4 mèt. de haut), couverte en dalles. Chapelle de N.-D. de Bonne-Nouvelle (connue dès 1569). Charte de commune (vers 1230). De 1297 à 1299, Robert, comte de Clermont, seigneur de Montaigut, y fit donner de magnifiques tournois. Le roi Charles VII y coucha (1440). En 1465, Jacques d'Armagnac, duc de Nemours, seigneur de Montaigut, y assembla, pendant la Ligue du Bien public, une armée de 6,000 hommes contre Louis XI. En 1596, de Leviston, capitaine écossais, s'en empara. *Baillage royal*, créé vers 1416, avec bailli de robe-courte; fort étendu. *Biographie :* G. *Beaulaton* (1733-1782, professeur, traducteur.

Montaigut-le-Blanc. (Com.). *Montaigut-sur-Champeix.* Au S.-O., *chami de la fade* (époque gauloise). Église romane ; située sur une partie séparée du monticule. Bourg fortifié. (Il reste des parties de murailles, des tours). En 1450, Revel en donne un curieux dessin (fort exact, si l'on compare à l'état actuel). *Château féodal* (au marquis de Laizer). Du XIII° siècle ; remanié au XV° (magnifiques ruines). *Seigneurs* : de Montaigut (1078-1540), Itier de Joran (1580-1606) de Chauderasse (1606), d'Allègre, (1685-1733), Desmarets de Maillebois (1733-1775), de Laizer (1775-1789). *Biographie* : P. G. *de Montaigut* (en 1230), grand-maître de Saint-Jean de Jérusalem ; P. *de Montaigut*, (en 1233) ;

Montaigut-le-Blanc (vue actuelle) (côté du levant)

MONTAIGUT-LE-BLANC, EN 1450

grand-maître du Temple ; P. *Andraud* (1728-1808), jurisconsulte, auteur ; G. *marquis de Laizer*, († en 1808), naturaliste, colonel. De 1781 à 1790, son château de Montaigut fut le rendez-vous d'un grand nombre de savants ; J. L. M. *marquis de Laizer*, né en 1782, colonel, naturaliste, etc.

Montboissier. [*Mons buxerius*, montagnes couverte de buis].

Château féodal (il en reste des vestiges). *Seigneurs* : la maison de Montboissier, illustre, a pris son nom de ce fief qu'elle a possédé de 960 à 1789.

Monteel (Com.) *Château féodal* (restes de quelques murs). L'église (XIe siècle). *Seigneurs* : comtes d'Auvergne ; de la Tour d'Auvergne (XVe siècle) ; Catherine de Médicis, reine († en 1589) ; de

CHATEAU DE MONTAIGUT-LE-BLANC (ÉTAT ACTUEL)

Rochechouart (1617) ; de Broglie (1668). De 1668 à 1789, les seigneurs de la Tour d'Auvergne. (V. ce mot.)

Monteelet. *Mons Lœtus* (995). 740 mèt. d'altitude. Butte élevée. *Château féodal*. Perché sur une montagne. Il en reste une tour carrée (10 mètres de haut), presque entière ; autres restes de tours ; 3 enceintes ; fossé, au nord. En 1592, il était occupé par des maraudeurs. Le sénéchal de Clermont les assiégea et les chassa. *Seigneurs* : de Montcelet (1080-1129) ; Blanc (1129-1341) ; de Lévis-Ventadour (1540) ; de Roziers (1561-1750) ; de Mâcon (1750-1789).

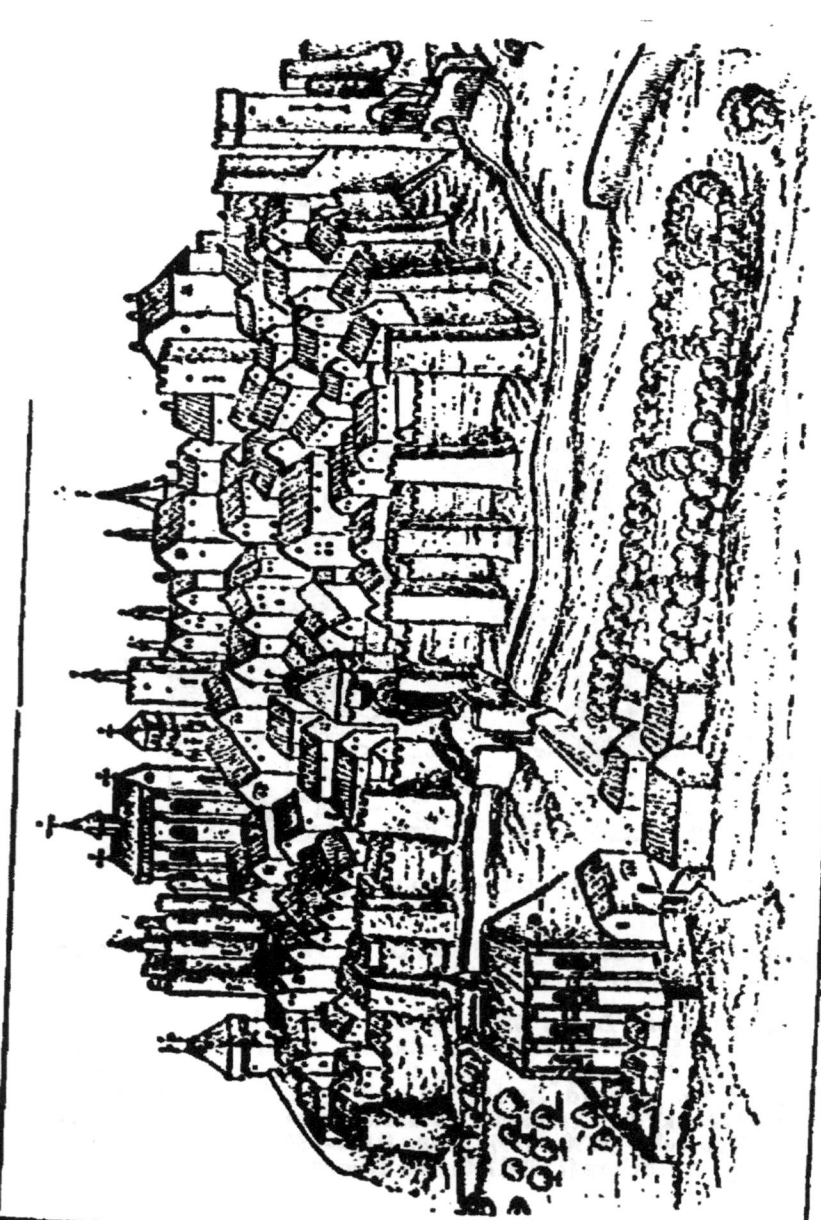

MONTFERRAND, EN 1550.

Montespedon. *Château féodal* (il reste un pan de muraille; une tour penchée). *Seigneurs* : de Blot (1243); de Chauvigny (1301-1697); Faure (1760); de Champflour (1760-1789); Ebrard (1350-1450); de Grivel (1506-1547).

Montferrand. Ville, réunie à Clermont-Ferrand par édits de 1630, 1731 (4,800 habit.) *Mons ferax* (1186) ou montagne forte. *Eglise.* Mon. hist. classé (XIIIe s.) agrandie au XIVe et XVe s.; ancienne chapelle du château, 2 clochers; l'un bâti en 1381 ; celui du nord reste (lanterne avec cloche d'horloge de 1567); l'autre démoli pendant la Révolution. Chapelle aux pieds de la tour du nord, contre-arcature à sa voûte, motif unique en Auvergne. Riche portail. Boiseries de la Renaissance. Commanderie de Templiers supprimée (1309); donnée à la commanderie des chevaliers de Saint-Jean-de-Jérusalem. Les bâtiments existent (rue du Temple). Cimetière de Saint-Robert. On y voyait (1789) un tombeau (XIIIe s.) attribué à la comtesse Brayère; un fanal des morts (XIIe s.), lanterne de pierre; démolie en 1796. Ville entourée d'une forte enceinte, percée de portes. (Démolie vers 1740.) Nous donnons (p. 249), le curieux dessin de Revel (1450).

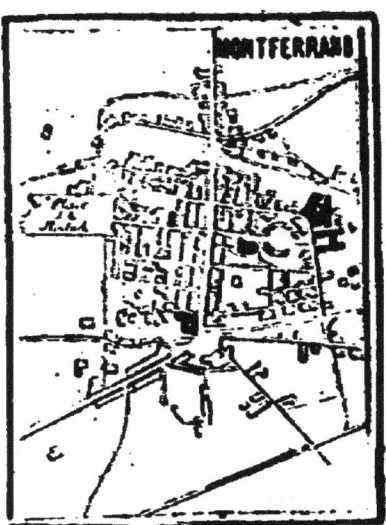

PLAN DE MONTFERRAND

Grand nombre de maisons en bois (XVe et XVIe s.); escaliers majestueux. Maison dite de l'Eléphant (XIIIe s), au S. de l'église; de l'Apothicaire, à l'angle des rues de la Rodade et de la Fontaine (XVe s.). Maisons du notaire Desplats (rue de la Fontaine, 1586); des Mallet (1510 environ) près de l'église (armoiries des Mallet aux clefs de voûte); hôtel de Jean de Doyat, gouverneur de Montferrand (1480), rue de la Rodade, belle porte gothique, etc.; ces maisons, jadis, à des magistrats, des bourgeois (occupées par des artisans). (On laisse visiter.) En 1120, le pape Calixte II était à Montferrand; en 1173, Henri II, roi d'Angleterre, s'y trouvait, avec Humbert, comte de Maurienne. Philippe le Bel s'y arrêta (1285). Les Templiers d'Auvergne enfermés dans le château de Montferrand (1307). Le roi

Charles VII s'y arrêta (1424). Jean de Doyac, gouverneur d'Auvergne a une oreille coupée par sentence, devant l'hôtel du baillage (1481). Deux protestants y subissent le supplice du feu (1547). Passage de Charles IX (1566). Peste (1631). *Sièges* : 1134, par Louis le Gros ; 1196, par l'armée de Philippe-Auguste ; 1388, pris par les An-

MAISON DITE DE L'ÉLÉPHANT A MONTFERRAND (XIIe SIÈCLE)

glais, dirigés par Perrot le Béarnais. Charte de privilèges (1291). *Château féodal*. Très fort ; Circulaire, assemblage de tours rondes ; au centre, donjon carré. Démoli en 1633. (On voit la place circulaire où il se trouvait.) En 1379, curieux arsenal composé d'arbalètes et armes à feu. Terre qualifiée comté (1199). Voir à g. du portail de l'église la vieille barre de fer (longue d'une *aune*) servant de mesure avant 1789. *Biographie*: L. *d'Albiat*, † 1370, médecin du pape Innocent VI, évêque; *J. de Boissières*, né en 1557, poète; l'abbé *G. Girard*, † en 1748, de l'Académie française; *P. Giraud*, cardinal, † en 1850; *A. Gras*, dit *Le Gras*, né vers 1575, époux de Louise de Marillac, fondatrice des sœurs grises; *L. Giry*, † en 1665, traduc-

MAISON DITE DE L'APOTHICAIRE, A MONTFERRAND (XVe SIÈCLE)

teur; *P. Mambrun*, † en 1661, jésuite, poète; *Jean Masuer*, né vers 1380, célèbre jurisconsulte; *C. Pasturel*, né vers 1585, carme déchaussé, auteur; *J. Pasturel*, né vers 1610, poète; *G. Pasturel*, né vers 1615, poète; *E. H. Thévenot*, né en 1707, peintre verrier.

Montfort. *Château féodal* du XVIe s. (à Mme la marquise de Chavaudon, née du Hamel) avec tours. Près de Vernet-la-Varenne. Porte d'entrée avec curieuse grille de fer. Fossés. *Seigneurs* : de la Rochefoucauld (1640), de Cordebœuf de Beauverger de Montgon (1640-1721), de la Rochelambert (1721-1789).

LE CARDINAL GIRAUD
(V. p. 252)

Montmorin (Com.). *Mons Maurinus* (1350). *Château féodal.* Forteresse importante. (Il en reste de belles ruines.) Charte de pri-

E. H. THEVENOT   J. DE BOISSIÈRES
(V. p. 252)   (V. p. 252)

vilèges aux habitants (1238). *Seigneurs* : Berceau d'une maison illustre, que l'on croit cadette des Montboissier, et qui a possédé ce fief de 954 à 1713. Voir, à la Biblioth. de Clermont-Ferrand, un splendide manuscrit (4 vol. in-fol.), écrit et illustré par la comtesse de Corneville, née de Montmorin Saint-Hérem, dernière de son nom († 1871), intitulé : *Généalogie de la maison de Montmorin*.

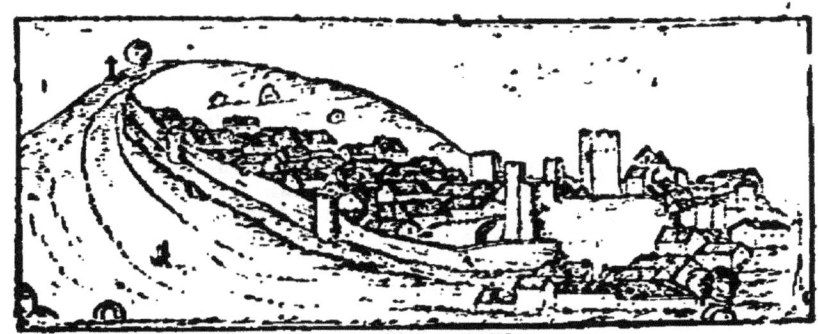

MONTON EN 1450

Monton (Com.). *Montanicus* (860). *L'église* avec portail gothique. Avant 1789, la paroissiale était celle de Saint-Alyre, mais il y avait

DOM VERDIER-LATOUR

une chapelle élevée en 1030 ; prêtres communalistes. Sur la hauteur, vierge moderne colossale (1860). Monton était fortifié. Le dessin de Revel (1450) le prouve. Pris par les royalistes sur les ligueurs (1590).

Le duc de Nemours, ligueur, y fit camper ses troupes (1591). *Château. Forteresse* dès 1060 ; et, en 1140, aux bénédictins de Sauxillanges ; consistait (1315) en une tour carrée, entourée de murailles, servant de prison. Les *Barberin*, qui ont donné le pape Urbain VIII († en 1644) et des cardinaux, étaient, dit-on, originaires de Monton. *Biographie :* C. *Lamy* (1754-1842), membre du conseil des Cinq-Cents. — Près de Monton, à Saint-Hilaire, naquit, en 1742, dom *Verdier-Latour*, bénédictin de Saint-Alyre, érudit. Il a sauvé la cathédrale de Clermont-Ferrand de la démolition, pendant la Révolution.

Montpensier (Com., depuis 1874). *Mons Pancherii* (1165). Eglise (XIIe siècle, romane). Vieilles ferrures romanes à la porte. *Château féodal*. Placé sur une butte dominant la Limagne. Existait dès 1165. Il y avait, alors, une chapelle. Il était magnifique. Siméoni, seul, dans sa carte de la Limagne (1561) semble indiquer qu'il était composé d'un donjon carré, à l'ouest (couvert en forme dôme). Rasé, en 1633, par ordre du roi. (Ce rasement coûta 5,000 livres.) En 1789, on n'y voyait que peu de ruines et la prison du baillage. Il n'en reste rien. La butte, qui possède des carrières à plâtre, a changé elle-même de physionomie. Le roi Louis VIII y est mort (1226), en revenant de la guerre des Albigeois. Merlin, célèbre sorcier, avait prédit, dit-on, ce fait en disant : le lion (Louis VIII, dit *le lion*) mourra sur sa *montagne du ventre*. En 1371, le connétable Du Guesclin y passa. En 1591, les ligueurs le prirent. Erigé en comté (1350) ; en duché (1539) ; ce duché, avant 1789, le plus vaste du royaume. Baillage ducal avant 1789. *Seigneurs* : de Thiers (927-1155), de Beaujeu (1170-1308), de Dreux (1308-1346), de Chauvigny (1316), de Ventadour (1316-1381), duc de Berry (1381-1416), ducs de Bourbon (1416-1527), le roi François Ier (1527-1531), de Bourbon-Montpensier (1533-1626), d'Orléans (1626-1789). Le duc de Montpensier, fils du roi Louis Philippe, porte le titre de duc de Montpensier.

Montpeyroux. *Mons Petrosus. La tour féodale* (fin du XIIe siècle) ; au milieu du village, circulaire, bien conservée ; avant 1789, la propriété des seigneurs ; et, depuis, du village.

Montrognon. En latin *Mons rugosus* (montagne rugueuse). *Château féodal*. Bâti, en 1190, par Robert Ier, dauphin d'Auvergne, troubadour célèbre, qui attira, à Montrognon, les poètes en renom : Hugues de Peyrol ; Pierre d'Auvergne, dit le Vieux ; Perdigon, poète provençal ; Brunet, natif de Rodez ; Bertrand d'Aurelle ; Pierre de Moissat ; Pons de Capdeuil, seigneur de Vertaizon. Robert est considéré comme l'un des chevaliers les plus magnifiques et les plus

RUINES DU CHATEAU DE MONTROGNON (CÔTÉ DU NORD)

accomplis de son époque. Le château de Montrognon était un modèle du genre. Il présentait un massif de constructions solides (genre du château de Tournoël). Le plan, espèce de trapèze, entouré de bâtiments destinés au seigneur, à une garnison. Les angles protégés par des tourelles à demi engagées. Donjon à trois étages voûtés; consolidé par des chaines en grès blanc de Jussat; surmonté de la *guette* (qui existe) et d'où la sentinelle observait. La porte du château en vue de Ceyrat; précédée d'un pont-levis, d'un fossé. Petite chapelle dans le château (1281). Il résista aux sièges des Anglais (XIVe siècle), des Huguenots (XVIe siècle), des ligueurs (XVIe siècle). Démantelé; rasé en partie, en 1633, par ordre du roi Louis XIII, auquel il appartenait. En 1828, l'une des principales tours s'écroula

CHÂTEAU DE MONTROGNON (CÔTÉ DE L'EST)

avec fracas. Les vents des 19, 20 et 21 février 1840 firent écrouler un pan de muraille et une portion de tour. Pour garder la place, les seigneurs nommaient un capitaine. Terre titrée baronnie (1789). Justice seigneuriale avec un bailli. Le seigneur de Montrognon avait un capitaine des chasses dans sa terre. *Seigneurs* : comtes d'Auvergne (1119-1166), dauphins d'Auvergne (1195-1426), ducs de Bourbon-Montpensier (1426-1527), le roi François Ier (1527), Catherine de Médicis, reine (1551-1589), Charles de Valois, comte d'Auvergne (1589-1606), la célèbre reine Margot (1606-1649), le roi Louis XIII, les ducs de Bouillon (1651-1761), les Guerrier, seigneurs de Romagnat, Bezance (1764-1789). Le 22 avril 1781, les sieurs Vignon et Gony, dit Naca, s'étant mis à creuser un puits de 10 pieds de profondeur, près de la tour de Montrognon, où ils croyaient un trésor enfoui, se virent ensevelis sous les matériaux de ce puits et restèrent ainsi jusqu'au mardi suivant. Vignon y périt et Gony put être extrait sain et sauf.

Montredon. *Mons Rotundus. Château féodal :* Forteresse avec donjon carré; enceinte de 8 tours circulaires. (Il en reste des pans de murs.) Au-dessous, seconde et faible enceinte. Revel donne le dessin du château (1450). Le voici :

CHATEAU DE MONTREDON EN 1450

Un village, au-dessous, a disparu; à côté, champ de foire. *L'église* au S.-E. (style roman), en ruines; (la paroisse de Montredon transférée à Ponteix). *Seigneurs :* de Montgascon (1255-1279); comtes d'Auvergne (1279-1375); de Roger-Beaufort (1375-1432); de la Tour d'Auvergne; Catherine de Médicis, reine († 1589); Marguerite de Valois, reine (1606); Louis XIII, roi; de Rochechouart (1635); de Broglie (1660); de Fontfreyde (1712-1768).

Montrodès. *Mons Rodesius* (1330). *Château féodal.* Pris (761) par l'armée du roi Pépin. Ruines d'une tour. Terre qualifiée baronnie (1670). *Seigneurs :* Brun (1246); de Chaslus (1303-1452); de la Mothe (1413); de la Rocheymon (1422-1506); Faure (1540-1548); de Serment (1610-1670); de Girard (1670-1692); Dauphin de Leyval (1692-1750), de Veyny d'Arbouse (1789). — Sur le monticule, petite pyramide (1811) portant le nom du maréchal de Gouvion qui visita l'Auvergne et Montrodès.

Mozat. *Musiacum* (vie siècle). Etymologie : lieu placé au milieu des eaux. *L'église abbatiale* (seul reste de 5 qui ont existé dans ce bourg). Paroissiale depuis 1802. Fin du xie siècle ; modifiée après la Révolution. Beau mon. hist. classé. On y conserve une précieuse châsse (42 centimètres de long sur 25 de large et 40 de hauteur, le plus bel exemple connu des émaux de Limoges, faite, dit-on, de 1251 à 1293, représentant saint Calmine, sainte Namadie, saint Austremoine, Pierre, abbé de Mozat, les 12 apôtres. Sur la place, croix en pierre (inscription gothique à l'honneur de celui qui l'a élevé : un moine sacristain de Mozac). *Abbaye.* De l'ordre de Saint-Benoît, fondée en 561, par Calminius, duc d'Aquitaine ; ruinée par les Sarrasins (732). En 764, le roi Pépin y transféra, avec toute sa cour, le corps de saint Austremoine, qui

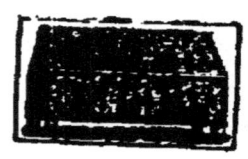

CHASSE DE MOZAT

ABBAYE DE MOZAT EN 1120

était à Volvic. Ravagée par les Normands (xe s.). Visitée par le pape Alexandre III (1165). Bâtie en forme de forteresse (dès 1120). Revel (1450) en donne le dessin. Les Huguenots prirent Mozat (1592). Charles de Valois, comte d'Auvergne, s'en empara (1595) et fit raser l'enceinte. Le roi Louis XI y signa un traité de paix (1465). Peste, en 1585. *Biographie* : *G. de Mauzac* (on le croit né à Mauzat), grand sénéchal de France (1180), ami du ministre Suger.

Murat-le-Quaire. (Com.). Etymologie : Murat, *murus altus* (mur élevé). Le village de *Quaire* est au-dessous dans la vallée, d'où le nom de Murat-le-Quaire. *L'église* (xive et xixe s.). *Château féodal.* Placé sur une roche basaltique. Bâti vers 1200. Délabré en 1304 ; alors reconstruit. Pris, en 1382, par les Anglais. En 1799, il en restait une tour élevée. On en voit peu de débris. Vue splendide. En 1624, une partie du rocher du château écrasa une maison avec 4 personnes. *Biographie* : F. *Guillaume la Serre*, né en 1729, médecin savant, helléniste ; A. *Guillaume* († en 1789), jésuite, professeur ; P. *Guillaume*, jésuite (1762), bon prédicateur ; M. *Guillaume*, † en 1820, professeur savant.

CHÂTEAU DE MUROL

Murol. (Com.). *Murolium* (1145). On croit que c'est la forteresse de *Castrum Meroliocense*, prise par le roi Thierry (532). Chapelle romane (xie s.). Elle a servi d'église paroissiale jusqu'en 1658. Une inscription (1658), sur l'église actuelle, rappelle cette translation. Le *château féodal* (à M. le comte de Chabrol), vrai merveille. Bâti sur un rocher basaltique. Partie occidentale, du xive siècle ; les trois autres des premières années du xve. Guillaume de Murol, seigneur de Murol, s'occupait de son agrandissement en 1412, par un architecte nommé Pierre Celeirol On y voyait, alors, des pièces richement ornées. Chambres tendues de futaine blanche et d'estamine blanche, semées de chouettes et relevées, tantôt, par les armes de Murol, qui se reproduisaient sur un triple rang, tantôt, par 3 bandes d'une étoffe plus riche dont 2 formaient les bordures et la troisième courait au milieu. Les hommes d'armes avaient des appartements tendus de serge rouge, sur laquelle on avait brodé des cygnes, dans l'autre, des perroquets. La chambre du cardinal (Jean de Murol) était tapissée d'une étoffe blanche que relevaient des médaillons en broderie représentant un mouton enclos dans un parc de verdure. L'abbé d'Estaing fut le dernier qui habita le château (1712); il résidait dans un petit édifice construit au sud, vers 1680. En 1592, le château résista aux royalistes. La grande porte du château ornée des armoiries d'Estaing, écartelées de Murol, beau linteau (1550 environ). *Seigneurs* : Comptours d'Apchon (928) ; Chamba, dit de Murol (1223-1180) ; d'Estaing (1180-1770) ; l'évèque de Clermont, Monseigneur Le Maistre de la Garlaye (1770) ; Guillaume-Michel de Chabrol, l'auteur des *Coutumes d'Auvergne*, acheta Murol vers 1785 ; dernier seigneur (1789). *Biographie* : *Jean de Murol*, né dans le château de Murol, ✝ en 1399, cardinal ; *François d'Estaing*, né dans le même château, ✝ en 1732, lieutenant-général, gouverneur de Douai.

Nébouzat. (Com.). Eglise (fin du XIIe s.). Fortifications curieuses (fin du XIVe siècle), augmentées, en 1444, par le maréchal de Lafayette Commanderie de chanoines dits Antonins (de 1355 à 1521). Souterrain du moyen âge (va à Saliens).

Neschers (Com.). Haches celtiques en pierre trouvées par le savant abbé Croizet, curé de Neschers ; monnaies celtiques globuleuses. Découverte des restes d'un temple de Diane: poterie romaine, briques à rebord. Eglise (XVe siècle). Camp (Moyen Age), dit de Batailloux, de la Bade et de la Flecheyr, sur un plateau élevé de 90 mètres [superficie de 150,000 mèt. ; 4 enceintes; pouvait contenir 30,000 hommes ; établi, dit-on, par l'armée de Philippe-Auguste, 1209-1213].

Nonthat. (Com.). Prieuré supprimé à la Révolution ; dépendait des Bénédictins d'Issoire.

Nohanent (Com.). Eglise moderne. Tumulus au S.-E., sur le bord de la route. Source sacrée (sous les Gaulois) ; cette source magnifique fait la fortune des habitants (blanchisseries à linge de

Clermont). D'abord consacrée à saint Martial, on érigea, au-dessus (xᵉ siècle), une chapelle de sainte Anne, où l'on a célébré la messe jusqu'en 1790. Les derniers vestiges ont disparu en 1838. Suspendue au-dessus de la source par des arceaux romans et des colonnes à chapiteaux grossiers (qui existent). Nohannent fortifié (1589).

Nonette. (Com.). Tradition : l'ancien nom serait *haut et clair* (cri de guerre des Comptours d'Apchon); le nom de Nonette donné parce que la place fut confisquée sur un d'Apchon qui avait enlevé une *nonette* ou jeune religieuse. Au-dessous, dans la vallée de l'Allier, en trouva (1789) un sarcophage de marbre d'un empereur romain.

CHATEAU DE NONETTE, EN 1450

Église. Architecture ogivale (1500 environ). Porte byzantine ; zodiaque de style barbare ; modillons. Charte de privilèges donnée par Philippe-le-Bel (1288). Ville fortifiée. (On voit des restes de remparts, une porte.) Le roi Charles VII y était (1458). Agrégée aux 13 anciennes (1588). Assiégée inutilement par le duc de Nemours (1592). *Château féodal* : sur une butte élevée. Forteresse redoutable, dès 1160. Assiégée par le roi Louis VII (1169) ; prise (1213) par l'armée de Philippe-Auguste. Le duc de Berry la fit reconstruire somptueusement par son architecte (Guy de Dammartin), de 1373 à 1382. Revel (1450) donne le dessin de ce véritable palais.

Rasé (1633) par ordre de Louis XIII. Il reste quelques pans de murs ; on voit l'entrée ; partie de la rainure de la herse. Carrière de marbre jaunâtre, ouverte vers 1780. *Biographie* : *J. Amariton*, né en 1525, † en 1590, célèbre avocat.

Novacelles. (Com.). *Nova cella*. Pris par le capitaine huguenot Merle (1577), et les Huguenots (1591).

Olby. (Com.) *Olbionensis* (xe s.). Découverte d'une statuette de Mercure. *Ubium* de la célèbre carte de Peutinger (ive siècle). Dans le jardin du presbytère, superbe tumulus qui supportait (1234) un château féodal. Eglise romane (1230-1789).

Olliergues. (Cant.). Chef-lieu de l'une des premières baronnies. Avant 1789, pas d'église paroissiale. (Elle était à la Chabasse). *Château féodal*. En partie détruit (sert de mairie, maison d'école). Ville prise (1577), par un détachement de l'armée du capitaine Merle, composé de huguenots ; mais la population chassa ces derniers, étant dirigée par le jeune seigneur de la ville, âgé de 22 ans. En 1631, peste. (Maisons des xive et xve siècles). *Seigneurs* : de Meymont (993-1275), de la Tour d'Auvergne (1275-1789).

CHATEAU D'OLLOIX EN 1450

Olloix. (Com.). A l'est, une pierre branlante et, à 2 kil. plus loin (terroir de Tessonnière), autre pierre branlante. Eglise. (xiie s. et partie du xve). Tombeau d'un chevalier templier, enchâssé dans le mur du sud, avec statue couchée. Le peuple avait fait de la statue un *saint Gouerou* (guerrier) ; détruit par le curé (vers 1845). Ancienne église paroissiale placée sur le plateau de Liosun. (Ses débris ont bâti celle de Cournols). *Commanderie*. Les templiers l'occupèrent (jusqu'en 1309) ; elle fut alors donnée aux Hospitaliers de Saint-Jean-de-Jérusalem (1309 - 1789). Revel donne le dessin de la forteresse de la commanderie (1450). (Il en reste quelques parties).

Orbeil. (Com.). *Urbellum* (xe siècle). L'église. Mentionnée dès le xe siècle.

G. COUTHON
conventionnel.

Orcet. *Urticidum* (vie siècle). *Ursetum* (1286). Eglise (chœur roman). Beau portail du xiiie s. Guillaume VII, comte d'Auvergne, dit le jeune, avait fortifié Orcet d'une forte muraille, flanquée de très grosses tours aux angles, précédée de poternes, (vers 1170). Il reste une poterne dite du Four. Enceinte fortifiée au couchant par le château, lourde masse, flanquée de 2 énormes pavillons carrés, dont un seul est debout (à M. le vicomte Aragonnès d'Orcet.) *Biographie* : G. A. *Couthon*, né à Orcet, mort sur l'échafaud (1794).

Orcines. (Com.). *de Ursinis* (1070). Eglise (xive s,). Clocher moderne. *Seigneurs* : de Girard (1620) ; chapitre cathédral de Clermont (1695-1789).

Orcival, en latin, *Urcivallis* (vallée de l'ours). A l'époque gallo-romaine, il y eût un temple à *Orcus* ou Pluton ? D'autres affirment que les ours habitaient, jadis, les montagnes voisines. Une porte de l'église d'Orcival offre une peau d'ours clouée solidement sur les battants. La tradition affirme que c'est celle du dernier animal tué dans la vallée. Prieuré de bénédictins à la fin du xie siècle ; supprimé, en 1347, et uni à celui de Saint-Robert de Montferrant. *Eglise*. Monument historique classé (xiie siècle), l'un des plus importants de la France centrale. Fondé par les comtes d'Auvergne, avec l'aide du prieuré d'Orcival. Clocher de la fin du xiie siècle. Un tremblement de terre lui fit une grande lézarde (1490). Crypte. Trois nefs. Statue miraculeuse de la Vierge. Elle attire un nombre considérable de pèlerins. Le pèlerinage a été élevé (1884) par le Pape Léon XIII, au rang des quatre plus grands du monde chrétien par son affiliation à Notre-Dame de Lorette. La statue remonte à l'époque romane ; elle est assise, revêtue d'une plaque métallique, moins la figure (comme celle de Châteauneuf-les-Bains ; v. p. 20). En 1375, Louis II, duc de Bourbon, après avoir pris, sur les Anglais, la forteresse de la Roche-Sanadoire, vint suspendre son pennon fleurdelysé devant cette image vénérée. Ce pennon existait en 1429. On croit qu'il a été conservé jusqu'à la Révolution. On voit, hors de l'église, de très antiques chaînes de prisonniers, accrochées aux murs. Il y en a une que l'on dit d'un chevalier croisé. Dans l'église, trois navires (ex-votos) ; parmi ces navires, une galère (du temps de Louis XIII). En 1631, Clermont, affligé d'une peste, fit vœu à Notre-Dame d'Orcival ; ce vœu a été rempli jusqu'en 1789. Pilier, dans l'église, dit la *piale*, dont les femmes stériles font le tour. Chapitre collégiale fondé en 1245. Son sceau, dont je possède, dans mon musée privé à Herment (Puy-de-Dôme), la matrice, pièce de cuivre (de l'an 1400) représente la Vierge, assise dans une chaise et tenant un oiseau sur le poing ; au devant, un pèlerin prosterné. Près d'Orcival, cimetière avec tombes sur le bord du chemin. Il remonte au xe siècle. (Grandes dalles en pierres formant le cercueil.) Il y avait là une petite église qui a précédé celle existant. Maisons du moyen-âge avec tourelles, croisées à meneaux, portes à ogive, blasons. Terre qualifiée baronnie. (Voyez la gravure de l'église d'Orcival, p. 108.)

Paladuc. Château. *Seigneurs :* Morvault (1464-1473), de Palladuc (1512-1587).

Pardines. (Com.). Détruit par un éboulement (1733).

Pardon. *Pas-Redond* (1340).

Parentignat. (Com.). *Parentiniacus* (951). Le roi Lothaire et la reine Emma s'y arrêtèrent (982). *L'église* (xiie s.) Prêche et temple de protestants (1618). En 1685, huit familles le fréquentaient. Près de ce lieu (avant 1789), un bac sur l'Allier. (Aux familles de Florac 1387, de Tourzel, 1387 ; d'Apchier 1618, Duranty, 1618. En 1825, 30 bateaux, chargés de glace, partirent du port de Parentignat, (prix 100.000 fr.) ; destinés au café de la Rotonde et au café de Paris, à Paris. *Château.* Grand édifice du xviiie siècle (à M. le marquis de Lastic, d'une des plus nobles et plus illustres familles de l'Auvergne, qui compte un grand-maître de l'Ordre de Saint-Jean-de-Jérusalem au xve siècle). Dans le château, grand nombre de portraits historiques, tapisseries. Chartrier intéressant.

Paulagnat. On dit qu'il y a existé un temple à Apollon : de là, l'étymologie. *Château féodal.* (A M. Magaud-Daubusson.) Bien conservé ; tours. *Seigneurs :* Genois (1270), de Perol (1315) ; Chabert (1366), de Langeac (1555), de Chabannes (1580-1775), de Ribeyre (1775-1789).

Pérignat-ès-Allier. (Com.). Voie romaine. Colonne milliaire avec le nom de l'empereur Adrien (aujourd'hui au musée de Moulins). (Haut. 10 pieds, diamètre 2 pieds.) Découverte, en 1820, d'un dé funéraire en pierre avec une urne en verre. Église romane ;

nef du xie siècle. Terre érigée en comté (1762), au profit de M. de Chaliers.

Pérignat-Petit. *Pérignat-lès-Sarliètes.* Les Anglais le pillèrent (1378).

CHATEAU DE PARENTIGNAT
(V. p. 265)

Perol (jadis *Peyrol*). Petite chapelle romane; campanille avec cloche de 1591. Avant 1789, il y avait un curé pour la desservir. Le château (détruit) sur la côte, au S.-E., où naquit, vers 1170, le célèbre troubadour Hugues de Peyrol, mort à Montpellier en 1240. En 1631, peste ; les habitants furent soumis à la quarantaine.

Perpezat. (Com.). Laqueuille a dépendu de cette paroisse jusqu'en 1492.

Perrier. (Com.). Un juif, seigneur de ce village, y martyrisa (286) saint Austremoine, premier apôtre de la foi, en Auvergne. Excavations habitées à l'époque féodale. Tour de Maurifolet (*V. ce mot*). Eglise romane (xie s.) *Biographie : G. I. P. de Guillaumanches*, marquis du Boscage (1766-1836), lieutenant général.

Picherande. (Com.) *Picharanda* (1270). Eglise (partie du xive s.)

Pionsat. (Cant.), (861 habit.) *Ponticiacum* (vie s.). Près d'un village appelé Plamont, champs remplis de tuiles romaines à rebords ; (traces d'incendie). Dans un de ces champs, on trouva (1552) un trésor ayant plusieurs pièces de Vercingétorix, en *electrum*. Eglise (rebâtie en 1870). En 1562, A. de Chazeron, seigneur de Pionsat, y fonda un collège. On croit que le monastère de *Ponticiacum* existait ici (580). Le *château* : de la Renaissance (partie existe ; le reste a été démoli). Chênes et hêtres d'une grosseur énorme.

Plauzat. (Com.) En 1847, découverte, à Plauzat, de 32 haches gauloises de bronze, dans un vase en argile grossière. Eglise [xie s. le chœur, la crypte] ; parties des xive et xve s. Château restauré sous Louis XIV ; en partie conservé. Bourg fortifié, en 1580, avec haute muraille, fausse braye, large fossé ; une seule porte.

Pontaumur. (Cant.). Doit son accroissement à la grand'route. De la paroisse de Landogne avant 1789. En 1708, grand incendie. Le *pont* : Charles IX accorda un droit de péage au seigneur (un d'Apchon) vers 1570 ; reconstruit en pierre, en 3 arches (1733), pour le service de la route de Clermont à Limoges, ouverte à cette époque, par M. Trudaine, intendant d'Auvergne. En 1581, le célèbre Michel Montaigne coucha à Pontaumur. *Biographie* : *J. Deval* († en 1857) excellent docteur-médecin à Riom. (V. pages 34 et 35).

Pont-du-Château. (Cant.). *Castrum Pontis* (1120). *Pons Costri* (1287). Un pont sur l'Allier et un château, voilà l'étymologie. On dit que César y passa avec ses légions. Eglise de Sainte-Martine ; romane. (Fin du xiie siècle) : 3 nefs. Chapitre collégial fondé vers 1510, supprimé à la Révolution. Eglise de Paulhat. Elevée en 1384. Ville fortifiée ; très-forte. Fossés convertis en boulevard. Louis-le-Gros la prit (1126) ; prise encore (1212) par l'armée de Philippe-Auguste ; par les Anglais (1363). Charte de privilèges (1270). Fran-

Le docteur Bertrand

çois Ier y passa (1533); Charles IX y dina (1566). En 1581, peste. L'illustre Montaigne s'y arrêta (1581). En 1588, ville agrégée aux 13 anciennes. En 1591, la Ligue y tint ses Etats provinciaux. En 1686, inondation de l'Allier qui détruisit la chapelle de la Recluse. En 1600, exorcisme des chenilles. En 1566-1773, pont de bois. Le pont de pierre actuel fait en 1765-1773. Il y avait une *pelière* (détruite en 1827, écluse où l'on faisait des pêches miraculeuses. Le *château*. En 1315, il avait une antique tour ronde, qui servait de prison. Incendié, en 1581, pour le « purifier de la peste ». Rebâti sous Louis XIV dans l'état actuel; sert d'hôtel-de-Ville. *Biographie* : Ch. A. A. A. *Bertrand*, (1777-1819) docteur-médecin, distingué, auteur.

Pont-des-Eaux. *Las Ayguas, vocotum del Pont* (1310). *Las Ayguas* (en 1789). Le pont est cause du nom. Découverte (1834), dans un champ, des restes d'un établissement de bains romains, présentant des salles, des baignoires, des piscines, des marbres, des mosaïques.

Pontgibaud. A deux kil. au sud-est, *camp des Chazaloux*, suite considérable de petites habitations en pierre sèche; singulière cité, datant de l'époque celtique; d'autres disent, qu'elle ne dépasse pas le IVe ou le Ve siècle, et qu'elle servit de refuge aux populations des montagnes de la Basse-Auvergne. En 532, le comte d'Auvergne, Sigivald, parent du roi Thierry, aurait élevé la première forteresse de Pontgibaud, à laquelle on aurait donné son nom; mais à cette époque, le village portait la dénomination de *Plumberiæ* ou *Plomberies*, qui lui venait de l'exploitation des mines de plomb argentifère, commencée par les Romains, exploitation qui fut reprise par Louis de La Fayette, seigneur de Pontgibaud (1554) et, surtout (1828), par le comte de Pontgibaud. Les mines et fonderies sont, actuellement, en pleine activité. Le *château féodal* (à M. le vicomte de Moré de Pontgibaud). Bâti, d'abord, par le comte Sigivald (532). Il fut rebâti entièrement (vers 1190) tel que nous le voyons de nos jours, par Robert Ier, dauphin d'Auvergne. Pris, en 1213, par l'armée du roi Philippe-Auguste contre le dauphin d'Auvergne et (1566) par le célèbre capitaine huguenot Merlé. Manoir dans un état de conservation parfaite, grâce aux réparations de M. le comte César de Pontgibaud. Grand corps de logis en pierre de taille, à peu près carré. Façade du nord, attenant à un énorme donjon circulaire. La façade occidentale, grande masse couronnée par des mâchicoulis et des créneaux.

Vers 1450, le maréchal Gilbert de la Fayette, fit remanier diverses parties de l'édifice, ainsi que l'atteste la porte de la petite cour intérieure, avec ses armes. (V. cette porte, p. 271.)

Demandez, au gardien du château, à voir la merveilleuse galerie des plus grands maîtres (assemblée par M. le comte César de Pont-

CHATEAU DE FONTGIBAUD (CÔTÉ DU NORD)

gibaud). Citons, parmi les tableaux : 1. Christ expirant, par Van Dyck (splendide); 2. Mater dolorosa (Philippe de Champagne); 3. Marquise de Dreux-Brézé, grande maîtresse des cérémonies de France, par Vincent, 1749; 4. Halte, par Philippe Wouwermans; 5. La naissance du Christ, par le Corrège (sur cuivre) avec armoiries de Mazarin et de Fontenay, au revers ; 6. Portrait de la maréchale d'Ancre ; 7. Portrait de Grégoire-le-Grand, par le Pérugin ;

8. Portrait de Cinq-Mars, par Van Dyck ; 9. Portrait de Christophe-Colomb, sur bois (peinture contemporaine de l'illustre explorateur) ; 10. Portrait de Bellini, en costume d'Othello, par Horace Vernet, avec envoi à son ami ; 11. Tête d'enfant, par Greuze ; 12. Festin de Balthasar, sur bois. Peinture allemande (Daniel Wecq), avec blasons ; 13. Guitariste et chanteur (école flamande) ; 14. Enfant tenant un chien, par Philippe de Champagne ; 15. Catherine de Médicis

CHATEAU DE PONTGIBAUD (CÔTÉ DE L'OUEST)

jeune, par Rubens ; 16. Mendiant à la coquille, par Hérrera ; 17. Enfant au Faucon, par Rubens ; 18. Enfant en costume rouge, par Velasquez ; 19. Le Maréchal de Saxe, par Largillière ; 20. La princesse Moulska, par Léonard de Vinci ; 21. Le duc de Bourgogne ; 22. Moïse, par Murillo ; 23. Grand-maître de l'Ordre de Saint-Étienne de Toscane, par Philippe de Champagne ; 24. Louise de Lorraine, femme d'Henri III (portrait du temps) ; 25 et 26. Paysages, par

Safflewenn ; 27. Songe de saint Joseph (cuivre par Pastel); 28. Les Dénicheurs d'oiseaux, par François Boucher ; 29. Marthe et Made-

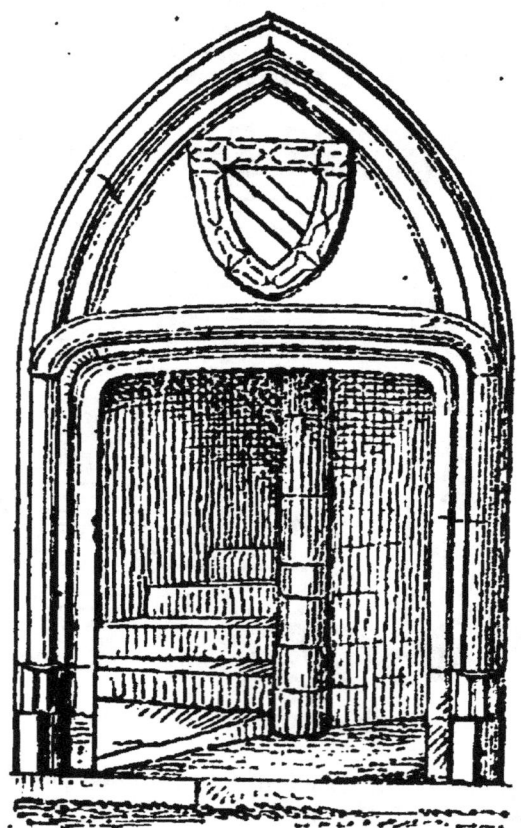

PORTE DE L'ESCALIER INTÉRIEUR DU CHATEAU DE PONTGIBAUD

leine, par Palma ; 30. Grand duc de Milan, par Rubens ; 31. Sainte-Famille, par Andrea del Sarto (sur bois); 32. L'amour vainqueur de l'Univers, par Van Dyck (avec gravure du tableau à côté); 33. Les Moissonneurs endormis, par Abraham Bloëmart ; 34. Un hussard, par Horace Vernet ; 35. Le mariage de sainte Catherine, par le Corrège ; 34. La Madone, par le Sasso-Ferrato ; 35 et 36. Saint Vincent Ferrier, marquetterie, par Rubens ; 37. Une Vierge, par Raphaël ; 38. Un marché hollandais; 39. Jonas et la baleine, attribué au Corrège ; 40. Diane au bain, par Corneille Palanburg ; 41. Le Baiser de Judas, par Frank-Floris ; 42. Vieillard, par Rembrandt ; 43. Portrait de Gaston de Foix, par le Titien ; 44. Vision de la Sainte-Vierge, par Murillo; 45. Les pains de proposition donnés par le grand-prêtre Esdras au roi David, par Rubens ; 46. Bache-

(V. p. 273.)

lette au milieu des montagnes, entraînée par le Diable, sur bois de cèdre (attribué à Raphaël) ; 47. Saint Antoine prêchant aux poissons, par Salvator Rosa; 48. Le Christ au roseau, par Moralès, surnommé *le Divin* ; 49. La jeunesse qui travaille et la vieillesse qui a gagné son repos, par Michel-Ange de Caravage; 50. Joueurs, par Téniers ; 51. Apothéose d'Henri IV, par Brenet ; 52. Naissance de Bacchus, par Le Sueur; 53. L'Ambassade de Siam et le chevalier de Forbin (tableau historique du temps, curieux); 54. Portrait de Marie de Versigny, chancelier de France sous Louis XI ; 55. La Cène, par Le Bassan ; 56. Portrait du doge Trévigoni; 57. La duchesse de Longueville, école espagnole ; 58. Portrait du Tintoret, par lui-même ; 59. Seigneur hollandais, par Mirevelt; 60. Dame hollandaise, par le même ; 61. Portrait de Nicolas de Pisanie (provient de la galerie de la duchesse de Berry) ; 62. Duc d'Alençon, par Porbus ; 63. Cabinet d'un alchimiste, par Scalkez ; 64. Martyre de saint Erasme.

Demandez encore à voir, la couronne de cuivre (1581) provenant de l'église de Chaliers (placée, jadis, sur la tête des enfants malades). (Voir le dessin, page 272, ci-contre.)

Dans l'église, trois magnifiques peintures sur toile, (proviennent du couvent de la Chartreuse du Port-Sainte-Marie). L'*Adoration des*

PORTE DE VILLE DE PONTGIBAUD (1141)

Mages ; l'*Adoration des Bergers* ; toutes deux du Guide fils. Troisième tableau (l'*Assomption*), signé de Parrocel. Maître-autel, en matbre de diverses couleurs (provient de la même Chartreuse, œuvre remarquable.) *Eglise.* Rebâtie après 1489 (renversée par un tremblement de terre). Clocher moderne. On y voyait la statue tombale de Jeanne de Joyeuse (morte vers 1480) ; épouse du maréchal Gilbert de la Fayette, seigneur de Pontgibaud ; elle passa pour celle de la *comtesse Brayère* ; les armoiries (à ses pieds) sont celles de la Fayette et de Joyeuse, xvɪᵉ s. (Statue conservée dans le château de Pontgibaud). Tradition sur cette comtesse Brayère, Catherine dauphine d'Auvergne, épouse, en 1224, de Guichard V de Beaujeu, seigneur de Montpensier ; (on dit qu'elle était ogresse.) Belle porte de ville, reste de l'enceinte élevée en 1444.

Dans les environs, le volcan éteint de Chalusset, les fontaines glacées (on y trouve de la glace au milieu de l'été).

Pontmort C'est-à-dire pont sur la Morge. Il y avait un hôpital (1260).

Pouzol. (Com.). *Seigneurs* : de la Salle (1322), de Chauvigny de Blot (1693).

LE PUY DE DÔME (VU DE LA BARAQUE)

Préchonnet. Etymologie celtique : *Pre* ou *bré*, lieu élevé, *pré*, *chon*, beau ; *net* ou *ned*, hauteur. *Le château féodal*, élevé (1213) par le Dauphin d'Auvergne ; rebâti (1571), avec 4 ailes, tours crénelées à poivrière, horloge, etc. Démoli pendant la Révolution. Parmi les seigneurs, Gaspard Le Loup, seigneur de Montfand, fougueux ligueur (1592). *Biographie* : *Anne-Thérèse Le Loup*, dite *de Préchonnet*, fille du précédent, épouse de Langeac ; devenue veuve, elle fonda (1620) les Visitandines de Montferrand.

Prompsat. (Com.). *Prohenstacum*. En 1585, peste. Ce fief, dépendance du marquisat de Combronde (1789).

Prondines. (Com). *Église* reconstruite récemment. Maison sans style et sans goût, dite *château* (XVIIIe siècle). Seigneurs : de Prondines (1266-1410), de Chaslus (1410-1789).

Puy-de-Dôme (Le), montagne formée d'une variété de trachyte appelée *domite*, roche poreuse, rude au toucher, blanche et quelquefois colorée en jaune ou en rouge (1463 mèt. d'alt.). En 1790, elle a donné son nom au département. *Dumiatus* (époque romaine); *podium de douma* (1149); *mons Domœ* (1262); le *puy de Domme* (1648). *Époque gallo-romaine. Temple païen.* Découverte (1873) des ruines d'un magnifique temple gallo-romain. En 1874, les fouilles ont amené

TEMPLE DU PUY DE DÔME (VUE IDÉALE)

la trouvaille d'une petite plaque de bronze, avec inscription qui a fait penser que ces ruines sont celles d'un temple de Mercure (V. cette inscription p. 43) du Dôme *(Mercuri Dumiati)*. Ce monument était de la plus grande magnificence (marbres de diverses couleurs et rares, chapiteaux, objets de bronze, etc ; au *musée lapidaire de Clermont-Ferrand)*.

Les blocs de pierre (plusieurs énormes) ont été pris sur le sommet de la montagne. Édifice renversé, probablement, par l'invasion du roi des Allemands *Chrocus* (en 266). Grégoire de Tours (VIe siècle) dit, en effet, qu'un temple célèbre, celui de *Wasso*, qui avait été élevé par les Arvernes, fut incendié et démoli par Chrocus. Ces ruines classées comme mon. historique (1875).

On pense que la statue, de bronze, du Mercure arverne, haute de 120 pieds, fondue par le célèbre Zénodore, était dans ce temple et qu'elle était assise. *Epoque féodale.* Dès le xiie siècle, une petite chapelle avait remplacé le temple romain. Elle fut donnée (1166) par le comte d'Auvergne, Guillaume VII aux bénédictins d'Orcival, lesquels, le 11 juin, jour de la saint Barnabé, patron de la chapelle, s'y rendaient avec une foule nombreuse. Vers 1337, la chapelle fut donnée aux bénédictins de Saint-Robert de Montferrand ; on croit qu'elle fut abandonnée et s'écroula de vétusté vers 1700. Le peuple en fit

RUINES DU TEMPLE DU PUY DE DÔME

le rendez-vous des sorciers de l'Auvergne et prétendait que tous les mercredis et vendredis, ils y tenaient leurs assemblées. Le 20 novembre 1581, l'illustre Michel Montaigne fit une ascension au puy de Dôme. En 1648, Florin Périer, beau-frère de Pascal, y fit, sur les indications de ce dernier, les expériences célèbres au sujet de la pesanteur de l'air. En 1731, l'astronome Jacques de Cassini y a fait des observations trigonométriques. Le puy de Dôme appartenait (la partie occidentale) aux bénédictins possesseurs de la petite chapelle et à l'abbaye de Saint-André (la partie orientale). *Epoque moderne. Observatoire météorologique.* En 1785, le duc de Polignac rassembla, sur le sommet du puy de Dôme, les plus jolies femmes de Clermont avec les officiers de son régiment ; il leur donna une magnifique collation. En 1792, le peuple clermontois voulut planter un arbre de la Liberté au sommet de la montagne ; un orage arrêta la fête. Un observatoire météorologique a été établi, sur ce sommet (1873-1876) grâce aux démarches de M. Alluard, professeur à la Faculté de Clermont. Il a coûté 200,000 fr. Il est relié par un fil télégraphique à Clermont. L'inauguration (25 août 1876) a donné lieu à une grande fête où se trouvaient 800 invités (savants et notabilités).

OBSERVATOIRE DU PUY DU DÔME
Ruines du temple gallo-romain au-devant.

Puy-Guillaume. (Com.). Eglise (xve siècle). Les rois de France possédaient la moitié de la justice du lieu (dès 1271). Prévôté du baillage d'Auvergne (dès 1517) Le *château*. Pris par les Anglais (1393). *Seigneurs* : de Névrezé (1583), d'Ossandon (1600-1666). Etienne Montgolfier, ancêtre des Montgolfier, inventeurs des aérostats (1782) y avait un moulin à papier (1602). — Dans les environs, restes de l'abbaye cistercienne de *Montpeyroux*, fondée au xiie siècle.

Randan. (Cant.). Tradition : les fées font des rondes de nuit dans les bois. Etymologie : *Ran* ou *ren*, pays ouvert ou couvert d'eau et *dan* montagne, forêt, vallée. *Eglise*. Un tableau (*Reine* *martyre)*, portant les armoiries (3 léopards) du duc de Lauzun, seigneur de Randan. Le *monastère*. Détruit au xive siècle; à des bénédictins; chapelle où l'on trouva une dalle tumulaire d'Et. du Château, seigneur de Randan (vers 1316). En 1568, les protestants traversèrent la forêt de Randan, se rendant à Cognat où furent battus les catholiques. Le *château* : commencé au xvie siècle par Fulvie Pic de la Mirandole, épouse du seigneur de Randan. Remanié (en 1822), par Madame Adélaïde (sœur du roi Louis-Philippe). Appartient au duc de Montpensier. Possédé par les familles

CHATEAU DE RANDAN

de Randan (xe siècle 1208), du Château (1208-1378), de Chalençon de Polignac (1378-1518), de la Rochefoucauld (1518-1607), de Beaufremont (1607-1637), de Foix de Candale (1637-1714), de Caumont, ducs de Lauzun (1714-1723), de Durfort de Lorges (1723-1773), de Choiseuil-Praslin (1773-1821), de Grollier (1819), de Lavalette (1821), d'Orléans (1821 à nos jours).

Cour d'honneur, ornée de beaux orangers. Intérieur du château : *Salon d'attente* des domestiques. *Petite rotonde*, ornée de tableaux. *Etroite galerie*, remplie de dessins; quelques-uns exécutés par le roi Louis-Philippe, le duc de Montpensier, son fils. *Salon de Madame*, nommée ainsi en souvenir de la princesse Adélaïde : Portraits en pied du duc, de la duchesse d'Orléans, du roi Louis-Philippe, un tableau de Philippoteaux (gentilhommes du duc d'Orléans). *Grand salon* de famille. Portraits en ovale des princes, princesse d'Orléans. *Salon du roi*. Portraits de famille. A droite, les appartements du roi et de la reine ; à gauche, le cabinet de travail du roi (grand nombre de dessins). *Chapelle*. Belles verrières; fac-

CHATEAU DE RANDANNE (V. p. 281).
Puys de la Vache et de Lassolas.

similé des mausolées de Mme Adélaïde et de ses frères (duc de Montpensier et comte de Beaujolais). Les *cuisines* voûtées (immense fourneau). *Salons de réception* : 3 belles pièces. *Salle à manger* (belle pièce du château). *Salle d'armes*, (dans une tour ogivale), collection d'armes, dons faits aux princes; mitrailleuse du XVIIIᵉ siècle, mousquet porté par Henri IV ; collection de fusils à munition, depuis Henri IV jusqu'au chassepot. *Le Parc* : Vue féerique sur l'Auvergne; belles allées ombragées ; pièces d'eau.

RION EN 1450 (D'APRÈS G. REVEL.)

Biographie : *J. L. de la Rochefoucauld*, né au château de Randan, tué à la bataille de Cros-Rolland (1590), chef de la Ligue en Auvergne.

Randanne. En face du château, camp gaulois dit des Cabannes, (haches en pierre et en bronze). Le *château* : Bâti par le comte de Reynaud de Montlosier, célèbre écrivain, député (mort en 1838). A côté du château, la *chapelle gothique* où il est enterré. Près de Randanne, les puys de la Vache et de Lassolas cratères éteints, des plus beaux de l'Auvergne. (V. p. 279.)

Ravel. (Com.). Le *château*, conservé (à la famille de Riberolles), flanqué de tours octogonales. En 1770, le vice-amiral d'Estaing le fit orner avec magnificence. On y voyait un parc splendide, décoré de statues de marbre ; une belle bibliothèque ; tableaux, portraits de famille ; la pièce dite la *Niche* était entourée de glaces du haut en bas (l'image du visiteur s'y reproduisait 11 fois) ; charmant cabinet, dit le cabinet de compagnie. Tout cela fut négligé et a disparu depuis.

Riom. (Ar). Ville (10,770 habit.), 934 maisons en 1494. *Vicus Ricomagensis* (vi° siècle). Capitale du duché d'Auvergne (1360-1789). Découverte d'une petite statuette d'Hypocrate, de bronze. Eglise de Saint-Amable. Mon. hist. classé. Nef et piliers de 1077. Chœur et abside du xiii° s.; chapelle du nord du xiv° s. Portail de l'occident de 1747. Saint-Amable, patron et curé de Riom, mort en 476. Chanoines réguliers Augustins, dès 1077, sécularisés en 1518 ; supprimés en 1789. Eglise du Marthuret, xvi° s. Dôme (clocher) de 1584. Commencée en 1217. Parties du xv° s. *Sainte-Chapelle*. Mon. hist. classé. Bâtie en 1382, par le duc de Berry. Une seule nef. Blasons du fondateur aux clefs de voûte. Magnifiques vitraux (1460-1480). Rien en France ne leur est comparable. Cet édifice avait un charmant petit clocher, démoli en 1794. (Le dessin de Revel, en 1450, le donne). Chapitre, fondé (1489) par le duc de Bourbon. Riom fortifié dès le xiii° siècle. Ci-contre vue de Revel (1450). Ville qui avait 4 portes. (L'enceinte démolie vers 1750). On disait : *Riom le beau*. Charte de commune (1270). Beffroi de 1530 environ ; (porte la salamandre caractéristique), tour octogone curieuse. Presqu'en face de l'hôtel-de-Ville actuel, charmante maison de la Renaissance, dite *Hôtel des Consuls*, qui a servi d'hôtel municipal. Elevée de 1527 à 1531, comme le prouvent les armoiries de la façade (blason des d'Orléans, des de Milan). Curieuses maisons des xv° et xvi° siècles. Le *palais ducal*. Magnifique monument (la vue de 1450 ci-contre le représente). Elevé de 1382 à 1389, par

MAISON DITE DES CONSULS, A RIOM (1527-1531)

le duc de Berry et l'architecte Guy de Dammartin ; grande tour circulaire remontant au xiii° siècle (65 pieds de haut). Démoli vers 1810. Remplacé par la cour d'appel. Dans ce palais, le duc de Berry avait une ménagerie de bêtes féroces. Riom, siège du baillage royal, puis

GUILLAUME-MICHEL DE CHABROL (1714-1792)
Célèbre avocat, auteur des *Coutumes d'Auvergne*.

d'une sénéchaussée. Assiégé par Louis le Gros, vainement (1126). L'armée de Philippe-Auguste s'en empara (1213). En 1383, 1431, 1564, 1580, 1585, 1631, pestes. 1414, 1508, 1546, *Grands Jours*. 1417, Saint-Vincent Ferrier y prêcha devant une foule innombrable. Jeanne d'Arc écrivit aux habitants (1429) pour leur demander un secours (on conserve sa lettre dans les archives municipales). Pendant la Ligue du Bien public, contre les princes révoltés, Louis XI vint l'assiéger avec 24,000 hommes ; la paix signée à Mozat (1465). Charles VIII à Riom (1485). Tremblement de terre (1490) ; il renversa une partie de

la ville. Passage de François I" (1533). Passage de Charles IX (1566). Riom se fit ligueur. La place dite du *Pré-Madame* donnée, dit-on, par M** Cath. de la Rochefoucauld, comtesse de Randan (morte en 1677). Seigneurs : comtes d'Auvergne (1100-1213), le prince Alphonse (1240-1271), le duc de Berry (1360-1416), les ducs de Bourbon (1416-1527).

Louise de Savoie (1527-1530). François I⁰ʳ réunit Riom à la couronne. 32 tanneries en 1494 (commerce aujourd'hui, presque nul.) *Biographie* : L'abbé *L. Archon* (1645-1717), chapelain de Louis XV, auteur; *Antoine Arnauld* († 1619), célèbre avocat; *Jean Arnoux* († 1636), jésuite, confesseur de Louis XIII. *Cl. Binet* (1553-1598), député, (1588); le baron *A.-G. P. Brugière de Barante* († 1866), historien, de l'Académie française; *G. Michel de Chabrol* († 1792), jurisconsulte, auteur des *Coutumes d'Auvergne*; le comte de *Chabrol de Crouzol* († 1826), ministre de la marine; le comte de *Chabrol de Volvic* († 1843), préfet de la Seine, etc.; *Louis Chaduc* († 1638), magistrat, antiquaire; *P.-H. Chanut* (1601-1667), ambassadeur; *A. Courtin* (1622-1685), secrétaire de la reine Christine, en Suède;

EUGÈNE ROUHER

A. Danchet († 1748), poète, de l'Académie française; *A. Faucon* (1750-1808), poète patois; *G. Génébrard* († 1597), érudit, archevêque d'Aix; *Dom Gerle*, né en 1735, prieur de la chartreuse du Port-Sainte-Marie, député; *Pierre de Giat* († en 1407), chancelier de France; le vice-amiral *Gourbeyre* († 1845); le baron *Malouët* († 1814), député, ministre de la marine; *Cl.-J. Prohet* jurisconsulte (1695); *Romme* († 1795), conventionnel; *Eugène Rouher* (né en 1814), avocat ministre de Napoléon III; *Jacques Sirmond* († 1651), jésuite, auteur très savant, confesseur de Louis XIII; *Jean Sirmond*, né vers 1589, historiographe, de l'Académie française; *J. Sonnen* († 1740), évêque de Senez, journaliste; *P. A. Soubrany* († 1795), conventionnel, etc.
— Riom possède un *Musée* (fondé en 1860). Bons tableaux de diverses écoles; belle galerie de portraits (sur toile) des célébrités de l'Auvergne.

Rioux. Château (à M. Duliège) (du xvᵉ s.), remanié au xıxᵉ s. Belles orgues basaltiques au-dessous; 2 ormeaux de Sully, (1601); souterrain du moyen âge. *Seigneurs* : de Rioux (1265), de Villejacques (1375); de Montfaucon (1398-1437), de Janghac de Beaune (1437-1602), Aubier (1610-1788), de la Farge (1788-1789). Propriétaires de 1789 à 1881, la famille de la Farge.

Ris. (Com.). Eglise romane (xᵉ et xıᵉ siècles), 75 mèt. de long. Restes de fortifications. Prieuré de bénédictins, supprimé à la Révolution, vers 1040.

Rochefort. (*Rochefort-Montagne*). (Cant.). Etymologie : un rocher et un château-fort. *Eglise* (l'ancienne était du xıᵉ siècle); rééditée, récemment, à côté de celle-ci, en style roman. Rochefort, jusqu'en 1789, annexe de la paroisse de Saint-Martin-de-Tours. *Château-fort. Castellum*, en 1169; agrandi. En 1596, réputé imprenable. En 1676, il avait 2 salles, 8 chambres, une cuisine. En 1759, inhabité, en mauvais état; en 1776, en ruines. Il en reste peu de vestiges. Plusieurs épouses des seigneurs de Rochefort l'ont habité, pendant leur veuvage,

CHATEAU DE ROCHEFORT (EN 1829)

(xvᵉ et xvıᵉ siècles.) Terre titrée baronnie ; érigée en comté (1556).

Rochegude. *Seigneurs* : Masuer (1523-1587), d'Anglards (1599-1675), de Boucherolle (1675-1750), des Aix (1750-1789).

Roziers-sur-Sioule. *Roziers* (1351). Usine pour l'extraction du minerai de plomb-argentifère ; déjà, exploitée par les Romains.

Sachapt. *Seigneurs* : de Chauderasse (1609), d'Apchier (1742), de Bosredont (1789).

Saillant, Pierre druidique. Eglise. Charmant édifice (xvᵉ siècle). Arbre de Sully (1605). Tradition. Pendant l'épidémie qui sévit au village de Saint-Ferréol, le curé de Saillant se dévoua pour les pestiférés. Le village fut attribué à sa paroisse en récompense.

Saint-Amant-Tallende. (Cant.). *Le château féodal de Murol.* (Au comte de Cousin de la Tour-Fondue, qui l'a restauré). Qualifié forteresse, dès 1262; passa, vers 1390, au cardinal Jean de Murol; et, depuis, porta le nom de *maison forte de Murol.* Entré dans la famille de M. de la Tour-Fondue en 1735. *Église.*

CHÂTEAU DE MUROL (SAINT-AMANT-TALLENDE)
(Restauré)

L'ancienne du xiᵉ siècle (dans la forteresse). Démolie, récemment. On y a trouvé d'anciennes poteries funéraires (xiᵉ et xiiᵉ siècles, conservées par M. de la Tour-Fondue). L'église actuelle, édifiée en 1858. Charte de commune (1256). En 1443, permission de fortifier ce lieu (il reste quelques vestiges de l'enceinte). En 1614, deux portes de ville, dont une avec une herse. En 1588, agrégée aux 13 anciennes villes. En 1567, prise par les Protestants; en 1575, par le capitaine huguenot Merle, Charles IX y passa (1566). En 1630, 1632, peste. Château féodal, dit *Château de la Barge* (nom qu'il devait à son possesseur un de la Barge 1589); tour fort élevée (démolie en 1810 et 1825); il en reste une partie. Le *Château de la Tour-Fondue* (existe encore); arrivé à la famille noble de Cousin (existante) en 1702. Revel a donné (1450), une vue de Saint-Amant-Tallende et de ses châteaux divers; la voici ci-dessous.

Biographie : *Cl. Mosnier*, professeur, brûlé vif à Lyon (1551), comme protestant; *B. Maugue* (1657-1718), médecin du roi Louis XIV; *J. B. Mège* (1787-1871), docteur-médecin, de l'Académie de médecine.

SAINT-AMANT-TALLENDE, EN 1450

Saint-Amant-Roche-Savine. (Cant.), c'est-à-dire Saint-Amant près Roche-Savine. Magnifique dolmen. Eglise (partie du xvᵉ s.). Dans le cimetière, belle croix (xviᵉ s.). Mines de plomb, ouvertes en 1755, abandonnées en 1756; ouvertes de nouveau puis abandonnées vers 1840.

Saint-Angel. (Com.). *Seigneurs* : comtes d'Auvergne (1314); Thomas de Pange (1789).

Saint-Avit. (Com.). Eglises romane. Masure d'un ancien château en 1590. Depuis 1464, relais de la poste aux chevaux.

Saint-Babel. (Com.). Eglise romane (partie du xᵉ s. et du xiiᵉ).

Château féodal. Revel en donne le dessin (1450). Il existe un autre dessin de 1552. En 1605, la reine Marguerite de Valois, donna les revenus de ce fief aux pauvres d'Usson, ce que l'on appela *la domerie d'Usson*, revenus réunis à ceux de l'hôpital général de Clermont (1676).

CHATEAU DE SAINT-CIRGUES
(*Avant sa restauration.* V. p. 190)

Saint Bonnet. (Com.). *Saint-Bonnet-les-Champs* (1789). On dit que le dieu Bellinus était adoré sur le mont Bellinus (le côteau de Saint-Bonnet). Église en style roman, mélangé d'ogival. Sur le mur du chevet, inscription (1551) relative à une réparation. A l'intérieur, tableau attribué à Francesco Guidi *(Adoration des Mages)*. Magnifique rétable en bois doré (vient d'un couvent ; de la fin du xvi⁰ s.). Saint-Martin vint au mont Bellinus (vers 390). On montrait (en 1789), la maison où il s'était reposé. Le roi Charles IX dîna à Saint-Bonnet, en (1566).

Saint-Bonnet-le-Bourg. (Com.). Eglise romane. *Seigneurs :* L'abbaye de la Chaise-Dieu qui possédait le prieuré du lieu.

Saint-Bonnet-le-Chastel. (Com.). On prétend qu'il y avait un temple dédié à Diane. Eglise du xv° s. (intéressante). En 1586, la peste étant à Marsac, les habitants de Saint-Bonnet vinrent au secours des malades. Ils déposèrent des vivres dans le *bois des Touries* et firent vœu d'observer l'abstinence et le maigre, le jour de la fête de Saint-Marc, ce qui se pratique encore. En 1591, pris par les protestants. Ruines du château féodal.

Saint-Bonnet-près-Orcival. (Com.). L'église (rebâtie à neuf). L'ancienne des xii° et xiii° siècles. Souterrain du moyen âge.

Saint-Cirgues. (Com.). Eglise (xii° s.). Belle croix en pierre, (fin du xv° s.), aux armes de Thomas Bohier, seigneur de Saint-Cirgues, et de sa femme. Le *château féodal* : Beau, bien conservé ;

THOMAS BOHIER
Né à Issoire, mort en 1523 (réduction d'une médaille de 1504).

4 tours occupent les angles ; créneaux, machicoulis, barbacanes, fossés. Bâti, vers 1495, par Thomas Bohier, seigneur de Saint-Cirgues, le même qui a fait élever le magnifique château de Chenonceaux (Touraine). Nous donnons ci-dessus son portrait. Quelques débris de boiseries (xviii° siècle) dues à Sureau (V. *Champeix*). D'après un inventaire (1565), il y avait 70 pièces de tapisserie dans le

château (18 y sont conservées). Réparé avec magnificence par son propriétaire actuel (le baron Félix d'Hunolstein). Dans la grande salle : Portraits remarquables, historiques, sur toile (belles boiseries peintes faisant plafond). Canon du xv° siècle (provient du château). Propriétaires du château : les Dauphins d'Auvergne (1262-1416), de Bourbon (1416-1460), Bohier (1460-1565), de Montmorency (1565-1575), de Montboissier (1575-1725), d'Allègre (1725-1733), de Recours-Lenslicques de Rupelmonde (1733-1751), ensuite les du Bouchet de Sourche, marquis, puis duc de Tourzel, et les d'Hunolstein.

Saint-Dier. (Cant.). *Sanctus Desiderius* (1072). Eglise (xi° s.); fortifiée ; machicoulis au-dessus de la porte d'entrée. Tourelles avec

CHÂTEAU DE SAINT-FLORET EN 1450 (v. p. 192)

meurtrières, au S.-O. Clocher moderne. Quelques traces de peintures murales dans l'église. Il y avait, avant 1789, un prieuré de bénédictins dans ce lieu, visité par Saint-Robert, fondateur de la Chaise-Dieu (vers 1060), qui y guérit, dit sa vie, un sourd-muet.

Saint-Diéry-Haut. (Com.). Eglise remarquable (près du château). Abside entourée d'une corniche élégante. Le *château féodal* : habité, bien conservé ; bâti sur une colonnade basaltique. Pris par les routiers anglais, vers 1300 ; appartenait, alors, à le Borgne de Veauce.

Saint-Eloi. (Com.). *Sanctus Eleglus*. Eglise du (xv° siècle).

Donnée (924) aux bénédictins de Sauxillanges. La fête de Saint-Eloi y attiraient, jadis, les fiévreux.

Saint-Eloy. (Com.), cant. de Montaigut. Jadis *Saint-Hilaire de Montaigut*. En 1136, l'évêque de Clermont donna l'église à l'abbaye de Menat qui y fonda un prieuré supprimé à la Révolution. Mines de charbon; elles produisent 50,000 tonnes par an.

Saint-Floret. (Com.). Fontaine dite des Fées, dans une grotte

PORTE DE L'ÉGLISE DE SAINT-GEORGES-ÈS-ALLIER

Le *château féodal*, édifice du XIIIe siècle. (V. page 291). Il en existe une partie On y voit une bataille de chevaliers à cheval, curieuses peintures murales (XIIIe s.), roman de chevalerie. Il fut pris par les royalistes (1577). Il y avait des familles protestantes dans ce lieu lors de la révocation de l'édit de Nantes (1685). *Seigneurs* : de Champeix dits de Saint-Floret (1923-1364), Jehan (1364-1504), Le Loup (1594-1636), de Loriol (1636-1676), d'Allègre (1676-1733), Desmarets de Maillebois (1733-1741), du Bouchet de Sourches (1741-1789). *Biographie* : Le baron *G -J. Favard de Langlade* (1762-1831), député, jurisconsulte, auteur savant.

Saint-Genès-Champanelles. (Com.). Eglise du (xii° s.), flèche de clocher fort élevée (1839). Eglise donnée (1200) par l'évêque de Clermont, à l'abbaye de Saint-Alyre. Couvent de religieuses remontant à 1843.

Saint-Genès-la-Tourette. (Com.). Dans l'église, sculptures curieuses de la fin du xv° s. et, de 1510 environ (représentent des sujets du Nouveau Testament)

Saint-Georges-èn-Allier. (Com). Eglise. Mon. histor. classé. Chœur du xii° s. ; porte et porche du xiii° s. (V. p. 292.)

Saint-Germain-Lembron. (Cant.). *Lizinicus* (962). Capitale du *Lambron* et l'une des 13 bonnes villes de l'ancienne Basse-Auvergne. Elle a pris le nom de Saint-Germain, patron d'une de ses églises; on a ajouté celui du pays. Brûlé (1181) par Hercule de Polignac. Ce seigneur fut obligé de faire amende honorable; fut battu de verges devant l'église de Saint-Julien de Brioude. En 1365, charte de privilèges à la ville. Le roi Louis XI accorda une charte de commune (1482). En reconnaissance, la ville prit pour armes, le blason royal *(d'azur, à 3 fleurs de lys d'or)*. Ville fortifiée (1589). (Vestiges de l'enceinte). Pierre Besse, chanoine, y fonda une école gratuite en 1676. Le *château fort* : Vendu en 1683. Il dominait la ville. *Seigneurs* : Le chapitre de Saint-Julien de Brioude jusqu'en 1789. Terre titrée baronnie, puis comté.

Saint-Germain-l'Herm (Cant.) *Taniac* (1052); *Saint-Germain Lerm* (1841), c'est-à-dire Saint-Germain dans le désert *(in eremo)*, à cause de sa situation. Le nom de Saint-Germain vient de l'église élevée à saint Germain, martyr, solitaire des environs. Le cardinal de Rohan, dernier abbé de la Chaise-Dieu (1789), fit ouvrir (1786), la grand'route. *Eglise*. Romane (xi° siècle); une nef. A dr. en entrant, la chapelle des seigneurs du Sauzet; dans le haut de la nef, du côté de l'épitre, chapelle de N.-D. de Pitié aux seigneurs de la Deyte une plaque de marbre noir porte cette inscription : « *A la mémoire de messire Barthelemy Grellet, seigneur de la Deyte, de dame Catherine de Montservier d'Orsonnette, son épouse, 1695-1728, et de leurs descendants, inhumés dans ce lieu.* « *De Profundis* ». Transept avec sa coupole et deux branches de croix. Clocher moderne. Chœur en hémicycle (xv° siècle). Trois pendentifs de la voûte portent le blason de J. de Saint-Nectaire, abbé de la Chaise-Dieu (1491-1518), qui les fit construire. Entrée de l'église, tour carrée, crénelée, à machicoulis, voûte à ogive. Dans l'intérieur, inscription (1207), sur un pilier du transept *Incarnatio(n)e D(omi)i M CCVII III MAII Regnante PPO*, c'est-à-dire l'an de l'Incarnation du Seigneur 1207, le 3 mai, régnant Philippe (Auguste). Ville fortifiée. (Il reste des parties de murailles, tours, fossés). Rodrigue de Villandrado, célèbre capitaine des Écorcheurs, à la solde de Charles VII, prit la ville (1431). *Biographie* : *G. Sautemouche*, jésuite, massacré par les Huguenots, à Aubenas (1593) ; L'abbé *Benoît Grellet*, né en 1726, chapelain des rois Louis XV et Louis XVI, député du Clergé (1789), abbé de Saint-Quentin, seigneur de la Collange († en 1815).

L'ABBÉ B. GRELLET

☞ Au S. de Saint-Germain-l'Herm, sur un monticule pointu, ruines du château féodal de *la Deyte* ; siège d'une baronnie, vendue en 1722, à Barthelmy Grellet, seigneur de la Marconnerye ; ses descendants ont joui de cette terre jusqu'en 1789.

Saint-Gervais. (CANT.) appelé *Mongoll*, à l'origine. *Sanctus Gervasius* (1287). Église romane modifiée (XVᵉ siècle) ; a été fortifiée. Au dessus des nefs, logements de refuge. Clocher carré. Petite tourelle crénelée. Léproserie en 1287. (Supprimée). Ville appelée « *franchise de Saint-Gervais* », parce que c'était un lieu de *franchise* pendant les guerres particulières. On y voyait une race de devins célèbres, appelés Marque, éteinte vers 1690.

Saint-Gervazy. (COM.). Dolmen appelé *grotte aux fées*. Église romane. Faibles restes du château féodal.

Saint-Hippolyte. (Com.). Appelé *Saint-Jean-d'en-Hout*, (1789; l'église étant sur la crête d'un rocher au sud-ouest). Eglise du xixe siècle. Vers 1780, on construisit, à Sous-Marcheix, une chapelle où, en 1789, se faisaient les fonctions curiales, moins le jour de la fête paroissiale. Pris, en 1594, par les ligueurs.

Saint-Laure. (Com.) Eglise (xive siècle).

Saint-Martin-de-Tours. En 1095, Foulque, archidiacre de la cathédrale de Clermont, donna 24 vases d'argent avec le produit desquels cette cathédrale acheta l'église de Tours. Communauté de prêtres (1283-1604). L'église de Rochefort, a été l'annexe de celle-ci, jusqu'en 1709.

Saint-Maurice. (Com.) Edifice roman. L'église d'Artonne lui a servi de modèle. Pillé par le comte de Randan, ligueur (1589). *Château fort*, qui existait en 1589; disparu.

Saints-Ours. (Com.). *Sanctus Ursus* (1165). Eglise romane; modifiée (xiiie siècle.) Dépendait de l'abbaye de Mozat. Il y avait une communauté de prêtres.

Saint-Pardoux. (Com.). Près de Menat. *Seigneurs* : de Saint-Pardoux (1450-1669).

Saint-Pardoux. Près de la Tour d'Auvergne. Eglise. Donnée, en 1077, par B. de la Tour aux bénédictins de Sauxillanges qui l'ont conservée jusqu'en 1789. *Biographie* : *Gallant* (A), né en 1763, imprimeur, auteur.

Saint-Pierre-Colamine. (Com.). L'ancienne église, sur une montagne; (démolie, transférée dans le village); donnée, en 1219, à l'abbaye de Chantoin, qui l'a conservà jusqu'à la Révolution.

Saint-Priest-des-Champs. (Com.). *Sanctus Præjectus* (1233). L'église (xie s.); modifiée aux xve et xviiie s. Communauté de prêtres (supprimée). Prieuré (1237-1789), fondé par l'abbaye de Menat.

Saint-Quentin. (Com.). *Sanctus Quentinus* (931). L'église donnée (927), par Acfred, duc d'Aquitaine, aux bénédictins de Sauxillanges. *Seigneurs* : le prieuré de Sauxillanges (927-1789).

Saint-Quintin (Jadis, *Saint-Quentin*), près d'Ebreuil. Chà-

teau féodal [à Mme la marquise de Longueil, née Verdier du Barrat].
Avec chapelle du xiie siècle. Tradition qui dit qu'il fut brûlé par les
Anglais au xive s. Il reste, de ce siècle, deux cheminées à boudins,
dans la partie supérieure du manoir. Tour élégante du xve s. du
côté de la cour, servant de cage d'escalier, terminée par une voûte

CHÂTEAU DE SAINT-QUENTIN

à arceaux avec feuilles de choux frisés. Château habité très longtemps par la très noble maison de Saint-Quintin, une des plus anciennes d'Auvergne. Au xve s. il était entouré de fossés. On y voit aussi deux belles chambres du xviie s., l'une dite chambre de la reine.

Saint-Rémy-de-Chargnat. (Com.). Eglise (xve siècle). Donnée (931), aux bénédictins de Sauxillanges, par Acfred, duc d'Aquitaine. *Seigneurs* : ceux de Chargnat (V. ce mot).

Saint-Saturnin. (Com.). Eglise. Mon. hist. classé (fin du xie siècle). Crypte. Sacristie établie dans une partie de l'ancien cloître des bénédictins qui avaient un prieuré dans ce lieu. L'autel paroissial (fin du xvie s.) avec les chiffres d'Henri IV et de Marguerite de Valois. Chapelle romane; on y faisait les baptêmes ; on y déposait les morts. Bourg fortifié. Revel en donne le dessin (1450). Ses fortifications étaient en bon état en 1586. En 1256, les privilèges de Saint-Amant-Tallende disent, qu'en cas

SAINT-SATURNIN EN 1450

d'attaque, les deux villes devaient s'entr'aider. En 1589, assiégé par les royalistes ; en 1591, le château capitula. *Le château féodal.* Construction du xve s. Bien conservée; tours; Charles IX y coucha (1566); une salle, porte encore le nom de *salle du roi*. Au N.-O., au milieu des chevres, tour ronde qui servait de prison (4 mètres d'épaisseur au moins). Au devant du château, gracieuse fontaine (fin du xve siècle), portant les armes des La Tour d'Auvergne, seigneurs de Saint-Saturnin, auxquelles les Broglie ont ajouté les leurs après coup. *Biographie : Nicolas d'Arfeville*, dit *de Saint-Saturnin*, cardinal (en 1382). On le croit né à Saint-Saturnin ; *François, marquis de Pradelle*, lieutenant-général des armées, né en 1603, mort en 1690.

Saint-Sauves. (Com.). *Sanctus Silvanus.* Église rebâtie à neuf, style roman (1871-1873). La porte de l'ancienne église (de la Renaissance, 1560 environ), transportée sur une petite place ; elle offre les armoiries des seigneurs du lieu (les Lévis).

Dans l'intérieur, anciennes clefs de voûte (xve siècle), aux armes

PORTE DE L'ANCIENNE ÉGLISE DE SAINT-SAUVES (XVe SIÈCLE)

des du Cros, seigneurs de Saint-Sauves (3 chevrons). Belle statue de la Vierge (1873). En 1758, le pont de pierre, sur la Dordogne, emporté par une crue. On en reconstruisit un autre (1760). En 1822, 76 maisons incendiées. *Biographie : Michel Bertrand* (1774-1857), célèbre médecin, inspecteur des eaux du Mont-Dore (voir p 101, son portrait).

Saint-Vincent. (Com.). Eglise romane, modifiée (xv⁰ siècle). Le *château féodal*. Revel en donne le dessin (1450).

Saint-Yvoine. (Com.). *Petra Incisa* (Pierre Ancize, en 670-770). *Sanctus Ivonius*. Le nom de Pierre Ancize vient d'un magnifique rocher de granit, taillé à pic, sur lequel il est bâti. Tumulus à l'extrémité du village. Tradition. Saint Yvoine, qui s'était retiré de Languedoc, y termina ses jours. *Château-fort* (il en reste quelques vestiges); occupé, en 1590, par les ligueurs. En 1592, un bateau trop chargé (110 royalistes), près de ce lieu, fut englouti dans l'Allier.

Sarlièves. *Château*. Bâti (1720) par un de Strada, seigneur du lieu. Au sud, un petit lac qui fut desséché (1629), par Octavio de Strada, gentilhomme de la Bohême.

Saulzet-le-Chaud. Comm. de Romagnat. *Seigneurs* : de Fontfreyde (1669-1697), l'abbaye de Léclache (1370-1789).

Saulzet-le-Froid. (Com.). Eglise en partie du xiv⁰ s. Les Anglais, (xiv⁰ siècle) prirent ce lieu et le démolirent.

Sauvagnat. (Com.). Canton d'Issoire, Eufrasie, femme de Roger, comte de Limousin, donna cette terre (769) aux bénédictins de Charroux (Poitou). En 948, ce fief passa à l'abbaye des bénédictins d'Issoire, qui le possédait encore en 1789.

Sauvagnat. (Com.) Près d'Herment. Eglise rebâtie à neuf. Vers 1070, Ermengarde de Rochedagoux, dame de Sauvagnat, ayant donné l'église de ce lieu à la cathédrale de Clermont, ses neveux en revendiquèrent le quart. Un combat eut lieu dans les plaines de Mozat. Les neveux demeurèrent victorieux contre le chapitre.

Sauxillanges. (Cant.) *Celsiniacum* (980). L'*église* (xv⁰ siècle). Monastère (prieuré) de bénédictins fondé, en 912, par Guillaume le Pieux, comte d'Auvergne. Jadis, nombreuses tanneries. En 1789, fabriques d'étamines, de camelots. Fortifié, en 1589. En 1588, ville agrégée aux 13 anciennes. En 1592, le gouverneur d'Issoire (un d'Allègre), royaliste, tenta de s'en emparer par escalade. En 1631, à une époque de peste, le présidial de Clermont s'y retira. *Biographie* : *François Barrière*, né vers 1600, prédicateur, auteur ; *J. Isnard*, né en 1587, auteur, mort victime de son zèle pour les pauvres (1629); P. *Raymond* (1760-1830), curé de la cathédrale de Clermont, auteur.

Savennes. Eglise du XIII° s. réparée en 1857; clocher du XV° s. Château féodal (existant) du XVI° siècle.

Servières, commune d'Orcival. *Roca Serreria* (1169). *Château féodal*. Situé au N. sur le bord du lac, sur une mothe seigneuriale. Ce château [mentionné en 1245] et le village, à côté [on remarque les cases des habitations] furent détruits à la fin du XIV° s. par les Anglais, qui détenaient la forteresse voisine de la Rochesanadoire (1375). Certains ont dit, à tort, que ces ruines sont celles d'un oppidum et d'un camp. *Seigneurs* : de Roche-Servière (1169), de Rochefort (1245-1466), d'Aubusson de Banson (1597-1750).

Seychalles. (Com.) Peste, en 1401.

Seymiers. Terre titrée baronnie (1531-1789). Au S.-E., à 2 kil., pierre branlante. Le *château féodal* [à Mme veuve Peghoux] réparé en 1740; intéressant. Donjon carré (XV° siècle). *Seigneurs* : de Seymiers (1528-1594), des Noyers (1594-1623), d'Oradour (1623-1650), de Montmorin (1651-1759), Le Roy de Roullée (1759-1789).

Solignat. (Com.) *Solempniacum* (951). Eglise romane; beau rétable en bois. En 1279, charte de privilège à ce lieu. Le *château féodal*. (Démoli.) Construit en partie avec des pièces en bois. Revel en donne le dessin (1450).

Sugères. (Com.) Eglise (XIII° s.), modifiée à diverses époques ; cuve baptismale curieuse ; 2 croix processionnelles (XVI° et XVII° siècles).

Tauves. (Cant.) *Talvas* (1078). *Eglise paroissiale*. Servait [en 1789] à un prieuré de bénédictins. Agrandie d'une travée (1817). Superbes cloches (XV° siècle) avec curieuses inscriptions. Le *prieuré* : fortifié ; aux bénédictins ; fondé en 1078 ; dépendait de celui de Sauxillanges. Il y a eu jusqu'à 15 moines. [Il y en avait 5 en 1676.] Parmi les prieurs, Pierre de la Salle, chargé par François I°r de la ratification du traité de Madrid (1529). Tauves, fief dépendant du château [voisin] de Granges dont il reste une tour carrée.

Teilhède (Com.). *Tecletensis* (1209). Eglise bâtie sur le plan de celle de Menat. *Prieuré*, fondé par les bénédictins de la Chaise-Dieu.

Simon de Beaulieu, archevêque de Bourges, le visita. Il avait alors le privilège de refuser de nourrir plus de 30 chevaux.

Theddes. A l'O., menhir en granit, surmonté d'une Croix. Chapelle sépulcrale de feu Benoit Gonod, savant bibliothécaire de Clermont-Ferrand [✝ en 1849]; en creusant ses fondements, on a trouvé des tombes mérovingiennes.

Theix. Dans le parc, pierre branlante. *Château* [à M. Franck Chauvassaignes] Beau parc. Etablissement de pisciculture, l'un des plus beaux d'Europe. *Biographie : S. R. Nicolas Champfort* (1711-1794), de l'Académie française, né dit-on, à Theix [enfant naturel de Mme Dauphin de Montrodès, dame de Theix].

Thiers. Ville. (ARR.) *Curiosités* : 1° le château dit du Pirou, construction en bois; 2° la rue de Lavaur, bordée de maisons du XVe siècle (voir les n°s 17 et 18); 3° église de Saint-Jean; 4° le cimetière voisin avec la tombe du célèbre paysagiste Marilhat (voir au *Dictionnaire*, page 313); 5° l'église de Saint-Genès; 6° la terrasse du rempart [vue splendide]; 7° l'église du Moûtier et la porte fortifiée de l'ancien monastère; 8° monter sur la butte qui domine le château des Orts [point de vue magnifique]; 9° visiter une fabrique de couteaux : il a y plus de 400 ateliers à Thiers; 10° la route de Thiers à Boën, appelée le cordon [points de vue sur la rivière]. Thiers, (d'après Henri Martin) veut dire, en celtique, la maison du chef. *Thigernum* (VIe siècle), *Thiernensis* (978). La deuxième ville du département par sa population; longtemps grosse bourgade. Au-dessus et à l'E. pierre branlante, dite *pierre qui danse*. Eglise du Moûtier, au bas de la ville; avant 1789, aux bénédictins; fondée en 765. Eglise de Saint-Genès. Mon. hist. classé (XIe siècle); incendié par les Huguenots (1568). Chapitre fondé, en 1016 (supprimé à la Révolution). Fabrication de papier; remonte au commencement du XIVe siècle et jadis en grand renom. Commerce de la coutellerie [fait vivre presque toute la population]; remonte à la fin du XIVe siècle. En 532, le roi Thierry incendia le château de Thiers [était en bois]. En 1272, charte de commune aux habitants. Le roi François Ier y passa (1533); le philosophe Michel Montaigne s'y arrêta (1581). En 1588, la ville fut agrégée aux 13 anciennes. Etait fortifiée [le mur d'enceinte élevé vers 1410], plusieurs portes. Revel a donné (1450) la vue de Thiers, que nous reproduisons :

En 1568, prise par les Huguenots. En 1590, le gouverneur de la ville fit démolir 80 bâtiments situés dans les faubourgs pour diriger la défense. En 1629, 1631, pestes; famine en 1692; terrible inondation

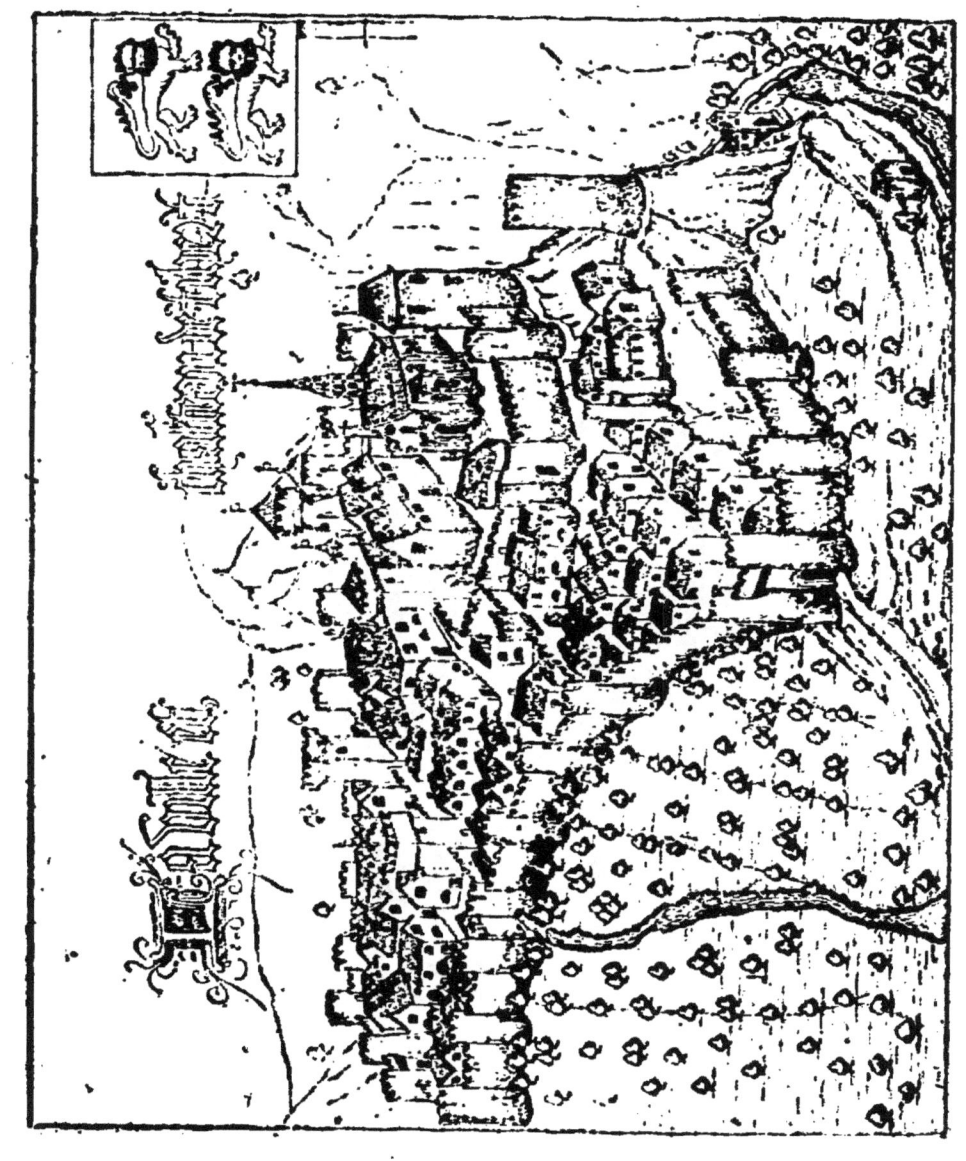

en 1707; hiver rigoureux, en 1709; grande misère en 1740; épidémie en 1741, causée par les rizières établies par les Piémontais. Le célèbre Mandrin y entra (1754), y fit des réquisitions. En 1885, un escalier du tribunal civil, qui s'effondra, a amené la mort de 26 personnes et fait plus de 100 blessés. Maisons des XIVe, XVe et XVIe siècles;

CHÂTEAU DIT DU PIROU

celle, dite *château du Pirou*, fut vendue au seigneur de Thiers (1311); un de ses successeurs la rebâtit, vers 1410, dans l'état actuel. On voit, sur la porte d'entrée le blason de ce dernier (un duc de Bourbon).

Château féodal. En bois, en 532. Fortifié. Il n'en reste que la tour de la prison [qui sert au tribunal civil]; pris en 1210 par G. de Beaujeu, seigneur de Montpensier. Chef-lieu d'une vicomté, dès le xe siècle, puis baronnie jusqu'en 1789. *Seigneurs : de Thiers* (927-1300), *de Forez* (1300-1357), *dauphins d'Auvergne* (1357-1368), *ducs de Bourbon* (1368-1527), *Louise de Savoie* (1527), *du Prat* (1531-1569), *de Bourbon-Montpensier* (1569-1626), *d'Orléans* (1626-1681), *duc de Lauzun* (1681-1714), *Crozat* (1714), *de Béthune* (1789). *Biographie :* Saint-Etienne de Thiers, dit de Muret († 1124), fondateur des Grandmontains; G. Desgilberts, dit *Mondory* (1594-1653), acteur célèbre; G. Guillet de Saint-Georges (1625-1705), historiographe, de l'Académie de peinture; l'abbé Bonnefoy († 1797), député; G. de Riberolles († 1828), député; J.-J. Berger († 1859), préfet de la Seine; l'abbé

L'ABBÉ BONNEFOY   J.-J. BERGER

P. Bruglère († 1803), auteur, curé de Saint-Paul, à Paris; *P. Dubouchet*, conventionnel (1792); *H. Andrieu*, magistrat savant († 1875), auteur d'une *Histoire de la ville de Thiers.*

Thuret. (Com.). *Tudriac* (959). Tumulus à 300 mètres. Eglise mon. hist. classé; du xie siècle; 3 nefs. Le *château féodal.* Forteresse *(castrum)* en 1660. [Il en reste des vestiges]. Le *Voyage en Auvergne* (1829), par le baron Taylor, en donne une lithographie En 1585, peste.

Tix. Château [à Mme veuve Ducher, née de Bosredont] a appartenu aux familles nobles : Rolland (1466-1540), Goulet (1528), Le Groing (1540-1601), de Bosredont (de 1601, à nos jours). Bel étang [à Mme Lébraly, née de Bosredont].

Tortebesse. (Com.). Commanderie de l'Ordre de Malte fondée en 1189. Supprimée à la Révolution. Église moderne (1868). Belle croix en pierre, dans le cimetière, aux armes du commandeur Raymond de Foudras (1661-1680).

Tournebize. Château [à M. Bellaigue de Bughas]. A 2 kil. au N., *camp des Chazaloux* (V. page 268). En 1803, un berger a trouvé, dans un mur, 40 livres pesant de monnaie de Clermont. *Seigneurs* : de Tournebize (1510), de Grandville (1520), Désegaux (1595-1660), Bon de Ribeyre (1660-1714), Vachier (1714-1719), Berard de Chazelles (1719-1743), de Tissandier (1743-1789).

Tournoël. *Château féodal* [à M. le comte Guillaume de Chabrol]. Grande curiosité. Donjon en son entier, appartements divers des seigneurs et de la garnison ; enceintes fortifiées. *Tournoil* (en 495, 1257, 1590). Sa forme presque ovale. Le donjon circulaire [96 pieds de haut], à l'ouest. Quatre enceintes. La première, le village ; la deuxième, la première cour ; la troisième, la deuxième cour, où sont les tournelles ; la quatrième, le chemin de ronde. Trois époques : La base du donjon est du VIIIe ou du IXe siècle [pierre blanche]. Appartements seigneuriaux du XVe et du XVIe s. Ceux-ci construits par Jacques d'Albon de Saint-André, maréchal de France, seigneur de Tournoël. Entrons : Tout d'abord, une tour circulaire à bosselage [du temps de François Ier] précède la porte d'entrée (celle-ci avec ses créneaux, ses machicoulis, les rainures de sa herse). Montons par le chemin de ronde ; voici la grande porte du château surmontée des armoiries de Jacques d'Albon *(de sable, à la croix d'or, au lambel d'argent)*, entourées du collier de l'ordre de Saint-Michel. Cour du château. Au rez-de-chaussée, vaste salle habitée par le seigneur, les plafonds ont disparu, restes d'une magnifique cheminée (trois fois répétées, les armoiries de Jacques d'Albon de Saint-André, entourées du collier de l'ordre de Saint-Michel). A côté, la

CHATEAU DE TOURNOEL
(Vu dans le lointain)

chambre de la châtelaine ; sur la cheminée, une armoirie écartelée d'Apchon *(d'or, semé de fleurs de lys d'azur)* et de Montvallat *(d'azur, au chevron d'or accompagné de trois couronnes de même).* Cette dernière armoirie de 1615 environ. Montons par l'escalier de droite : Salle des gardes où l'on rendait la justice (manteau de che-

CHATEAU DE TOURNOEL (INTÉRIEUR)

minée avec les armes des d'Apchon : *(d'or, semé de fleurs de lys d'azur).* Montons : Voici une galerie couverte qui offre, répétées, le blason d'Albon de Saint-André. Passons à la petite chapelle. [Peintures à fresque très intéressantes]. Pour aller au donjon, on suit, sur les toitures, un petit chemin. Remarquez les trous des balles,

CHATEAU DE TOURNOEL (Côté du ravin de Croszol)

sur le donjon, souvenir du siège du château par le duc de Nemours (1594). Le donjon a plusieurs portes, superposées dans un escalier étroit. Quand l'une d'elles était forcée, il fallait s'emparer de la suivante. En montant l'escalier du donjon, prenez garde ! Une marche a été brisée (1594) par un boulet de canon des troupes du duc de Nemours. Du haut du donjon, vue merveilleuse.

Tournoël a subi quatre sièges : 1° En 1213, Guy de Dampierre, qui dirigeait l'armée du roi Philippe-Auguste, prit la place. Le deuxième siège, sous la Ligue; le marquis de Canillac, ligueur, l'assiégea, mais inutilement. Le troisième, de 1594. Le château fut pris, pillé et en partie incendié par les carabiniers du duc de Ne-

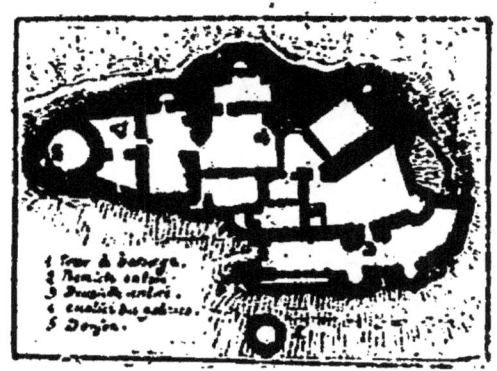

PLAN DU CHATEAU DE TOURNOEL

mours, qui étaient ligueurs. Enfin, le quatrième, celui de 1632. Il fut pris par Gaston d'Orléans, frère de Louis XIII, qui y établit un instant son quartier général. *Seigneurs* : de Tournoelle (925), comtes d'Auvergne (1100-1213), de Maumont (1313-1325), de la Roche (1325-1509), d'Albon de Saint-André (1509-1562), d'Apchon (1562-1645), de Montvallat (1645-1734), de Naucaze (1734-1766), de Chabrol (1766-1789).

Turluron. *Tolornensis* (950). Sur le monticule, était bâti un antique château [détruit], que les comtes d'Auvergne avaient établi pour l'exercice de la justice (au X° siècle) et chef-lieu de l'un des

4 comtés portant le nom le nom de Turluron. Vestiges d'une vieille chapelle (mentionnée en 1339).

Usson. *Utiensis* (vie siècle), *Uxodunum* (viie siècle), *Utionum* (931). On a écrit que le temple gaulois de Wasso était ici ; c'est problématique. Eglise (xiiie et xive siècles) ; curieux tableau du xvie siècle représentant parmi les personnages, la reine Marguerite de Valois, et comme paysage, le château d'Usson. *Le château féodal.* Forteresse célèbre ; existait dès le vie siècle. Le duc de Berry augmenta les fortifications (1387), 3 enceintes ; ce qui fit comparer le château à une tiare. Démoli (1633) par ordre du roi. Il n'en reste

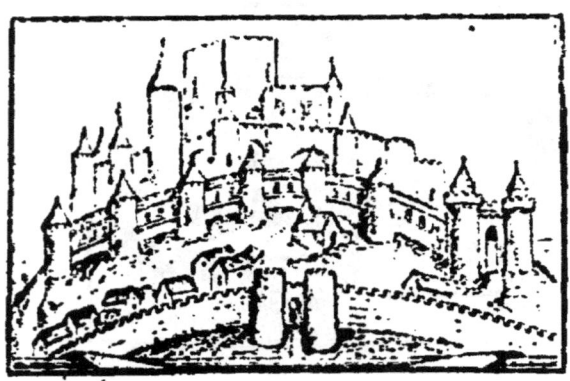

CHATEAU D'USSON EN 1450

que la citerne ; [trace des enceintes]. On dépensa 27,000 livres pour le raser. Le roi Thierry s'empara d'Usson (532). En 1371, pris par les Anglais et repris par le connétable du Guesclin ; fortifié par le roi Louis XI pour y fermer ses prisonniers ; réputé, sous ce monarque, une des plus fortes places de France. La reine Marguerite de Valois, dite *Margot*, 1re femme d'Henri IV, y fut enfermée par ordre de son mari, avec une certaine liberté, pendant 20 ans (1585-1605) ; et, là, y mena une vie galante, s'occupant de lettres, et, par moment, revenant à la religion ; elle fit bâtir sur toutes les avenues, des petites chapelles, où elle se rendait en oraison. *Seigneurs :* comtes d'Auvergne (1121-1387), le duc de Berry (1387), les rois Charles VII,

Louis XI, les de Bourbon-Roussillon (1466-1507), le roi François Ier, les de Peyrusse d'Escars (1530), le roi Charles IX, la reine Marguerite de Valois (1572-1605), le Dauphin, plus tard Louis XIII (1606). Réunion à la couronne (1606-1724), aux d'Allègre (1724-1739), aux Desmarets de Maillebois (1733-1780), de Pons de la Grange (1789). Baillage royal (1416-1531). *Biographie : Antoine de Matharel* (1537-1586), avocat célèbre, procureur-général de Catherine de Médicis.

☞ *Musée d'Usson.* Un homme de haute intelligence, feu M. le vicomte Victor de Matharel [décédé en octobre 1885] a formé dans une ancienne maison, à Usson, un curieux musée privé con-

LA REINE MARGUERITE DE VALOIS
(*Dite reine Margot*).

cernant la reine Marguerite de Valois (tableaux, livres, objets divers). J'ai écrit, pour ce musée, un beau manuscrit illustré, le *Livre d'or d'Usson.*

Varennes. (Com.). *Lavarenne* (1790). Avait, dit-on, un temple élevé par 2 rois d'Auvergne (Luerius et Bituitus) sous le nom de Bassia-Gallia.

Vassivières. Chapelle avec statue miraculeuse au-dessous et au S. du pic de Sancy. (V. page 114.) L'étymologie vient ou de *vacca* [vache] ou de *vallis severa* [vallée sévère]; d'autres disent qu'elle est l'abrégée de cette phrase : *Pour y croire vas-y voir*, que les paysans traduisent ainsi dans leur patois : *Per y crère cas y reyre*, qui rappelle les miracles opérés en ce lieu. La « *sainte chapelle* » et sa vierge noire sont l'objet de l'un des trois grands pèlerinages de la Basse-Auvergne (les deux autres sont Notre-Dame d'Orcival et Notre-Dame du Port). La statue vénérée passe l'été sur le petit monticule et l'hiver dans l'église paroissiale de Besse. Elle a été l'objet du *Couronnement*. Le 2 juillet, on « monte » processionnellement l'image. La fête est célébrée le dimanche suivant. Avec grand concours de pèlerins. La grand'messe est célébrée en plein air. Vassivières était chef-lieu de paroisse; en effet, en 1321, Bernard de la Tour permit au chapitre cathédral de Clermont-Ferrand, de prendre les pierres

ANTOINE DE MATHAREL (v. p. 310).

de l'église de Vassivières (alors en ruines) pour bâtir celle de Condat. Une chapelle remplaça l'église, renversée par les Anglais, à la fin du xive siècle. Les habitants du hameau s'enfuirent emportant une statue de la Vierge qu'ils placèrent, à leur retour, dans une niche; elle y demeura deux siècles. En 1547, un habitant de Besse [Pierre Get] devint aveugle pour avoir tourné en ridicule la petite statue. Ayant demandé pardon au Ciel, il recouvra la vue. La municipalité résolut de se transporter, deux fois par an, à la montagne de Vassivières, le 25 mars et le 2 juillet. On arrêta de transférer la statue à Besse et de bâtir une chapelle sur l'emplacement de la niche. La reine Catherine de Médicis, dame de Besse et, par suite, de Vassivières, accorda des lettres patentes (1549). La chapelle fut terminée le 6 juin 1553 (inscription de la porte d'entrée). Elle fut consacrée par Antoine de Saint-Nectaire, évêque de Clermont (3 juillet 1571). En 1633, elle fut agrandie au moyen de deux chapelles latérales. L'une, située au nord, fut élevée grâce à la somme de 1,500 livres donnée par Jean Boëtte, conseiller à la cour des aides de Clermont, dont elle porte les armes à la clef de voûte (*de gueules, au chevron d'or, chargé d'une étoile et de deux huchets de même; accompagné, en chef, de deux étoiles et, en pointe, d'un croissant surmonté d'une tour à poivrière; le tout d'argent, l'écu sommé d'un casque d'écuyer avec ses lambrequins*). La chapelle du sud fut faite grâce à un don de Catherine Martel de Trefort, épouse du marquis de Montboissier-Canillac, seigneur de Champeix. On remarque, aux clefs de voûte de la chapelle, des armoiries ; à la première nervure, le blason des La Tour-d'Auvergne (*d'azur, à une tour d'argent, l'écu semé de fleurs de lys d'or*), parce que la reine Catherine de Médicis, dame de Besse et Vassivières, était fille d'une de La Tour-d'Auvergne; la seconde nervure, le blason de Catherine de Médicis, comtesse d'Auvergne, *accolé* de celui du roi Henri II (*trois fleurs de lys*), son mari ; le tout surmonté de la couronne royale et *accosté* des lettres H. R., c'est-à-dire *Henricus rex* [Henri roi].

Vauluisant (V. Le Bouchet).

Vertolaye (Com.). Eglise (xvᵉ s.). Ravagé par les Huguenots (1577). *Biographie* : le sieur *Derison* qui (1788-1789) parcourut le pays, annonça la Révolution française.

Vatanges. Château (à M. Lenormand de Flageac) élevé, en 1689, par F.-Edme de Bosredont. Tours circulaires ; pavillons. *Seigneurs* : de Villelume (1810), de Jonas (1541-1580), Aymé des Roches (1580-1613), de Thianges (1613-1645), de Bosredont (1645-1789).

Vauriat. Vauriac (1789). *Seigneurs* : de Beaufort (xivᵉ s.), de Saint-Quentin (1405-1516), de Ceriers (1516-1594), Sablon du Corail (1594-1790), de Moré de Pontgibaud (1790).

Vedrines. Découverte d'une villa gallo-romaine [importante]. En 1840, le nommé Roy, cultivateur, y trouva, dans un champ, des briques à rebord, des mosaïques, un mur épais en ciment romain, des tuyaux de plomb, une salle de bains, des corniches de marbre gris-blanc, des briques avec le mot *Lunaris*. Cimetière gallo-romain, avec des urnes protectrices en pierre [en forme de dé], contenant des vases en terre samienne, etc.

Vermougheat. (Com.) Eglise du xive s. ; clocher de 1730. Dans le cimetière, belle croix du xve siècle.

Verrières (Com.). *Curiosités* : *la roche longue*, énorme scorie dressée au bord du torrent et que les géologues appellent un *dyke*. Du côté du Saillant, menhir. *Château féodal* [à des paysans] ; petit donjon carré (xve siècle) ; porte à ogive avec le blason des de Sailhant (*un croissant contourné, à senestre, et des étoiles*). *Seigneurs* : de Sailhant (xve siècle) ; de Guilhem (1600-1789). *Biographie* : Mlle de Guilhem, dite de la Roche-Guilhem, née au château de Verrières en 1633, morte en 1710, romancière.

LE DOCTEUR BLANCHETON
(V. p. 314).

LE PEINTRE MARILHAT
(V. p. 314).

Vertaizon. (Cant.) Eglise (xive s.) ; 3 curieuses et belles statues en pierre, bien sculptées, représentent les 3 Maries de l'Evangile [mutilées pendant la Révolution]. Sur l'église [à l'extérieur], blason des Vassel (*un vairé*), seigneurs de Vertaizon (xive s.). Chapitre de chanoines, fondé en 1249, supprimé à la Révolution. *Château féodal*. Forteresse ; triple enceinte ; occupait le haut de la butte. Démoli (1633) par ordre du roi. *Seigneurs* : de Vertaizon (1075) ; de Capdeuil (1196-1211), (Pons de Capdeuil, seigneur de Vertaizon, fut un célèbre troubadour en 1196) ; de Vassel (1309). Un évêque de Clermont acheta

Vertaizon (1211) et ses successeurs évêques gardèrent cette terre jusqu'en 1789. *Biographie* : *Cl. Vaure*, docteur en théologie, auteur (1618 ; *Prosper Marilhat*, né à Vertaizon en 1811, mort en 1847, à Paris, célèbre peintre de paysages ; *A.-A. Blanchelon* (1781-1830), savant docteur-médecin, auteur.

Veygoux. Château moderne. *Seigneurs* : de Brosson (1623), des Aix (1623-1789).

Veyre-Monton. (CANT.). Jadis *Veyre* [Monton est situé à côté]. Le nom du lieu vient de la petite rivière *(la Veyre)* qui y passe. Le

INTÉRIEUR DE LA SAINTE-CHAPELLE (A VIC-LE-COMTE)

roi François Ier s'y arrêta (1533) ; il y fut reçu par Rigaud d'Aurelle, seigneur de Villeneuve, qui venait au-devant de lui avec grande magnificence. *Seigneurs* : Terre vendue (1343) par le dauphin de Viennois aux Roger de Beaufort et, depuis, les seigneurs ont été ceux de Monton.

Vic-le-Comte. (CANT.) *Vicus Comitis*. Appelé, d'abord, *Vic*, et (vers 1160) quand il devint la capitale du petit comté d'Auvergne, Vic-le-Comte. Découverte de sépultures romaines, de briques à rebords. Chapelle; appelée le *temple de Vic-le-Comte*, dès les premiers temps du christianisme (édifice circulaire) [a disparu]. Eglise de Saint-Jean-Baptiste; appartint, dit-on, aux chevaliers de Saint-Jean-de-Jérusalem. La sainte chapelle. Mon. hist. classé; élevée vers 1510, par Jean Stuart, duc d'Albany; jadis riche en ornements, reliques [jusqu'en 1789, un reliquaire où se trouvait, dit-on, une dent de la sainte Vierge]. Baluze *(Hist. de la maison d'Auvergne)* a

VIC-LE-COMTE EN 1620 *(d'après un dessin du temps)*.

donné les dessins de ce reliquaire et d'ornements sacerdotaux. Dans cette chapelle, galerie de pierre, exécutée par des artistes florentins amenés par Catherine de Médicis; ils ont sculpté un retable en pierre blanche remarquable, mutilé en 1793; beaux vitraux (XVIe s.). Le *château féodal*. Bâti par les comtes d'Auvergne; flanqué de 7 tours principales. On en possède 3 dessins; l'un de Revel (1450), l'autre de 1552 et celui de 1620 [que nous donnons]. Le duc de Berry le transforma en *palais* (vers 1390) [qualification qu'il porta depuis]. Il en reste une grosse tour et une partie du logis; une porte d'entrée, protégée par 2 petites tours élégantes. Vers, de 1552, concernant ce château :

> *Il y a mil ans que je suis faict*
> *De mon premier commencement*
> *Du tout cy tout entièrement*
> *Mais jay ung bel soulaigement*
> *Chacun m'appelle Vic-le-Comte*
> *Il y a longtemps certainement*
> *Qu'on a tenu de moy grand compte.*

CHATEAU DE VILLEMONT (v. p. 317)

Seigneurs : comtes d'Auvergne (1160-1396), duc de Berry († en 1416), de la Tour d'Auvergne (1424-1500), duc d'Albany, Catherine de Médicis, reine († 1589), Charles de Valois (1589-1606), Marguerite de Valois, reine (1606-1609), Louis XIII, roi (1609), Louis XIV (1651), de la Tour d'Auvergne, ducs de Bouillon (1651-1789). Charte de commune aux habitants (1367). Ville agrégée aux 13 anciennes (1388); fortifiée en 1589; 4 portes. Prise par le comte de Randan, chef des Ligueurs; en 1591, par le duc de Nemours, autre chef des Ligueurs. Peste, en 1402. En 1565, un consul de cette ville est lapidé [accusé d'être protestant]. *Biographie* : *J. de Basmaison-Pougnet* (1535-1592), célèbre avocat, député; *A. Dalmas*, lieut. général de la sénéchaussée de Clermont (1583-1603), populaire; *B. du Vernin*, né en 1712, docteur-médecin, érudit; *T. du Vernin* (1713-1787), évêque d'Arath; *F. Cuel* (1735-1801), député; *A Pardoux* (1776-1834), habile mécanicien; *P. Chamboissier*, né vers 1740, médecin, auteur savant.

Villejacques. Maison forte, en 1584. *Seigneurs* : de Villejacques (1395), de Montfaucon (1398), de Beaune; du Cros (1435), Trinquier (1558-1610), de Tournemire (1610-1743), de Rocquecaves d'Haumières (1743-1765).

MARGUERITE VEYNY D'ARBOUSE   G. DE VEYNY D'ARBOUSE

Villement. Curiosité. Beau château, grandement modifié sous Louis XIV. Tours circulaires; quelques détails du XV° siècle; bel escalier avec plafond à sujets allégoriques en plâtre. Grand nombre de tableaux sur toile [portraits de la famille de Veyny-d'Arbouze]; portraits historiques d'Auvergne, etc. Bibliothèque de livres d'art. Magnifique tryptique peint sur bois (vaut au moins 10,000 fr.), de l'école de Memling, peintre flamand. Le château mérite une visite que ne refusera pas l'intelligent propriétaire, M. le vicomte du

Maisniel, marquis de Villemont. La châtelaine, son épouse, est une femme de lettres des plus distinguées.
Terre érigée en marquisat (1720) au profit des mâles et de la descendance féminine. *Seigneurs* : d'Arbouse (1160-1475), de Veyny (1475-1789). *Biographie* : *Marguerite de Veyny d'Arbouse* (1580-1626), abbesse du Val-de-Grâce [sa vie publiée]; *Jacques de Veyny d'Arbouse*, né en 1660, abbé de Cluny; *Cl.-Philippe de Veyny d'Arbouse* (1599-1667), prieure et réformatrice du couvent de Trénel; *Gilbert de Veyny d'Arbouse*, né en 1606, évêque de Clermont († en 1682).

Villeneuve. (Com.) Sur la montagne, dolmen, avec une centaine de petits carrés (murs de pierre sèche); ruines d'une ville gauloise.

CHATEAU DE VILLENEUVE

Château féodal [à M. Henri Pellissier de Féligonde]. Bâti vers 1500, par Rigaud d'Aurelle, ambassadeur (mort en 1517). A peu près carré, précédé de grands fossés; orienté; flanqué de 4 grandes tours rondes [il en reste 2]; celle du levant incendiée par la foudre (1815). Curieuse galerie du rez-de-chaussée. Les peintures murales représentent Rigaud d'Aurelle vieux, de grandeur naturelle, riche costume du temps, avec le collier de saint Michel et un chapelet à la main ; il siégé sur une belle chaire ; un astrologue, la bigorne [animal monstrueux] ; des inscriptions curieuses, etc. Chambre dorée, où se trouvait un lit somptueux dans lequel a couché le roi François I*er*, en 1533 [vendu à M. le vicomte de Matharel et, actuellement, au château de La Grangefort ; v. p. 233] ; cheminée ornée de dorures avec initiales I. D. F. (Isaac Dufour, Françoise Teillard, propriétaires du château, 1613). Grande salle : tendue de cuir doré sur fond vert, sièges en bois, couverts comme la tenture ; cheminée à ornements dorés. La chambre de la bergère : peinture avec une bergère [sur une vaste cheminée] ; pièce tendue avec une tapisserie de laine. La chapelle : dans la tour Saint-Michel (peintures, boiseries). La cuisine : vaste ; 2 grandes cheminées (placées en face ; plaque de cheminée semée de fleurs de lys et de lettres R [Rigaud]. Sur une porte, on lit : *Boy et t'en vas*. L'écurie : à la voûte, des peintures, chasses, harnais de guerre, combats à coups de lance. Petite porte : avec divers blasons [gonfanon d'Auvergne] ; armes d'Aurelle (*l'or, à la bande fuselée de sable*). Légendes : sur le maître d'hôtel du château qui fit abolir la corvée ; sur Jean Jupon, architecte, qui fut emprisonné pour n'avoir pas réussi son œuvre ; sur un prisonnier, qui ouvrit sa prison avec deux clefs faites avec des os de viande ; sur *la Baraille*, gouvernante du château, que le diable étrangla, dit-on ; sur la *dame jaune*, qui venait, affirme-t-on, tirer les pieds des hôtes. Terre érigée en baronnie (1501). *Seigneurs :* de Villeneuve (1303-1410), d'Aurelle (1397-1577), de Montmorin (1577-1613), du Four (1613-1789).

Vodable. (Com.). Capitale du Dauphiné d'Auvergne (de 1160 à 1789). Étymologie : *Vallis diaboli?* (vallée du diable). Avant 1789, l'église, l'annexe de celle de Ronzères, paroissiale au Concordat (1802). Bourg fortifié ; 7 portes. Charte de privilèges aux habitants (1262). Peste en 1587. Pris par les Protestants (1587) et repris par les catholiques. Revel donne (1450) le dessin du bourg et du château ; voyez p. 320.

Forteresse : résidence de la plupart des dauphins d'Auvergne (1160-1400). *Château féodal* : 4 tours ; à la cime d'un roc ; 2 enceintes. A l'ouest, une tour, plus forte, servait de donjon ; à l'est, tour renfermant la chapelle [démolie vers 1780] ; escalier à vis, creusé dans le rocher, descendant intérieurement jusqu'au niveau du bourg. Démoli (1633), par ordre du roi [il en reste peu de vestiges]. *Seigneurs :* Dauphins d'Auvergne (1160-1426), ducs de Bourbon (1426-1527), Louise de

Savoie (1527), de Bourbon-Montpensier (1538-1626), d'Orléans (1626-1785), de Fougères (1785-1789). *Biographie* : J.-F. *Gaultier de Biauzat* (1739-1815), avocat, député. (Voir son portrait p. 319.)

Veissieux. *Château féodal.* (xiv s.), bien conservé ; [à un paysan]. *Seigneurs* : Viallevalme (1239), Trinquier (1348-1640), de Tournemire (1640-1743), de Rocquecave d'Haumières (1743-1775), de Ribeyre (1775-1789).

Vollore. (Com.). *Larolatrum.* (vie s.). A la mairie, colonne de granit de 4 mèt. de haut [milliaire d'une voie romaine] qui passait dans ce lieu, avec inscription en l'honneur de Claude, empereur

LE BOURG ET CHATEAU DE VODABLE, EN 1450 (v. p. 319)

romain (43 de notre ère). Atelier monétaire (époque mérovingienne). Eglise (fin du xive s.) ; armes des Chazeron aux clefs de voûte. Belle croix (1535), sur une place. *Château féodal.* [A M. Arthur Dumas, conseiller général]. Il en reste deux tours circulaires ; beau parc ; vue splendide. Le roi Thierry l'assiégea (532). Charte de privilèges aux habitants de Vollore (1312). Peste (1401). *Seigneurs* : de Vollore (1145-1210), de Thiers (1210-1350), de Besse de Bellefaye (1350-1384), de Chazeron (1384-1580), de Montmorin (1580-1789).

Volvic. (Com.). *Vialoscensis* (ve siècle) ; *Vulvicum* (764). Eglise de Saint-Priest. Bel édifice roman reconstruit (1873) ; elle conserve une épée antique, avec laquelle on assassina Saint-Priest, évêque de Clermont († 674). On expose cette relique à la vénération des fidèles (demandez à la voir). Monastère bâti (VIIe siècle) par saint Avit, qui y transféra le corps de saint Austremoine, premier apôtre de la foi, en Auvergne. En 764, il s'y tint un synode dans lequel assista le roi Pépin. Eglise de Saint-Julien (XVe s., convertie en grange (en 1793). Charte municipale aux habitants (1480). Gaston d'Orléans, mécontent de Richelieu, forma un camp de 5,000 hommes à Volvic (1635). *Château de Bosredont*. Edifié (1390), dans le bourg ; reconstruit (1784). Il renferme une grande suite de toiles [portraits historiques] ; jardin tracé par Le Nôtre. Croix (XVe s.), à la grande fontaine de Volvic, avec vieille statue de Saint-Priest. Près du bourg [au N.-O.], précieuses carrières de pierre de taille ouvertes dans une coulée de lave, appelée la *cheyre*, exploitées dès 1254 ; servant à toute l'Auvergne. Ecole de dessin, fondée par feu le comte de Chabrol de Volvic. *Biographie*: *Loys de Bosredont*, né au château de Bosredont, vers 1390, premier écuyer d'Isabeau de Bavière. Le roi, jaloux, le fit coudre vivant dans un sac de cuir ; il fut jeté en Seine (1417) avec cette inscription : *Laissez passer la justice du roi! Aubin Olivier*, inventeur de la monnaie au moulin († à Paris, en 1581); l'abbé *Amable de Bourzeis* (né à la Ribe, près de Volvic) en 1606, membre de l'Académie française. (A pris le pseudonyme *de Volvic*.)

Yssac-la-Tourette. (Com.). *La Tourette* (1279). Eglise de 1654 ; rétable du XVIIIe s., en marbre blanc avec peinture sur toile, attribuée à Noël Coypel. Commanderie de Malte (supprimée à la Révolution) ; qui avait remplacé une commanderie de Templiers (supprimée en 1309).

TABLE DES NOMS DE LIEUX

DE

L'ITINÉRAIRE GÉNÉRAL DU DÉPARTEMENT

Nota-Bene. — Nous supposons qu'un lecteur veuille connaître l'itinéraire pour visiter une localité du département du Puy-de-Dôme, il consultera, ici, cette table qui le renverra à la page ou aux pages portant le lieu qu'il désire visiter.

Aigueperse...............	160	Bas et Lezat............	161
Allagnat.................	166	Beaulieu................	172
Ambert...... 164, 174, 175,	176	Beaumont...............	169
Ardes...................	176	Beaune.................	170
Arlanc............ 175,	176	Beaurecueil.............	172
Ars.....................	162	Beauregard-l'Evêque.....	163
Artonne.................	161	Beauregard-Vendon......	161
Aubusson............ 168,	169	Besse.............. 171,	174
Augerolles..............	164	Bialon..................	166
Aulhat..................	174	Billom.............. 164,	172
Aulnat..................	163	Bonnebaud..............	165
Aurières............ 167,	170	Bort............ 166, 168,	174
Anthezat...............	171	Boulade............ 172,	175
Aurances...............	169	Bourdon................	163
Auzat-sur-Allier....... 172,	175	Bourgeade..............	166
Auzelles...............	175	Bourg-Lastic........ 166,	167
Aydat..................	170	Bouzel.................	163
Bansat.................	175	Brassac............ 171,	172
Barante................	161	Bromont-Lamothe........	168
Barmontet..............	165	Brousse................	175

Buron	171	Couzance	176
Busséol	165, 171	Creste	174
Ceilloux	165	Cros-Rolland	172
Ceyrat	169	Crouzol	162, 163
Ceyssat	160	Culhat	163
Chadeleuf	173	Cunlhat	165
Chalus	169, 176	Davayat	161
Chaméane	176	Diane	174
Champeix	171, 172, 173, 174	Dorat	164
Chapdes-Beaufort	165	Durtol	165
Charbonniers	172	Ebreuil	161
Charbonnières-les-Vieilles	162	Echandelys	175
		Effiat	161
Chargnat	175	Egliseneuve	165
Chartreuse du Port Sainte-Marie	168	Egliseneuve de Liard	175
		Ennezat	161
Chastreix	174	Entraigues	161
Châteaubrun	169	Enval	163
Châteauneuf	162	Espinasse	170
Château-Rocher	162	Estandeuil	165
Châteldon	164	Evaux	162
Chauffour	171	Eygurande	166, 167
Chaurial	163	Fangonet	176
Chavanon	161	Flat	174
Chazaloux (camp des)	168	Fontaine du Berger	160, 168
Chazeron	162	Fontana	160
Chidrac	173	Fontfreyde	169
Chignat	163	Frédeville	164
Clémensat	174	Gelles	165
Collanges	176	Giat	165, 166, 169
Combrailles	169	Giroux	164
Combronde	161	Gondole	171
Condat, près Saint-Avit	169	Goutières	162
Condat, près Sauxillanges	175	Grandeyrol	173
Cordes	167	Herment	165, 166, 167, 168, 169
Corent	171	Ibois	174
Coteuge	174	Issoire	170, 171, 172, 173, 174, 175
Coudes	170, 171, 173	Job	164
Courcour	163	Jonas	171
Cournol	170	Joserand	161
Cournon	172	Jose	161
Courpière	164	Jumeaux	172
Courty	163	La Baraque	160, 166

TABLE DES MATIÈRES

Arrivée en Auvergne..... 2
Aspect de la Basse-Auvergne.................. 4
Avant-Propos............ 1
Avis au sujet de ce Guide. 3
Bibliothèque de Clermont-Ferrand, 39; de Riom, 285.
Cafés de Clermont-Ferrand............ 39
Carte des stations thermales................ 11
Casinos de Chastel-Guyon, 35; de Clermont-Ferrand (Alcazar, 39; de la Bourboule, 89; du Mont-Dore, 106; de Royat, 135.
Châteauneuf........ 15
Chateldon............ 26
Châtel-Guyon.. 27
Clermont-Ferrand . 37
Commerce-Industrie...... 5
Conseils aux touristes, baigneurs................. 3
Costumes de la Basse-Auvergne................. 5
Curiosités de Clermont-Ferrand............,...... 45-66
Danses de la Basse-Auvergne.................. 5
Dictionnaire historique et archéologique des localités citées.................... 178
Eaux minérales exploitées en Basse-Auvergne..... 159
Grottes du Pérou.... 47
Histoire de la Basse-Auvergne, 5; de Clermont-Ferrand, 67.
Hôtels : de Châteauneuf, 16; de Châtel-Guyon, 27; de Clermont-Ferrand, 37; de la Bourboule, 79; du Mont-Dore, 91; de Royat, 119; de Saint-Nectaire, 112.
Itinéraire général du département du Puy-de-Dôme 159
Itinéraire dans Clermont-Ferrand................ 44
La Bourboule........ 79
Langage de la Basse-Auvergne................. 5
Le Mont-Dore........ 93
Libraires de Clermont-Ferrand...... 39
Médecins consultants de Châteauneuf, 16; de Châtel-Guyon, 28; de la Bourboule, 81; du Mont-Dore, 95; de Ro-

yat, 120; de Saint-Nectaire, 142.
Nombre d'étrangers aux stations de l'Auvergne.. 13
Musées de Clermont-Ferrand, 40-44; musée de Châteauneuf, 26; de Pontgibaud (à M. le comte de Pontgibaud), 269; de Riom, 285; musée Tardieu (à Herment), 225; d'Usson (à M le vicomte de Matharel), 310;
Omnibus: de Clermont-Ferrand, 37; de Laqueuille, à la Bourboule, 79; de Laqueuille, au Mont-Dore, 93; de Clermont, à Royat, 37; à St-Nectaire, 141; pour St-Germain-Lembron, 176; de Saint-Éloy à Châteauneuf, 15; du Cendre à Saint-Amant-Tallende, 172; des Martres de Veyre, à La Sauvetat, 171; Plauzat, 171; de la station de Vic-le-Comte, à Vic-le-Comte, 171; pour Rouzat, 116.
Plan de Clermont-Ferrand, 38; de Montferrand, 250.
Pont naturel de Saint-Alyre............ 45
Population du Puy-de-Dôme................. 5
Promenades: de Châteauneuf, 24; de Châtel-Guyon, 35; de la Bourboule, 89; du Mont-Dore, 106; de Royat, 136; de Saint-Nectaire, 155; générales dans le département du Puy-de-Dôme, 159.
Rouzat................. 116
Royat................ 117
Saint-Myon.......... 140
Sainte-Marguerite... 140
Saint-Nectaire...... 141
Situation de la Basse-Auvergne................. 4
Stations thermales d'Auvergne.................
Voitures publiques: pour Châteauneuf, 15; pour Châtel-Guyon, 27; pour le Mont-Dore, 93; pour Saint-Amant-Tallende, 37; pour Maringues, 37; pour Monton, 37; pour Blanzat, 37; pour Champeix, 37; pour Aubière, 37; pour Herment, 165; du Breuil à Ardes, 176; pour le Vernet, 175-176 St-Germain l'Herm, Arlanc, 175; pour Ennezat, 161; pour Pontamur, St-Avit, Aubusson (par Pontgibaud) 168.
Voitures particulières: pour Châteauneuf, 15; pour Châtel-Guyon, 27; pour la Bourboule, 79; pour le Mont-Dore, 93; pour Royat, 117; pour Saint-Nectaire, 141; pour Besse, 173; à Clermont-Ferrand, 37; pour Rochefort, 166.
Voitures de place... 37

Saint-Martial	171	Theix	169
Saint-Martin-de-Tours	167	Thiers	163
Saint-Maurice	171	Thuret	161
Saint-Myon	161	Tix	169
Saint-Nectaire	172, 173, 174	Tortebesse	167
Saint-Ours	163, 165	Tournebise	168
Saint-Pardoux	161	Tournoël	162, 163
Saint-Pardoux-Latour	172	Tracros	165
Saint-Pierre-Colamine	174	Tulle	165, 167
Saint-Priest-des-Champs	169	Turluron	165
Saint-Quentin	175	Unsac	175
Saint-Quintin	205	Ussel	166
Saint-Remy	175	Usson	175
Saint-Remy-de-Chargnat	175	Vareilles	162
Saint-Saturnin	170, 171, 173	Vassivières	174
Saint-Sauves	166, 167, 168, 171	Vatanges	169
Saint-Vincent	173	Vauluisant	172
Saint-Yvoine	172	Vauriat	165
Sainte-Marguerite	167	Vedrines	166
Saliens	167	Verneuge	170
Sarliéves	163, 171	Verneugheol	165
Saulzet-le-Chaud	169	Verrières	173
Saulzet-le-Froid	170	Vertaizon	463
Sauvagnat	165, 169, 172	Vertolaye	161
Sauxillanges	176	Veyre	170
Savennes	165	Vic-le-Comte	171, 172
Servières	170	Vichy	164
Seychalles	163	Villars	160
Seymiers	165	Villejacques	167
Solignat	173	Villemont	161
Sugères	174, 175	Villeneuve	176
Tauves	166, 168, 171, 172	Vodable	176
Tazana	162	Vossieux	167
Teilhède	161	Vollore	164
Theddes	169	Volvic	162, 165

Le Puy, imp. Marchessou fils, boulevard Saint-Laurent, 23.

ERRATA

Page 78, ligne 6 en remontant, 388, corrigez 488.
P. 220, ligne 24, *nef*, corrigez *nefs*.
P. 238, ligne 5 en remontant (V. p. 232), corrigez (V. p. 237).
P. 273, ligne 9 en remontant, Guide fils, supprimez *fils*.
P. 289, ligne 8 en remontant (V. p. 190), corrigez (V. p. 290).
P. 291, ligne 10 (V. p. 192), corrigez (V. p. 292).
P. 296, ligne 6 en remontant, Saint-Quentin, corrigez : *Saint-Quintin*.

TABLE DES NOMS DE LIEUX

La Celette	162	Madriat	176
La Celette (Corrèze)	166	Mailhat	172, 175
La Chaise-Dieu	176	Manglieu	175
La Combelle	172	Manzat	162
La Faye	161	Marcillat	162
La Fayette	176	Maringues	161
La Font de l'Arbre	170	Marsac	176
La Forie	161	Mauriac	166, 168
La Goutelle	168	Maurifolet	173
La Miouse-Rochefort	163, 167	Mauzun	165
La Montgie	175	Meilhaud	173
La Moreno	166	Mejanesse	166
La Peyrouse	165	Menat	162
Laqueuille	166, 167	Messeix	166
La Ribeyre	172	Meymont	164
La Roche-Sanadoire	166	Miremont	169
La Rochette	169	Montaigut-en-Combraille	161, 162
La Sauvetat	171	Montaigut-le-Blanc	172, 173
Laschamps	170	Montboissier	175
La Tour-d'Auvergne	166, 168, 171, 174	Montcel	161
La Tour-Goyon	164	Montcelet	176
Lavaure	173	Montespedon	161
Lavejne	161	Montferrand	163
Le Bouchet	172	Montfort	176
Le Breuil	172, 176	Montluçon	161, 162, 167
Léclache	165	Montmorin	165
Le Cendre	165, 171, 172	Monton	171
Le Chambon	174	Montpeyroux	171
Le Monestier	165	Montredon	170
Le Mont-Dore	173, 174	Montrodès	170
Le Montel de Gelat	169	Montrognon, près Clermont	169
Le Puy Saint-Gulmier	169	Montrognon, près Montaigut-le-Blanc	173
L'Ermitage de Perotine	164	Mozat	162
Le Saut du Loup	172	Murat-le-Quaire	167, 168
Les Bouchauds	162	Murol	170, 173, 174
Les Goules	160, 168	Nébouzat	167, 170
Les Greniers	162	Néris	161, 162
Les Martres de Veyre	171	Neschers	171, 173
Les Pradeaux	175	Noalhat	164
Les Roches	168	Nonette	172
Le Vernet la Varenne	176	Novacelles	176
Lezoux	163		

Olby	167	Puy de Saint-Romain	171
Olliergues	163	Randan	161
Olloix	170, 174	Randanne	167, 169, 170
Orbeil	174	Ravel	163
Orcines	160	Ribeyre	172
Orcival	167	Riom	160, 161
Paladuc	163	Rioux	166
Pardines	173	Ris	164
Pardon	169	Rochefort	166, 167
Parentignat	175	Rochegude	162
Pautagnat	167	Roche-Pradière	162
Pérol	165	Rouzat	161
Perpezat	167	Royat	165
Perrier	173	Roziers-sur-Sioule	165
Picherande	171, 174	Sachapt	174
Pionsat	162	Saillant	173, 174
Pontaumur	168	Saint-Amant-Tallende	170, 171, 172, 173
Pont-de-Dore	163, 164		
Pont-du-Fraisse	167	Saint-Amant-Roche-Savine	165, 175
Pontgibaud	162, 163, 165, 168		
Pont-du-Château	163	Saint-Angel	162
Pont-des-Eaux	167	Saint-Avit	169
Pont de Menat	162	Saint-Bonnet-le-Bourg	176
Ponteix	170	Saint-Bonnet-le-Chastel	176
Pouzol	162	Saint-Bonnet-près-Riom	161
Préchonnet	167	Saint-Bonnet-près-Orcival	167
Prompsat	161	Saint-Cirgues	178
Prondines	165	Saint-Dier	164, 165
Puy de la Bannière	163	Saint-Dierry	171, 174
Puy Chalard	162	Saint-Donat	174
Puy de Chignore	164	Saint-Eloi	175
Puy de Clierzou	160	Saint-Eloy	162
Puy de Côme	160	Saint-Genès-Champanelle	169, 170
Puy de la Croix Morand	174		
Puy-de-Dôme	160	Saint-Georges-ès-Allier	172
Puy Guillaume	181	Saint-Germain-l'Herm	175, 176
Puy de la Nugère	162	Saint-Germain-Lembron	176
Puy de la Taupe	170	Saint-Gervais	162, 169
Puy de l'Enfer	170	Saint-Gervazy	176
Puy de la Vache	169	Saint-Hilaire-la-Croix	161
Puy de Louchadière	163	Saint-Hippolyte	162
Puy de Montoncel	163	Saint-Julien-de-Coppel	165
Puy de Pariou	160	Saint-Laure	161

DE PARIS AU MONT-DORE ET A LA BOURBOULE

Double service direct de jour et de nuit par trains express.

La gare de Paris (*Lyon*) délivre des billets et enregistre directement les bagages pour ces deux stations thermales. Le trajet, qui est d'ailleurs plus court et plus rapide par Clermont-Ferrand, s'effectue, soit de jour, soit de nuit, par les trains suivants :

Aller

Départ de Paris (*gare de Lyon*). 9h 10 matin } 1re, 2e et 3e cl.
Arrivée à Laqueuille.......... 8 29 s. ir

Départ de Paris (*gare de Lyon*). 8h 10 soir } 1re, 2e et 3e cl.
Arrivée à Laqueuille.......... 7 51 matin

Retour

Départ de Laqueuille....... midi 41 } 1re et 2e cl.
Arrivée à Paris (*gare de Lyon*). 10h 58 soir

Départ de Laqueuille......... 4h 57 soir } 1re, 2e et 3e cl.
Arrivée à Paris (*gare de Lyon*). 5 15 matin

La durée du trajet en voiture, de **Laqueuille** au **Mont-Dore** et à **La Bourboule**, est de 1 h. 30; des omnibus desservent tous les trains sans exception.

Avis important.

Les baigneurs et touristes qui désirent visiter l'Auvergne, le **Velay** et **Lyon** peuvent, sans augmentation de dépenses, rentrer à Paris en passant par **Le Puy** et **Lyon**. Au lieu de prendre un billet ordinaire, ils n'ont qu'à réclamer à la gare de Paris P.-L.-M., un billet de voyage circulaire (n° 9).

PRIX : **1re Classe 100 fr. — 2e Classe 75 fr.**
Durée du voyage : 30 jours.

Bien que, de cette façon, les voyageurs aient à reprendre à Clermont un billet pour le Mont-Dore ou la Bourboule, ils peuvent cependant faire enregistrer à Paris leurs bagages directement pour ces deux destinations. Ils peuvent, également, faire le voyage en sens inverse et revenir à Paris par Clermont et Vichy. Ceux qui disposeraient de plus de temps devraient demander le voyage circulaire n° 9 B qui, pour **150 fr. en 1re classe et 115 fr. en 2e classe**, permet de visiter **Dijon, Mâcon, Genève, Annecy, Aix-les-Bains, Evian, Grenoble, Lyon, Le Puy, Clermont, Vichy et Nevers**. Cette excursion peut se faire avant ou après la saison, dans un sens ou dans l'autre, la durée du voyage étant de **45 jours**.

www.ingramcontent.com/pod-product-compliance
Lightning Source LLC
Chambersburg PA
CBHW060503170426
43199CB00011B/1306